Salvatore Garro

A Chi Vuoi Più Bene Di Tutti?

1° edizione **Febbraio 2019**

Titolo | A Chi Vuoi Piu Bene Di Tutti?
Autore | **Salvatore Garro**

ISBN: 9781798149539

PREFAZIONE

Le note che seguono rappresentano un tentativo di risposta agli interrogativi che da sempre mi frullano in mente circa tanti modi *originali* di agire della gente. Non poggiano su teorie scientifiche o studi di settore, sono solo tratte dalle esperienze quotidiane e dall'osservazione curiosa dei comportamenti umani.

Nonostante avessi un bel da fare per impegni familiari e professionali, messa a tacere la mia formazione scientifica, mi sono reinventato psicologo, potendo così a lungo riflettere, pensare, ricordare, comporre il puzzle delle variabili in gioco, ciò che ha confortato la teoria che man mano si intuiva, finché, seppure orgoglioso per la scoperta, ho dovuto amaramente prendere atto che la nuova visione della vita mi stava riconsegnando un mondo inquietante e squallido!

Le considerazioni e le deduzioni esposte sono improntate al pragmatismo, alla logica e alla razionalità; possono apparire come elementi di pseudo-psico-filosofia. Forse appariranno semplicistiche a qualcuno, cervellotiche e improbabili ad altri, di fatto non hanno la pretesa di dispensare verità, né si prefiggono l'obiettivo di stupire, ma solo di invitare alla riflessione, sorridendo anche un po', ed essere di qualche utilità.

Inevitabilmente il livello della lettura sarà "ad alzo zero" così da consentirne la comprensione a qualsiasi lettore… e all'autore.

Qui trova spazio la mia visione della vita con elementi di rottura, punti di vista oltre il banale e l'apparente su determinati temi: un diverso modo di osservare il mondo, un'interpretazione particolare della realtà, il tutto mixato con qualche consiglio di buon senso dettato dall'esperienza, qualche articolo di altri autori (**A**) riportato fedelmente per non snaturarne il contenuto, a supporto del punto di vista sull'argomento in questione, qualche aneddoto personale (**P**) non per inutile protagonismo, ma perché insolito o simpatico e perché auguro regali spunti di riflessione o qualche lezione di vita come è successo con me, alcune storielle (**S**) per sorridere un po' e alleggerire la lettura rendendola più sopportabile.

Pur se l'approccio non è da "addetto ai lavori" e la finitezza delle pagine non ha la pretesa di esaurire l'argomento di base che è **l'egoismo**, sfrontatamente ma senza sufficienza, affascinato, ma anche divertito, mi sono accinto a sperimentare cosa ne venisse fuori.

<u>L'iter logico consiglierebbe di leggere gli argomenti dall'inizio fino a "Variabili principali"; a cominciare da "Amicizia" sono invece elencate alfabeticamente alcune voci che fanno riferimento all'argomento centrale: **l'egoismo**, spesso terminate con alcuni miei aforismi.</u>

Ma torniamo al titolo. In prima battuta avevo pensato a "Te lo do io il cervello" per l'importanza e la centralità che si dà a tale organo in questo scritto, poi ho optato per una frase, tratta dalla mia memoria di quella porzione d'infanzia trascorsa nei periodi delle vacanze estive presso la casa dei nonni materni, dove, in quanto primo nipote maschio, ero circondato dalla affettuosa attenzione di cinque zii, i quali a turno mi ponevano quella domanda, vuoi per saggiare la mia furbizia, vuoi per tentare di conquistare il titolo di zio "preferito". Questa situazione al limite della sceneggiata, che naturalmente mi compiaceva, vedendomi quale piccolo e unico protagonista, mi accompagnò per un bel periodo, finché, un po' più cresciuto, mi accorsi, non senza delusione mista a gelosia, di avere perso l'esclusiva delle attenzioni; infatti, la medesima procedura di cui fino ad allora ero stato unico oggetto, venne man mano estesa ai nipoti nuovi arrivati in grado di discernere! Sebbene figlio unico immagino di avere provato uno stato d'animo simile a quello vissuto dai primogeniti alla nascita di nuovi fratellini.

Ho scelto questa frase che, pur apparendo banale, ritengo significativa, poiché racchiude in sé spunti degni di considerazione, e più avanti vedremo perché, ricordando o dimostrando che **ogni nostra azione è sempre compiuta o per il nostro personale star bene o per autocompiacimento o per proprio interesse... a cominciare da chi scrive.**

Tutto ciò che leggeremo è riconducibile **assolutamente** a tale principio.

L'impostazione del libro risale sostanzialmente al biennio 2014-2015.

RIFLESSIONI

Per abituare il cervello a muoversi a 360°, il primo degli obiettivi che ci prefiggiamo di conseguire è quello di invitare alla riflessione prima di dare risposte banali, affrettate, apparentemente logiche, alla domanda sui motivi di un dato comportamento umano.

E cosa c'è di più utile di trarre spunto da situazioni che ognuno vive nel quotidiano, come durante la guida dell'autoveicolo? In realtà sul comportamento dell'automobilista si potrebbe scrivere tantissimo, riportando innumerevoli fatti realmente accaduti e aneddoti. Ci limiteremo, invece, a rispondere a pochi quesiti, certi di cogliere il pieno interesse di chi giornalmente percorre decine di chilometri in auto.

Cito, ad esempio, un fatto certamente accaduto a tutti: come rispondiamo alla domanda sul perché l'auto davanti alla nostra proceda a velocità inferiore al limite imposto pur non intravedendosi ostacoli? È facile rispondere che si tratta evidentemente di un imbranato; probabilmente imprecheremo, poi lo supereremo così placheremo il nostro disappunto. Si tratta della soluzione più comoda e soddisfacente: il proprio io è appagato; infatti, **sottostimando e svilendo gli altri, inconsciamente sopravvalutiamo noi stessi!**

E se quel conducente non fosse imbranato, peraltro comunque perdonabile da chi possiede un minimo di sensibilità e buon senso, e invece fosse stato colto da malore, avesse intravisto un rilevatore di velocità o il fondo stradale dissestato o un pericolo a distanza o la sua auto avesse problemi o il navigatore gli avesse indicato una strada che non c'è, o più semplicemente fosse una persona prudente o un neo patentato?

Qualsiasi altra ipotesi venga in mente è utile per far comprendere che noi, al posto di quel conducente, ci saremmo probabilmente comportati alla stessa identica maniera, di fatto rimangiandoci le critiche prima formulate. Nella ipotesi improbabile, ma possibile, che la persona incriminata stia parlando o *messaggiando* al cellulare o, peggio, fiero del suo gesto stia godendo con gli amici per la coda di auto causata, se si è piacevolmente colti da leggiadro sadismo è consentito regalarsi uno sfizio: superare l'auto, quindi (importante) procedere a velocità inferiore alla sua! Così in un colpo solo gli dimostreremo di essere più intelligenti o forse che sappiamo essere anche più stupidi! O forse nulla, se la persona ha problemi ben più seri per accorgersi di noi!

Altro esempio, sempre accaduto in autostrada. Non sopraggiungendo veicoli, ci mettiamo nella corsia di sorpasso per superare a velocità consentita l'unico automezzo visibile davanti a noi. All'improvviso qualcuno, non si sa da dove sbucato, ci lampeggia da dietro. Verificato che non è un mezzo delle forze dell'ordine o di emergenza e preso atto che i pochi secondi che mancano al rientro nella propria carreggiata, sia accelerando il sorpasso che frenando per rientrare, non possono salvare vite umane, non rimane che concludere che trattasi di ubriaco, drogato, balordo, ecc. La reazione che avremo sarà sempre data da queste possibilità: 1) farci sopraffare dal naturale istinto di inveire o rimanere sereni comunque proseguendo nel sorpasso; 2) essere superiori, comprensivamente paterni (cosa improbabile per un giovane), soprassedere e scansarci; 3) scendere di parecchi livelli intellettivi, dimostrare con i fatti che, se si vuole, si è capaci di fare peggio. In questo caso, se la nostra auto offre la possibilità e se ci sentiamo annoiati e vogliamo svegliarci un poco, ci lasciamo sorpassare, verifichiamo che non si tratti di un'auto civetta, lampeggiamo a nostra volta e sadicamente superiamo nuovamente il tizio lasciandolo a riflettere. Non è assicurato, ma in teoria potrebbe capire la lezione! O forse siamo stati noi incapaci di valutare la sua urgenza?

L'esempio citato mi riporta alla mente la storiella (**S**) del leone che, appena sveglio, non trova altro di meglio da fare che andare in giro a terrorizzare gli altri animali della savana per incassare consenso e riconoscimento del suo status. Incontrata una gazzella le ruggisce la frase di rito: "Tu, dimmi chi è il re della foresta?" L'ovvia risposta: "Tu mio signore", e così fa con altri animali finché si imbatte in un elefante, il quale, per risposta, "<u>improboscida</u>" il leone e lo lancia a diversi metri di distanza. Il leone, una volta ripresosi dal colpo, rimbrotta spiritosamente l'elefante: "Ma è possibile che non si può mai scherzare con te?"

Volutamente ci si è limitati a solo due semplici esempi, tratti dal mondo *automobilistico*, ma si capisce che le casistiche sono infinite.

Il concetto di riflessione, suggerito anche nell'argomento "Critica", si propone di spronare a vedere la situazione oggetto della nostra attenzione al di là del nostro consueto, abitudinario approccio, come se dovessimo spostare il fuoco di un'immagine. Chi ha conoscenza degli stereogrammi capisce di cosa parlo, chi non li conosce, ricerchi sul web. Si tratta di figure apparentemente senza senso e comunque bidimensionali che, osservate dietro uno schermo riflettente (il vetro di un quadro o il monitor del pc) costringono l'occhio a guardare dietro alla figura stessa e in pochi secondi, ma dipende comunque dalla capacità individuale, si entra in un mondo dove appariranno nuove figure tridimensionali.

L'invito alla riflessione, prima di darla vinta all'istinto della critica, discende dalle risposte alla domanda che verrà posta al capitolo "DNA" ovvero: **cosa interessa l'uomo nell'arco di tutta la sua esistenza? Le risposte: 1) il proprio benessere, 2) l'armoniosa coesistenza con gli altri esseri umani.**

Bene, è chiaro che se ciascuno di noi applicasse questa semplice regoletta, che si sostanzia in pratica nell'avere rispetto per gli altri, i due punti sarebbero soddisfatti e, conseguentemente, saremmo tutti protagonisti di un mondo migliore.

RIFLESSIONI 2

Anche negli incontri e scontri ravvicinati, non da automobilisti, la scelta della reazione rimane sempre individuale. Qui il discorso però è più delicato, perché entrano in gioco fattori più determinanti quali la vicinanza corporale che invade l'area di rispetto personale, il tenore della discussione e il tipo di interlocutore che si ha di fronte per cui <u>il comportamento non potrà che calibrarsi in funzione di tali parametri.</u> Se, ad esempio, ci troviamo in un locale pubblico affollato e riceviamo uno spintone da dietro, la nostra reazione sarà la stessa se, voltandoci, scopriamo che l'autore è un bambino, una bella donna, un balordo, un ubriaco, una persona per bene? Immagino di no. Visto il contesto, noi forse ci attenderemmo le scuse solo dalla persona per bene; un bambino non reagirebbe con gli adulti, ma potrebbe farlo con il suo coetaneo; un balordo forse se ne uscirebbe con un *vaffa,* ecc. La reazione sarà consequenziale.

Con quest'esempio il concetto della riflessione è stato inevitabilmente esteso a quello dell'autocontrollo, cioè alla capacità non solo di non criticare, ma anche a quella di non reagire in modi poco civili ad azioni lesive, o ritenute tali, nei nostri confronti, mediante la capacità di padroneggiare la rabbia, lo stress, l'impulsività o l'aggressività.

Se ne traggono subito due **considerazioni utili.**

Prima considerazione: <u>A una determinata azione subita corrisponde sempre una reazione calibrata al contesto, spesso determinata dalla nostra personalità, intelligenza, sensibilità, cultura, ecc. Reazione optata dalla mente in relazione a una gerarchia di scelte squisitamente egoistiche.</u> Rammentando sempre che reagire verso chi non è capace di capire le nostre ragioni, o non sa riconoscerle, non ha senso e a volte produce effetti controproducenti. Il concetto sarà ripreso poco appresso al punto DNA secondo assioma.

Seconda considerazione: <u>È bene riflettere sempre prima di formulare critiche. È meglio lasciare agli ignoranti, agli stupidi, ai minus</u>

<u>habentes la critica facile</u>. Invito ognuno a ripensare a quante volte è stato personalmente oggetto ingiustificato di critiche o ha assistito con incredulità a episodi di somara presunzione da parte di ignoranti su temi assolutamente specialistici.

Per riuscirci è consigliabile un rapido esercizio respiratorio di rilassamento, che consentirà di ottenere un triplice beneficio: 1) ci risparmieremo la brutta figura di vederci ritorcere la critica; 2) alleneremo il cervello; 3) acquisiremo l'appagante consapevolezza di superiorità. Non ci si illuda sulla semplicità dell'atto; è indispensabile possedere altro, la volontà prima di tutto, non essere egoisti estremi, non essere irosi, non essere impazienti. Poi, con un po' di allenamento si raggiungeranno livelli insperati! Per chi si scoprisse molto interessato ad approfondire l'argomento suggerisco la frequenza di appositi corsi di dinamica mentale; agli altri propongo il veloce esercizio di chiudere gli occhi, immaginare di trovarsi in un luogo tranquillo e rilassante, lasciarsi andare distendendo tutti i muscoli, contando lentamente fino a dieci. Sentire rallentare il battito cardiaco corrisponderà ad allentare anche la tensione elettrica cerebrale per merito delle endorfine prodotte, il che consentirà di prendere contatto con il proprio subconscio e riuscire a controllare le emozioni.

È utile anche la lettura dell'argomento "Critica".

È solo attraverso la tecnica di applicare sistematicamente analisi, riflessioni, considerazioni su innumerevoli e svariati comportamenti umani, su gesti, linguaggi, reazioni, strategie, che è scaturito naturale il convincimento di una sola origine comune a tutti: **l'egoismo.**

AFORISMI

-   Coraggio è uscire di casa e contagiare gli altri col proprio sorriso. Fortuna è rimanere illesi dai virus negativi. Eroismo ritornare con lo stesso sorriso.

-   Una goccia di veleno contamina mille gocce di acqua pura, una goccia di acqua pura non annulla una goccia di veleno.

-   La capacità percettiva del nostro e dell'altrui valore è direttamente proporzionale all'età.

- La vita è fatta dalle cose che si hanno, da quelle che si vorrebbero e
  da quelle che non si avranno mai.

- La critica più fruttuosa è figlia della buona conoscenza, della buona
  fede e del buon senso.

- Il mondo rinascerà solo quando svaniranno la schiavitù dal denaro
  e dalle ideologie.

- Chi apprezzo non ha prezzo.

IL CERVELLO

È d'obbligo un cenno sull'organo principale che interessa i futuri argomenti: il cervello.

Come lo si vuole definire? Imperscrutabile, misterioso, affascinante? Di certo, tra tutti gli organi umani, il cervello è di gran lunga quello più complesso. Gli studi di genetica e delle diverse discipline mediche, finalizzati a scrutarne ogni funzione, non saranno mai abbastanza ove si pensi alle sue infinite potenzialità ancor oggi inespresse, alla concreta possibilità di riuscire un giorno a diagnosticare tutto il possibile dell'individuo, fino a consentire di scoprirne carattere, predisposizioni, inclinazioni, aspirazioni e affinità.

Oggi un comportamento anomalo, o che tale possa definirsi in relazione a ciò che è considerato normale, potrà essere oggetto di spiegazioni, anche le più diverse, da parte degli specialisti, ma, allo stato attuale, nessuno è in grado di dimostrare la causa che dà origine a una determinata condotta. Mentre attendiamo fiduciosi risposte dalla ricerca scientifica, l'argomento è così intrigante che si è tentati di tuffarcisi dentro.

Prima di procedere, però, pare il caso di intendersi sul termine *perfezione*.Dal punto di vista squisitamente religioso il Creato è un miracolo e l'uomo un essere perfetto; per cui se a tale termine si vuole assegnare il significato di impossibilità e incapacità da parte dell'uomo di auto costruirsi (al momento!), non può che concordarsi; viceversa, pur nel rispetto dei differenti tipi di egoismo e sensibilità di ciascuno, si possono avanzare indirizzi pressoché unanimi sulla reale imperfezione umana; facciamolo elencando solo alcune delle infinite situazioni certamente note.

Sulla terra esistono miliardi di persone depresse, affamate, ammalate, molte delle quali probabilmente si augurano solo una morte prematura ma liberatoria. I più recenti dati contano quasi un miliardo di persone sotto la soglia della povertà mentre certificano milioni di tonnellate all'anno di derrate alimentari distrutte.

Il condizionamento cerebrale, di cui si accennerà a breve, apporterebbe significativi contributi positivi in termini di umanità, di conoscenza, di pianificazione. Invoglierebbe le nazioni più avanzate a operare interventi più cospicui e organizzati a favore dei paesi sottosviluppati, però destinando loro risorse non esclusivamente a fini alimentari, ma anche per l'ottimizzazione delle politiche demografiche, sanitarie, sociali. Il risultato auspicabile: maggiore informazione, migliore nutrizione, più consapevole controllo demografico, maggiore protezione sessuale, migliore assistenza sanitaria e sociale. Questi i benefici per la povera gente. Un plauso alle nazioni finanziatrici per le iniziative avviate e agli Stati finanziati circa il corretto uso delle risorse ricevute. Tutti concorrerebbero al raggiungimento di fini nobili.

Invece, quale è la situazione attuale? Solo alcune nazioni riescono a deliberare disorganiche risorse e gli Stati destinatari delle stesse, per la nota corruzione ai vari livelli, non compiono il proprio dovere. Risultato: la gente soffre come o più di prima.

Analogo discorso vale per le guerre. Tanti paesi sottosviluppati sono da anni interessati da guerre intestine, con vari coprotagonisti: politici senza scrupoli e boss locali, parte considerevole della popolazione chiamata alle armi giovanissima, ma, non ultimi, i costruttori mondiali di armi.

Il *condizionamento cerebrale* condurrebbe questi ultimi a produrre e fornire armi solo agli Stati democratici e, comunque, non troverebbero altri fornitori, visto che politici e potentati locali penserebbero esclusivamente al bene del proprio popolo.

Medesima considerazione vale per le droghe. Quest'ultimo caso si differenzia dagli altri perché la filiera può essere spezzata già alla base, infatti, se non esistessero i consumatori, non esisterebbero né i produttori, né il gruppetto di intermediari, corrotti e corruttori.

Identiche considerazioni si possono sostenere su tutto ciò che ci appare sbagliato, ingiusto, inumano. Quale miracolo occorrerebbe per ridurre l'imperfezione umana?

Il condizionamento cerebrale! Solo per averne una vaga idea è apparso utile allegare dati tratti da un quotidiano, dove sono posti in evidenza i maggiori eccidi dalla seconda guerra mondiale in poi.

PROFUGHI	
India-Pakistan 1947	15 milioni
Guerra civile Bangladesh 1971	10
Invasione russa in Afghanistan 1979/89	6,3
Guerra civile Colombia da 1964	5,8
Guerra indipendenza Mozambico 1965/75	5,7
Genocidio Ruanda	4,5
Sudan	4,5

VITTIME	
Cina >1949	70 milioni
Urss dal 1917	20
Genocidio Cambogia 1971/79	2
India-Pakistan 1947	2
Corea nord>1950	3
Suda	2

Fantascienza? Utopia? Oggi accettiamo serenamente l'appellativo di audaci e i sorrisini degli scettici. Ma questa utopia è la mia certezza. Scommetterei con chiunque sulla fattibilità della cosa, ma dovrei avere qualche annetto in meno sul groppone per assistere alla sua realizzazione, penso ipotizzabile tra almeno venti anni. Il ritardo della scienza sul cervello rispetto ad altre parti del corpo umano potrebbe ascriversi al fatto che i miliardi di connessioni inter-neurali e tra le diverse regioni subiscono anche l'influenza dei milioni di anni di evoluzioneche hanno selezionato nell'uomo le abilità necessarie alla sopravvivenza, che i computer più potenti al momento non saprebbero riprodurre. Ma, seppure la prospettiva appare ardita, invito a riflettere un attimo: il problema principe è l'egoismo tipo 2 e 3 (si vedrà poco più avanti).

È chiaro che il mondo andrà perpetuamente avanti come oggi, se non peggio. Neppure un diluvio universale, né una guerra atomica globale muteranno l'uomo. Egli rinascerà dalle sue ceneri, ripercorrerà corsi e ricorsi storici, ma non muterà il suo essere egoista in tutte le sue declinazioni possibili.

Si rivedranno le guerre tra Stati, le guerre intestine per la conquista di territori, di potere, di denaro, si rivedranno i ladrocini di basso profilo e quelli finanziari di altissimo livello, le speculazioni varie, i delitti contro le persone e contro il patrimonio, le violenze, insomma, rimando alla lettura del codice penale. Tralasciando gli altri esseri viventi, all'origine l'essere umano possiede di certo una scala di valori, una spiritualità, una coscienza che, nel corso del tempo e a causa dei più svariati motivi, può essere inquinata, consumata da interessi più o meno distruttivi con il solo comune risultato che è eufemistico definire: <u>la mancanza di rispetto per il prossimo</u>.

Come evidenziato nel prologo **l'egoismo nasce con l'uomo, è ancestrale così come l'istinto di conservazione o quello per la sopravvivenza.**

<u>C'è un solo rimedio per guidare l'egoismo al livello 1: intervenire sul cervello</u>. Non con la chirurgia, non provocando traumi. Ma come?

Si ha presente il bromuro di metile, quella sostanza che si propinava ai militari per calmarne gli ormoni e quindi gli ardori? Oppure <u>si immagini</u> un composto chimico-biologico, somministrato a mo' di vaccinazione, che, agendo selettivamente, riesca a inibire i pensieri malvagi, il desiderio di potere o di denaro, il male in genere. <u>Si immagini</u> ancora una manipolazione mirata del DNA o altre mutazioni genetiche controllate, certamente già allo studio presso i laboratori di ricerca più avanzati (oggi è già possibile sequenziare il genoma). <u>Si immagini</u> ancora una suggestione evolutissima, comunque indotta: da ipnosi, messaggi subliminali o con tecniche innovative. <u>Si immaginino</u> tecnologie genomiche, immunologiche capaci di adattare specificamente farmaci al tipo di paziente e al tipo di "patologia". <u>Si immagini</u> uno strumento di diagnosi computerizzato capace di analizzare nel dettaglio ogni angolo, ogni anfratto dell'organo oggetto dello studio, che elenchi eventuali disfunzioni e anomalie riscontrate, i geni colpevoli delle deviazioni, e proponga le terapie finalizzate alla loro sanatoria.

Quanto cambierebbe la vita dei derelitti e dei poveracci! Se tutte le risorse oggi destinate dalle nazioni alle lotte a droghe, mafie, povertà, sanità a livello mondiale, ammontante a centinaia di miliardi di dollari all'anno, non si disperdessero in mille rivoli, di fatto vanificando o sminuendo l'intento iniziale, e il denaro fosse elargito con accortezza, con controlli sistematici e condizionato ai risultati, si produrrebbero miglioramenti a ogni livello, cambiando la vita a centinaia di milioni di persone. E per tutti gli altri? Una rivoluzione, ove si riflette che ogni aspetto della vita ne sarebbe coinvolto e ogni campo ne beneficerebbe: dai rapporti interpersonali di amore, amicizia, conoscenza, lavorativi, commerciali, alle relazioni politiche, religiose, ecc.

Detta così, la procedura è parecchio semplificata e arraffata, certo non da specialisti, né da studiosi, ma circa la sua realizzabilità non ho dubbi, invitando a riflettere un attimo sull'andamento delle scoperte scientifiche più significative, che brevemente, prese a caso, si elencano: fino al quarto millennio a.C. troviamo la barca a vela, la leva, la vite e il chiodo, il cemento e l'alfabeto, solo dal 1800 in poi si scopre ciò che poco tempo prima era inimmaginabile e cioè i vaccini, la pila, la locomotiva a vapore, la lampadina, il telefono, il motore a scoppio, la penicillina, la pastorizzazione, la radio, la televisione, la miniaturizzazione elettronica, la robotica, la fissione nucleare, l'aereo, il razzo, il computer, Internet, la stampante tridimensionale, i sofisticati strumenti di diagnostica medica, ecc. Quando si ipotizzava di calcolare complesse strutture ingegneristiche in poche ore o di raggiungere la luna o di trapiantare organi umani e non, si veniva considerati matti!

A chi non è palese che le scoperte tecnico-scientifiche non presentano nel tempo un andamento lineare, ma asintotico, esponenziale? Nell'ultimo secolo si sono inventate più cose che nei duemila anni precedenti! Perché allora è da matti ritenere realistica, in un futuro prossimo, la possibilità di una micrometrica mappatura del cervello, dell'individuazione della funzione dei suoi componenti e dell'approntamento di metodiche che possano incidere selettivamente su di esso, senza ovviamente snaturarlo, senza rimuovere tutto il bello e il brutto che lo stesso è capace di esprimere: il carattere, i ricordi, i sentimenti, le sensazioni, le gioie, i dolori?

I neuro-scienziati prevedono la realizzazione già tra pochi anni di un sistema di guida dell'auto telepatico, ovvero di un'interfaccia cervello-computer in grado di captare segnali elettrici provenienti dal cervello, interpretarli e tradurli per il computer. Mentre è già in corso di sperimentazione un programma per decodificare i segnali del cervello, che si dovrebbe concretizzare in elmetti telepatici in grado di inviare messaggi a distanza senza bisogno di parlare! I computer del prossimo decennio possederanno caratteristiche più avanzate del cervello umano! Intelligenza artificiale, nanotecnologie e robotica la faranno da padroni.

D'altronde sono note situazioni di persone che, a seguito di incidenti stradali o incidenti nei luoghi più svariati, sottoposti a interventi cerebrali, hanno subito modificazioni non solo ai sensi e alle emozioni, <u>ma anche caratteriali</u>!

Ci pensiamo alla possibilità di scannerizzare il cervello dei nostri politici, per esempio solo per verificare se credono veramente in ciò che dichiarano? O, per rimanere nell'attualissimo campo delle applicazioni, alla possibilità di attivare o implementare l'applicazione "rispetto" del cervello di una persona laddove sia carente?

Oggi, più che mai, con lo stato evolutivo in ogni disciplina, è assolutamente vietato stupirsi di ciò che si sente alle porte. Personalmente prevedo scenari affascinati e insieme inquietanti, forse in meno di dieci anni. Se nel campo medico saranno operative metodiche, ad esempio, per addomesticare le cellule tumorali, sulla cui positività non vedo discussione, cosa accadrà della possibilità di condizionamento del cervello ove la metodica cadesse in mani sbagliate? Cosa accadrà quando i super computer, già oggi in grado di auto apprendere e pensare come l'uomo, supereranno i limiti umani? Il controllo della terra si limiterà allo scontro tra macchine buone e macchine cattive?

Non mi spingo oltre fermandomi a sognare quel domani in cui saremo in grado di sedare o estirpare odio, invidia, vendetta, ricatto, violenza, ladrocinio, crimine, droga, malattia psichiatrica, ecc.

DNA

Appena ha inizio la nostra vita, ci ritroviamo già con una "dotazione" di serie, geneticamente determinata (DNA) che comprende:

a) le dotazioni interiori
b) la predisposizione alle malattie
c) l'aspetto esteriore
d) la fisicità

Le dotazioni interiori, nel seguito spesso semplificate in doti interiori, si intesseranno con lo **status socio-economico** della famiglia e con l'**ambiente**, elementi che, nel corso degli anni, saranno passibili di mutazioni in meglio o peggio e che, unitamente alla **cultura e all'età**, saranno determinanti per l'identificazione dell'individuo in un determinato momento della sua vita.

A seguito della "filtrazione" operata dallo status socio-economico e dall'ambiente, ivi comprendendo anche influenze politiche e religiose, sulle doti interiori originarie sarà possibile determinare **il valore di un individuo.**

Tentiamo di addentrarci all'interno di questo complesso sistema, approfondendo (nessuna paura, lo facciamo solo a livello elementare... così capisco anch'io) singolarmente tutti i vari componenti della "dotazione" e relazioniamoli ai due parametri "extra dotazione" cultura ed età.

Prima però è essenziale rispondere alla domanda: **cosa interessa l'uomo nell'arco di tutta la sua esistenza?** Le risposte più ovvie, escludendo le eccezioni rappresentate dai casi psichiatrici, le menomazioni, i fanatismi, ecc., si possono considerare quelli che considero i due assiomi: **1) il proprio benessere, 2) l'armoniosa coesistenza con gli altri esseri umani.** Apparentemente i due punti sembrerebbero antitetici, in realtà il secondo punto è consequenziale al primo e entrambi sono figli dello stesso padre: l'egoismo e, nella pratica quotidiana, si assisterà a un continuo alternarsi delle due fasi in ogni essere umano.

È tutto chiaro, ma da ora cominciano i problemi.

Infatti, per il perseguimento di questi due interessi primari e naturali, ognuno tenderà a operare nel soddisfacimento delle proprie personali esigenze e aspirazioni. Questa discordanza di opinioni, di punti di vista, di gradimento, ecc., rappresenta il concetto centrale, che ci accompagnerà per tutto il percorso e ci ricorderà che **chi la vuole cotta, chi la vuole cruda** è un conciso ma verissimo detto che imprigiona il pensiero della diversità umana; per cui se si considerassero tutte le variabili in gioco in un determinato arco temporale scaturirebbe un numero di modi di agire non pari al numero attuale di esseri umani viventi ma superiore! E ciò perché nessun essere al mondo agirà mai nel medesimo identico modo, neanche negli atti e gesti ripetitivi. Avete presente il famoso aforisma eracliteo del *panta rei*, secondo il quale tutto scorre come un fiume, cioè un'azione sempre uguale, compiuta dalla stessa persona, non sarà comunque mai perfettamente uguale a quella precedente?

Entrambe le risposte suddette discendono da quella che mi piace definire come **la legge universale o primo principio: l'egoismo**, di cui si dirà in seguito.

Nelle more di approfondire il concetto di egoismo, riprendiamo i due assiomi di cui sopra accompagnandoli da opportune puntualizzazioni.

Il primo assioma citato al punto 1.DNA sostiene che nell'arco della sua vita l'uomo è interessato al proprio benessere. Ora speriamo non ci sia nessuno che confonda il benessere con l'agiatezza economica ma, non potendolo escludere, sono d'obbligo alcune riflessioni. Chi possiede un minimo di buonsenso e di esperienza non può non riconoscere che il benessere dell'uomo si misura sulla base delle "dotazioni di serie", di cui si è detto e che per comodità si richiamano: doti interiori, predisposizione alle malattie, aspetto esteriore, fisicità, "filtrati" da status socio-economico e ambiente. Immaginiamo ora un individuo agiatissimo: istintivamente la gente comune nutre nei suoi confronti cordiale invidia. Ipotizziamo ora che il nostro abbia un aspetto orripilante o un fisico assimilabile a un animale o sia condannato a pene infernali da malattie debilitanti o sia talmente stupido da non comprendere tra l'altro nemmeno il valore del denaro, di fatto rendendogli impossibile il suo utilizzo. La gente comune manterrà ancora il coraggio di invidiarlo? Immagino la risposta. Appare più naturale, se il proprio sentimento di invidia verso gli altri risulta incontenibile, che lo si provi nei confronti di chi possiede almeno un mix accettabile delle dotazioni di cui sopra. E quindi ad esempio si invidierà l'individuo benestante dotato di grande intelligenza o molto affascinante o sano e robusto, ecc. <u>Il comune pensiero, al contrario, pone al primo posto il denaro e così la frustrazione personale ha facile sfogo nell'invidia sociale.</u> Si rimanda al capitolo "Invidia" per approfondimento.

Il secondo assioma asserisce che l'uomo è interessato all'armoniosa coesistenza con gli altri esseri viventi. Soffermiamoci a vedere quali sono i possibili rapporti tra persone.

Si possono individuare sei tipi di rapporti.

<u>Tipo I</u>: commerciali-professionali (rapporti esterni)
<u>Tipo II</u>: di lavoro
<u>Tipo III</u>: di amicizia
<u>Tipo IV</u>: di conoscenza
<u>Tipo V</u>: di amore
<u>Tipo VI</u>: di parentela

Ogni rapporto o relazione può viversi per diversi motivi, che a mio vedere sono in tutto quattro:

a) per piacere
b) per dovere
c) per convenienza
d) per necessità

Non troviamo nulla che non sia riconducibile a uno o più di questi casi. Così ad esempio:

<u>Un lavoro</u> si fa per necessità, ma nessuno degli altri casi è escluso. Ciò che più importa è che il motivo sia quello più soddisfacente per la persona (eventualità che sappiamo bene non sempre si avvera; è piuttosto raro che qualcuno confessi di sentirsi "rapito" dal proprio lavoro).

<u>Un'amicizia</u> sarebbe bene che nascesse per piacere o almeno che si

trasformasse in tale, ma sappiamo altrettanto bene che spesso non è così, e scoprire tardivamente la verità di essere stati traditi produce ovvie delusioni a chi l'ha vissuta con sincero sentimento. In questo caso risulta fondamentale valutare all'inizio e obiettivamente sia personalità che carattere dei protagonisti della relazione, ciò, che se non esclude disillusioni, almeno le riduce decisamente.

<u>Un amore</u> è sentimento altrettanto, se non più, delicato dell'amicizia; a maggior ragione sono auspicabili attenzioni e cautele nella fase del pre-innamoramento, iniziato il quale è quasi impossibile rimanere disincantati e sapere discernere ciò che è bene o vero da ciò che è male o falso.

<u>Un atto di solidarietà</u> si ritiene sia fatto per piacere, anche se non si possono escludere casi limite.

<u>Un aiuto</u> fisico o morale nei confronti di un proprio caro o amico non dovrebbe che essere compiuto per piacere. Ma non deve stupire se si scopre che questo sentimento non è avvertito dall'egoista tipo due, il quale lo farà con più probabilità ove costretto, cioè per convenienza, per dovere o per necessità. Il medesimo atto nei confronti di uno sconosciuto sarà eseguito per dovere civico dall'egoista tipo uno, invece non sarà neanche contemplato o verrà svolto solo per convenienza dal tipo due.

Non c'è relazione umana che non rientri nelle tipologie suesposte e non si estrinsechi con le modalità dette. Se volete giocare, le possibili combinazioni non sono 4 (motivi di rapporto) x 6 (tipi di rapporto) = 24, ma 40, come risulta dalla schematizzazione che segue:

1C-1D-1CD=3 (significa che un rapporto commerciale-professionale possa realizzarsi per convenienza e/o per necessità escludendo invece che possa essere per piacere o per dovere);

2A-2B-2C-2D-2AB-2AC-2AD-2ABC-2ABD-2ACD-2ABCD-2BC-2BD-2CD-2BCD =15 (in questo caso il meglio è rappresentato da 2AC, ovvero si fa un lavoro che piace e che dà soddisfazione economica; il peggio è rappresentato invece da 2BD, ovvero si fa un lavoro che non piace né soddisfa dal lato economico, ma si è costretti per dovere e per necessità);

3A-3C-3AC=3 (l'amicizia si vive per piacere, si può simulare per convenienza, può esistere eccezionalmente per entrambi);

4A-4C-4AC=3 (lo stesso dell'amicizia);

5A=1 (l'amore può esistere solo per piacere);

6A-6B-6C-6D-6AB-6AC-6AD-6ABC-6ABD-6ACD-6ABCD-6BC-6BD-6CD-6BCD=15 (vale purtroppo quanto considerato per i rapporti commerciali!);

Personalmente non ho dubbi sul fatto che qualunque sia il rapporto/relazione e il modo di viverlo, quali che siano le doti possedute da ognuno e le estrazioni sociali e culturali, <u>il rispetto per il prossimo sia l'unica e la più banale modalità di approccio per soddisfare questo secondo principio.</u>

Ma procediamo per gradi iniziando ad analizzare i componenti della "dotazione": la predisposizione alle malattie, l'aspetto esteriore, la fisicità, oltre allo status economico-sociale e all'ambiente. I parametri "extra dotazione" che sono la cultura e l'età li chiameremo <u>variabili principali</u>, da distinguere dalle variabili secondarie, ovvero temporanee, come ad esempio la presenza o meno di problemi di natura fisica o psichica, ira, rabbia, dolore, meteoropatie, sbalzi pressori, scompensi ormonali, ecc., di cui non si tiene conto.

Nell'evidenziare il valore di un determinato componente lo si farà sempre raffrontando due individui che, a parità di tutte le altre caratteristiche, si differenziano esclusivamente per il possesso o meno di quel componente.

DOTAZIONI INTERIORI (EGOISMO)

Si può fare un'elencazione pressoché infinita degli attributi interiori posseduti da un individuo; quelli che però valuto più significativi sono: tipo di egoismo, di intelligenza, di sensibilità, onestà, forza interiore, bontà, generosità, coraggio, simpatia.

In particolare i primi tre meritano un'osservazione ravvicinata. Non disponendo di parametri oggettivi, per semplicità, si sono definiti solo tre livelli di gradualità, importanti comunque per fissare i concetti.

Egoismo (Legge universale o primo principio della vita)

Tra le diverse doti che un individuo possiede ancor prima di venire alla luce, ce n'è una sola che lo accomuna a tutti gli altri esseri e organismi viventi sulla terra: l'egoismo. Parliamo di regno umano, animale e vegetale. I nostri comportamenti quotidiani ce ne forniscono prove continue: dal momento che ci svegliamo alla doccia, dalla colazione all'espletamento delle attività lavorative, amicali, ludiche, da diporto, dai rapporti sentimentali allo svolgimento di attività religiose, politiche, di volontariato, umanitarie, dal compimento di eroismi alle vigliaccate, alle violenze, alle guerre, dalla legge della giungla all'impollinazione, alla fotosintesi, ecc., comunque tutti gli esseri viventi ne ricavano un beneficio diretto o indiretto. Guardandoci bene dal voler dare una definizione specialistica di tale fenomeno, studiato e approfondito in filosofia, psicologia, sociologia, ecc., e pertanto rimandando per approfondimenti alle predette discipline, ci si limiterà a esprimere un parere squisitamente tratto dalle esperienze personali, circoscrivendo, per ovvi motivi, l'argomento al solo genere umano.

Esperienze che, fornendomi risposte a quesiti latenti e inevasi, hanno contribuito a ri-costituire il mio credo di vita. Risposte non a quesiti esistenziali, ma semplicemente sul vissuto quotidiano; tutto ciò tuttavia senza l'ausilio di religioni e senza il ricorso a teorie o a elucubrazioni pseudoscientifiche.

Nella quotidianità ci convinciamo che egoismo è quell'insieme di comportamenti o di azioni finalizzati al soddisfacimento del proprio tornaconto, indipendentemente se questo insieme danneggi o meno gli altri, siano essi parenti, amici, sconosciuti, nemici. Spieghiamo.

Piccola parentesi preliminare. Se sulla terra esistesse solo Adamo, come si comporterebbe? È inevitabile che si darebbe da fare a cercare ogni modo per la sua sopravvivenza in primis e al miglioramento delle sue condizioni poi. Se non esistesse nemmeno la fauna scoprirebbe il mondo vegetale dentro il quale si confonderebbe; con la presenza animale invece amplierebbe la sua dieta, forse scoprirebbe il sesso, comunque sarebbe costretto ad affrontare problemi di coesistenza, oltre che di sicurezza, subirebbe cioè condizionamenti di vita in positivo e in negativo. Lo vedrei avvicinarsi ad alcune specie per compagnia o per convenienza, difendersi da altre specie. Cos'altro fa di diverso l'uomo di oggi se non vivere al meglio per se stesso e cercare la forma ottimale di coesistenza con il mondo circostante? Chiusa parentesi.

Pare il caso di far notare che anche i neonati, come d'altronde i cuccioli di animali, ovvero esserini non ancora condizionati o *inquinati* dagli altri esseri viventi, palesino già appena nati il proprio istinto egoistico attraverso segnali indubitabili come pianti o lamenti dovuti a dolori, a fame, a fastidi, o per semplice capriccio.

Dinanzi a un mendicante chiediamoci perché un individuo, chiamiamolo 1, farà l'elemosina e un individuo, chiamato 2, no. I motivi possono essere i più svariati. Il primo può farla perché religioso, perché spinto da senso di solidarietà, perché di buon umore, perché ha appena superato un esame o ha ricevuto una bella notizia o un complimento o ha fatto un incontro professionale/sentimentale promettente o semplicemente vuole mettere a tacere la coscienza che gli rammenta il suo status privilegiato; ognuno può scatenare la fantasia. Certo è che, a elemosina fatta, si sentirà bene o meglio di prima.

L'individuo 2 troverà altrettante giustificazioni per non farla: forse non si porrà nemmeno il problema, oppure riterrà più giusto che il tizio vada a lavorare come tutti, magari contenendo la stizza a pensare al suo ricavato dalla questua. Comunque anch'egli si sentirà bene o meglio di prima per l'azione... non compiuta.

La differenza evidente tra 1 e 2 è che il primo ha fatto l'elemosina, il secondo no. Ma a questa differenza se ne affianca un'altra meno visibile, che amplifica (o assottiglia secondo i punti di vista) la differenza tra i due soggetti: 1 forse avrà fatto del bene al mendicante, se di reale povero si tratta, certamente non lo avrà danneggiato, ma avrà anche ricevuto dei vantaggi per sé, per lo più interiori. Compiendo il gesto, infatti, egli ha appagato una sua intima esigenza e il risultato prodotto è positivo. La medesima sensazione positiva che si prova nel ricevere un complimento, un applauso, un ringraziamento, un riconoscimento. Senza escludere, inoltre, che la gratitudine del mendicante possa essere un giorno ricambiata. L'individuo 2, nelle sue azioni, non si proporrà mai di fare del bene. Il suo cervello respinge termini come generosità, solidarietà o filantropia!

L'esempio citato effettivamente è fuori tempo; oggi imbattersi in un mendicante accovacciato dinanzi alla porta di una chiesa è rarissimo, è frequente, al contrario, incrociare un finto rifugiato, un rappresentante di qualche etnia rom o sinti davanti ai supermercati, nei parcheggi dei centri commerciali, ai semafori, tutti indistintamente prestanti fisicamente e tutti indistintamente non ispiranti sentimenti di compassione, di conseguenza indistintamente individuo 1 e individuo 2 concordi nell'ignorarli...salvo nei casi in cui la corresponsione dell'obolo non appaia l'unico escamotage per evitare problemi alla persona o danni alla propria autovettura. Il concetto che si intende comunque evidenziare è quello, diciamo biblico, della carità, della solidarietà, della partecipazione: l'1 farà la carità, offrirà solidarietà, il 2 no.

L'individuo 1 può arrivare a spendere cifre considerevoli pur di ottenere l'amore della donna oggetto dei suoi desideri. Egli non lo fa per il semplice raggiungimento di un suo scopo materiale, ma anche per quello meno visibile: la gioiosa partecipazione all'entusiasmo dell'amata nel ricevere le prove del suo affetto. L'individuo 2 si guarda bene dallo spendere un centesimo. Egli sarà certo del successo dopo avere ottenuto il massimo con il minimo sforzo. Nella fattispecie, ottenere l'amore della donna senza alcuna spesa gli dà una prova delle sue capacità, del suo machismo, cosa di cui probabilmente si vanterà con gli amici pari suoi.

Per credere proviamo situazioni, ricordiamo circostanze accadute o immaginiamone altre e mettiamo alla prova noi e tutti i nostri conoscenti, otterremo la medesima indigesta risposta: **siamo tutti egoisti.**

Se ci convinciamo di tale amara e cruda verità, d'incanto trovano soluzione tutti gli interrogativi sui comportamenti degli esseri viventi di ogni tempo. Qualunque azione, gesto, fatto, ogni accadimento insomma che dipende dagli esseri viventi trova spiegazione, anche le religioni, perfino gli estremismi.

<u>Amicizia, amore, odio, rancore, violenza, carità, senso protettivo, sentimenti nobili e non: nulla sfugge a questa regola.</u>

E tutte le volte che ci troveremo apparentemente nella condizione di dover scegliere se amare più noi o gli altri, facciamo attenzione alla risposta.

Certo c'è una enorme differenza tra questi due esempi estremi di egoismo: il missionario e il terrorista. Il missionario vero, che rivolge la sua vita a esclusivo interesse degli altri, fa evidentemente del bene al prossimo a costo di sacrifici vari. Ma pensiamo a quanto felice egli sia di sentirsi così importante, forse indispensabile, un "personaggio" per quella comunità presso cui opera, per centinaia di bambini ammalati, affamati, orfani, analfabeti. Vuoi vedere che il missionario ha forse scoperto che i beni materiali sono effimeri e non procurano felicità e invece nel suo nuovo mondo ha trovato l'amore, il rispetto e quant'altro desiderato che prima non aveva? In fondo il missionario, inconsapevolmente, attua la regola, che personalmente raccomando spesso a tanti amici "lamentosi", <u>di non smettere mai di guardarsi indietro, oltre che avanti.</u> Per acquisire l'abitudine fissiamo l'immagine come se noi esseri umani fossimo dotati di piccolo occhio posteriore. Guardarsi indietro vuol dire rendersi conto di quanta gente sta peggio di noi, nel senso più generale del termine. <u>Ciò ha effetti miracolosi sulla psiche, facendoci apprezzare o valorizzare quello che si è e quello che si ha.</u> Nel suo caso, il missionario, circondato da povertà, miseria, malattia, fame, violenza, avrà mai il coraggio di lamentarsi del suo status?

Il terrorista che si lascia esplodere, provocando la morte di tanta gente inerme e incolpevole compie un semplice e brutale atto di egoismo per fini materiali e pseudoreligiosi (vuoi condannare forse la sua "giusta" causa? Con il proprio sacrificio egli otterrà contemporaneamente la morte di "infedeli", denaro per la propria famiglia e nove, o forse più, vergini che lo attendono al suo arrivo nell'aldilà!).

Non vi è dubbio che esiste una motivazione strettamente tecnica di tutto ciò: la **bio-chimica**. Chi non ha mai sentito parlare di neuroni, di neurotrasmettitori, di ricettori, ormoni, ecc.?

Ricordiamo in breve, semplificando molto, cosa avviene nel cervello. Il cervello contiene circa cento miliardi di cellule nervose, dette anche neuroni, che sono continuamente interessate all'interscambio di informazioni. Queste informazioni viaggiano sotto forma di segnali elettrici o impulsi; il passaggio di tali segnali tra un neurone e l'altro avviene attraverso sostanze chimiche chiamate neurotrasmettitori. Quando i neurotrasmettitori raggiungono i cosiddetti ricettori, solo quelli "affini" ai neurotrasmettitori vengono attivati. L'effetto finale può essere eccitante o inibente e, comunque, la conseguenza è l'influenza su vari organi del corpo umano nonché sui processi comportamentali.

Lungi dall'addentrarci sulla descrizione del cervello, peraltro costantemente oggetto di studio, sembra il caso di ricordare fugacemente come lo stesso sia strutturato, rammentando sempre che lì tutto è collegato con tutto, ovvero esiste una complessa rete di interazioni che consente uno scambio continuo di informazioni delle sue componenti. Fondamentalmente il cervello è diviso in due comparti, a loro volta formato da parti diverse inter-funzionali o interdipendenti. Il primo è <u>l'encefalo di cui fa parte l'ipotalamo</u>. A esso sono deputate tutte le funzioni involontarie dell'organismo: il ritmo sonno-veglia, il respiro, la pressione arteriosa, la temperatura corporea, la fame, la sete, gli zuccheri, ecc. Più internamente si trova invece il <u>sistema limbico</u> che contiene il talamo, l'ippocampo e l'amigdala. Il <u>talamo</u> controlla l'attività motoria volontaria, l'attività vegetativa, i cinque sensi (solo parzialmente l'olfatto). L'<u>ippocampo e l'amigdala</u> gestiscono le emozioni, comparano le esperienze trascorse con gli stimoli che ricevono dall'esterno e sono fondamentali quando, nelle situazioni di pericolo, fanno scattare il senso della paura e, conseguentemente, pallore, accelerazione del battito cardiaco, variazione della pressione arteriosa e, attraverso l'<u>ipofisi</u>, gli ormoni deputati (istinto di conservazione) che consentono le reazioni più veloci, che a volte possono anche essere aggressive. Inoltre sembra che l'amigdala abbia uno stretto legame con lo stimolo sessuale, strettamente proporzionale alle sue dimensioni, generalmente tra un pisello ed una mandorla.

Ricordiamo le endorfine, come la <u>serotonina</u>, che produce uno stato di relax o di appagamento nell'individuo o come l'<u>adrenalina</u>, piccolo ormone che, al contrario, attiva l'aumento del battito cardiaco bloccando altre funzioni come la digestione per impedire spreco di energia, gli ormoni in genere che servono a regolare il metabolismo, l'assunzione di sostanze nutritive, la regolazione della pressione del sangue, le funzioni corporee, come l'ossitocina che si rilascia negli stati di eccitazione, la vasopressina che si rilascia in caso di stress, dolore fisico, emozioni, la dopamina che controlla movimenti (Parkinson), memoria, piacere ed una infinità di altre sostanze, che un bravo medico può illustrare affascinandoci, sostanze che, direttamente e non, sono gli artefici che fanno agire o reagire di volta in volta gli esseri viventi.

Vale la pena riportare in breve le ultimissime ricerche, ad esempio, sul comportamento umano in caso di paura. Sono emersi tre tipi di reazioni. Nel caso di massimo pericolo nel cervello si attiva il funzionamento primitivo, regolato dal nervo vago: l'immobilizzazione, tale da simulare la morte; cuore e respiro sono ai minimi; si può anche svenire. Nel caso di medio pericolo il corpo reagisce predisponendosi alla fuga e quindi si attivano al massimo battito, respiro, muscoli; il tutto regolato dal sistema simpatico. In assenza di pericolo infine entra in gioco il terzo funzionamento, regolato ancora dal vago, con il quale si controllano gli organi vari e ci si predispone alla socializzazione col prossimo. Il tutto avviene automaticamente. Altra scoperta della scienza è che le decisioni prese a caldo, cioè istintivamente, sono spesso più efficienti di quelle ponderate perché non frutto di puro istinto, ma di ragionamenti più veloci di quelli razionali. Quanto appurato dalle ricerche suddette conferma, ove ce ne fosse bisogno, ciò che si è prima detto sull'egoismo.

Qualcuno si chiederà come definire il suicidio o qualsiasi atto autolesionistico. Non nutro dubbi circa la presenza dell'egoismo all'origine di tali atti così come di tutti quegli atti che lo scarterebbero a priori, come i gesti eroici o comunque definibili nobili. Chi sacrifica la propria vita per salvarne altre, chi dona i propri organi, chi in guerra è pronto a immolarsi per la patria, chi affronta il pericolo o la morte per la difesa dei propri ideali, compie un gesto nobilissimo e rende merito al protagonista. Ma tutti questi gesti, oltre a produrre un evidente beneficio ai destinatari, gratificano chi li compie: chi infatti compie l'atto naturalmente non fa che assecondare il proprio istinto, chi lo compie per calcolo, si aspetta un "ritorno" che non sempre è denaro, ma può essere fama, gloria, encomio. Chi si toglie la vita per una qualsiasi ragione compie un gesto discutibile quanto si vuole, ma libera il protagonista da dolori, ansie, preoccupazioni, paure, sensi di colpa o rimorsi.

Per schematizzare distinguerei **quattro tipi di egoismo**. I primi tre, oltre al soggetto, presuppongono la presenza di altri esseri viventi, il quarto invece non implica la presenza di esterni. Da un punto di vista psichiatrico non mi stupirei che il secondo e terzo tipo fossero inquadrabili come personalità disturbate.

Tipo uno: quello rappresentato dall'individuo 1, ovvero l'autore di ogni comportamento finalizzato a ottenere qualcosa per sé, un vantaggio, una cosa materiale o immateriale, ma che produce pure del bene al prossimo e comunque senza mai lederlo. Questo tipo si può caratterizzare, ad esempio, per il suo modo di porgersi nei confronti del prossimo. È probabile osservare questo tipo di individuo scambiare battute simpatiche con commessi, camerieri, stringere la mano a persone che forse non vedrà più, mostrare interesse per il lavoro o l'attività svolti da chi temporaneamente si trova nel suo raggio d'azione. Se non lo fa sempre e comunque forse è perché "non trova terreno fertile", cioè non lo ritiene opportuno in relazione alla apparente refrattarietà o visibile indisponibilità delle persone coinvolte o perché le circostanze lo sconsigliano. Nei casi di bisogno richiestogli da qualcuno, e salvo che non intuisca speculazione nei suoi confronti o non sia impedito dalla paura, il nostro non si tira mai indietro. Egli è perfettamente conscio che far del bene al prossimo, più che un dovere, è un piacere perché lo fa star bene con se stesso. In situazioni di pericolo o morte, il tipo 1 sentirà prioritaria l'esigenza di mettere in sicurezza i vicini più cari o più deboli. Verrebbe spontaneo pensare che sensibilità, pacifismo, umanità, solidarietà e rispetto per il prossimo siano i caratteri pregnanti del tipo 1. Quello che correntemente viene denominato "altruismo" e che si potrebbe denominare "egoismo nobile" (Aristotele lo chiamò egoismo illuminato). In realtà ci sarebbe da precisare il rapporto con la sensibilità. Pensabile, infatti, che nello stesso individuo sia compatibile la coesistenza di altruismo (egoismo 1) e sensibilità, lo stesso per egoismo 2 e insensibilità, così come per la coppia egoismo 2-sensibilità (infatti l'egoista 2 è pure capace di amare persone, animali e cose, anche se poi rimane intrappolato a causa dei vincoli imposti dal proprio ego). Si trova invece assolutamente incompatibile l'accoppiata altruismo/insensibilità. Sintetizzando il tipo 1 corrisponde all'accoppiata bene sì/male no. Per completare il tipo 1 occorre porre in evidenza alcune sottili differenze nello stesso ambito. Il tipo è stato definito come colui che sta bene nel fare del bene, ma, se riprendiamo il caso del povero, si può star bene a) donando il proprio denaro e ricevendo gratificazione; b) convincendo l'amico a donare il denaro ricevendo indirettamente un tipo di gratificazione. Lieve, ma interessante sfumatura perché il primo caso è quello più limpido. La fattispecie sarà richiamata nel capitolo "buonismo" quando si parlerà di migranti e in genere in tutti quei casi nei quali i sentimenti ci spingono a offrire denaro, compagnia, solidarietà, disponibilità varia, ecc., <u>non esclusivamente personali</u>.

Tipo due: quello messo in atto dall'individuo 2, finalizzato al raggiungimento di un obiettivo, prevalentemente, ma non esclusivamente materiale, dando poco o niente in cambio, anche a costo di causare male al prossimo. Quello favorevole alla filosofia della "mors tua vita mea". Il tipo due non pronuncia mai frasi del tipo "disponi di me h24" oppure "non mi risparmiare", né tantomeno si pone il problema di chi salvare in caso di pericolo o morte. I caratteri riconosciuti al tipo uno risultano, a mio parere, totalmente assenti nel tipo due. In più aggiungerei aridità d'animo, grettezza, a volte bestialità. Quello correntemente chiamato "egoismo". Il tipo 2 è privo di empatia, non ama il prossimo. Sintesi del tipo 2: bene no/male forse.

Tipo tre: quello praticato da insani, da portatori di malattie più o meno manifeste, da soggetti a squilibri biochimici, capaci pertanto di atti che vanno dal semplice furtarello, allo spaccio di droga, al traffico internazionale di stupefacenti, al traffico di armi, alla sofisticazione di cibi umani e animali, agli inquinamenti ambientali, per finire al terrorismo, nella consapevolezza che le innumerevoli morti provocate valgano sempre il raggiungimento dei propri scopi, quasi sempre acquisizione di potere economico e/o politico, vendette, interessi vari, ma non si può escludere anche il conseguimento di improbabili fini religiosi. Questo tipo si commuove mai? Certo: in presenza di cipolle e di lacrimogeni. Sintesi del tipo 3: bene no/male sì.

Per completare la scena dell'elemosina, si deve osservare che gli attori non sono solo 1 e 2 perché occorre includere anche il mendicante. Il mendicante fasullo, quello che non accusa alcun problema psicofisico, in grado cioè di espletare qualsiasi lavoro, maestro nell'imbrogliare, nel fingere, nel recitare parti strappalacrime da attore navigato, quello che, a pieno titolo, rientra nel calderone del parassitismo della società, non può che essere del tipo due. Un tipo 1 non accetterebbe mai di mortificarsi e, pur di non svendere la propria dignità, sceglierebbe la via più impegnativa e meno remunerativa per risolvere i suoi problemi, accettando qualsiasi lavoro ancorché umile o sottopagato. Ove optasse per la via più semplice, non sarebbe mai un protagonista passivo, perché accetterebbe l'obolo solo dopo avere reso un servizio al donatore.

Il quarto caso di egoismo prevede la presenza di un solo protagonista. Ad esempio, quando scatta l'istinto di conservazione nei momenti di pericolo. Ma naturalmente anche la paura, il godimento provato per la visione di un'opera d'arte, di un film, per l'ascolto di musica, per un buon pasto, o semplicemente per il soddisfacimento di esigenze naturali quali fame, sete, pulizia corporale (diversa da cure estetiche, condizionate comunque dal voler o dover piacere al prossimo), l'amore per tutto ciò che attrae, che stupisce, il bello, la natura, la scoperta di paesi e culture diverse, l'avventura, la realizzazione interiore attraverso i successi professionali o attraverso la religione, il volersi bene sotto varie forme. Questo quarto caso è indicato solo a titolo accademico, non fornendo per l'assenza di altri protagonisti come i primi tre casi, alcun contributo alle relazioni con il prossimo. Tale forma di egoismo è riscontrabile teoricamente in tutti gli altri tipi: 1, 2, 3. Il caso del mendicante vero e di tutti coloro affetti da disabilità tali da escludere loro qualsiasi possibilità di mettere in atto le più elementari azioni per la propria sopravvivenza, quelli privi di fissa dimora, che non dispongono di parenti, amici o conoscenti? Avranno anche loro un cuore da ego 1, 2 o 3.

Tralasciamo i protagonisti del tipo 3, che qualsiasi persona normale si augura di non dover mai nemmeno incontrare, e che probabilmente rappresentano individui che, se oggetti di studi, non esclusivamente psichiatrici, evidenzierebbero anormalità tali da doverli cautelativamente escludere dalla possibilità di vivere in società. Ora chiediamoci: chi non ha mai avuto a che fare con persone del tipo 2? Non nutro dubbio alcuno che chiunque ne ha fatto conoscenza. Se qualcuno ha problemi a inquadrare il soggetto, si può affermare — eccezioni a parte — che è probabile che sia quello che non si sogna di offrire al ristorante, anzi pretende la divisione del conto, ovviamente nel caso in cui il consumo degli altri commensali risulti più oneroso del suo; quello che non fa mai gare di solidarietà; quello che non elargisce a titolo gratuito supporti, consulenze o quant'altro gli faccia perdere tempo; quello che, espletati i falsi convenevoli di rito, telefona a parenti, amici o conoscenti esclusivamente per ricevere informazioni o aiuto su come fare qualcosa o risolvere un suo problema, per ottenere uno sconto, aiuti di varia natura; quello che non cerca gli amici per il semplice desiderio di condividere piacevoli momenti insieme, né tantomeno per stare vicino a chi è bisognoso di conforto. Se lo fa è perché si sente solo, perché non è capace di affrontare situazioni senza una compagnia, o perché ha lui bisogno di conforto; quello, insomma, che è dotato di capacità extrasensoriale tale da fargli percepire che se lo chiami al telefono, non necessariamente per esporgli un tuo problema, con la velocità della luce e prima ancora di salutarti, ti espone i suoi problemi, vanificando di fatto la tua telefonata, perché è bene sapere che l'altra sua capacità è quella di fare apparire irrisolvibili o comunque prioritari i suoi problemi rispetto a quelli che eventualmente ti azzardavi a rappresentargli tu, cosa che naturalmente non tenterai più di fare.

Per la sua ricorrenza e per la sua nocività è d'obbligo arricchire con le successive ulteriori note l'inesauribile argomento "egoismo del tipo 2". <u>Vivendo in società, dovrebbe essere interesse primario di ogni uomo mantenere rapporti ideali con il prossimo, anzi l'egoismo che regola ogni quotidiana sua azione suggerirebbe di optare per la soluzione di dare il massimo e/o il meglio al fine di ottenere, per presunzione, pretesa, speranza, il massimo e/o il meglio dal prossimo.</u> Questo scambio continuo si dovrebbe applicare in ogni campo laddove esiste una relazione: negli scambi commerciali, nel campo lavorativo, nei poco intensi rapporti di semplice conoscenza o di vicinato, in quelli amicali, in quelli familiari, in quelli sentimentali. **La situazione ideale si verificherà solo in caso di equilibrio del dare-avere; diversamente quanto più alto è lo squilibrio, più sarà improbabile, effimero, lacerante il rapporto.** Qualità e durata del rapporto sono razionalmente condizionati dal carattere e dall'interesse dei protagonisti. Anche un rapporto visto dall'esterno come altamente squilibrato, può essere ben vissuto con soddisfazione tra due persone, ad esempio, una sadica e una masochista.

Invece, tanta gente gretta, rozza, squallidamente opportunista, non pensa di instaurare rapporti costruttivi e non conflittuali con quelli che non ha interesse a mantenere nel tempo, ma pensa esclusivamente a ricevere o estorcere il massimo e prima possibile dagli stessi. Non si pone il problema se il rapporto appena avviato verrà a svanire da lì a poco, anzi non lo cerca proprio. Questo perché subito dopo ricomincerà col medesimo modus operandi, e così fino all'infinito, tanto il mondo è vastissimo. Alla stessa stregua del ladro che ruba tutto ciò che può dal prossimo che ha adocchiato, lo stesso fa l'egoista. Se dovessi condannarlo in determinati casi collocherei l'egoista 2 in un girone infernale più punitivo di un tipo 3 (es. ladro). Sembra paradossale, ma non lo è perché: 1) il ladro spesso è più riconoscibile dell'egoista 2, particolare che consentirà di tutelarsi con protezioni varie. Quindi, potenzialmente, il ladro è meno pericoloso dell'egoista 2; 2) il ladro, compiuto il furto, è generalmente costretto a fuggire, mentre l'egoista 2, in quanto autore di atto non perseguibile dalla legge, può permettersi di "scorrazzare" sfrontatamente davanti alla sua vittima, irriderla, di fatto ricordandole o amplificandole il male perpetrato nei suoi confronti; 3) il ladro ruba soldi, oggetti materiali, beni che generalmente sono rinnovabili. L'egoista 2, oltre a queste cose, spesso ruba sentimenti, ciò che, in determinate circostanze, può produrre effetti psicologici anche devastanti. I motivi sono sufficienti?

Amici del tipo 2: esclusivamente quelli utili, funzionali alle sue necessità.

La reazione che un tipo 2 manifesterebbe in caso di bisogno/aiuto: lo chiederebbe o no, se lo attenderebbe o no? Azzardo senza rischiare: Sì, anzi, senza freni da orgoglio, lo pretenderebbe.

Arricchiamo il concetto elencando tipologie di egoismo tipo 1 in relazione al suo omologo tipo 2: il politico che crede realmente nella sua ideologia, che lavora a tempo pieno per il raggiungimento di obiettivi lodevoli rispetto al politicante solo interessato a potere e denaro; il magistrato o il medico che svolge con passione e professionalità la propria attività rispetto a quello politicizzato o quello che pensa soprattutto alla carriera; il commerciante che tratta merce garantita, certificata e sicura rispetto a quello che o non si pone il problema o, peggio, studia tutti gli stratagemmi per truffare e danneggiare il prossimo, ecc.

E come non parlare di <u>scrupolo di coscienza</u> e di <u>rimorsi</u> senza porre in risalto che si tratta di sentimenti sconosciuti per l'egoista 2? Entrambi presuppongono stati di animo, riflessioni, introspezioni che non hanno spazio nell'intimo del nostro, arido per antonomasia. Se dovessi definire <u>il tipo 2 in due parole: re di infantilismo</u>. I motivi dell'essere un determinato tipo? Sempre biochimici: un mix di DNA, educazione, famiglia, scuola, contesto sociale, esperienze.

Concludo con un inutile consiglio al tipo 2: faccia qualche ciclo di volontariato negli ospedali; forse muterà visione sulla vita e forse sarà meno solo.

Avrò parlato al muro?

Finora si è posto il focus sull'egoismo. Forse non tutto verrà condiviso da chi si ritiene depositario di risposte diverse, ma a lui più congeniali; **qualcun altro non accetterà l'idea di ridurre l'esistenza a una squallida e cinica legge, ma certamente aver messo in risalto il fenomeno potrà aiutare a riflettere consentendo di dare risposte ai perché di tanti comportamenti umani apparentemente incomprensibili.**

A questo punto riprendiamo la frase del titolo: *A chi vuoi più bene di tutti?* accennata nell'introduzione. Alla luce di quanto si è prima detto viene spontaneo osservare che nessuno dei protagonisti sfugge alla legge universale. Il discorso comunque, trattando sentimenti positivi, non può che circoscriversi all'egoismo di tipo 1. Chi formula la domanda *A chi vuoi più bene di tutti?* è egoista perché: a) se è il primo a porre la domanda è egoista perché spera di rimanere anche l'unico destinatario dell'attesa risposta "tu"; b) se non è il primo, lo è perché tenta di scavalcare chi lo ha preceduto blandendo il destinatario con offerte più accattivanti; c) lo è perché spera di ricevere la risposta che si attende 1) se è palesemente sincera 2) se è ottenuta senza aiuto di "caramelle" 3) se è ottenuta alla presenza di altri parenti antagonisti; lo è proporzionalmente meno al mancare di alcune di queste condizioni. È superfluo precisare che la mia risposta era sempre quella attesa da chi formulava la domanda, ma esclusivamente in assenza di altre presenze, perché, in caso contrario, riconoscendo che la stessa era posta per tastare il mio livello di furbizia, la risposta veniva sistematicamente rimandata, ad esempio, rappresentando l'urgenza di andare a giocare.

Il destinatario della domanda è egoista perché: a) per la gratificazione che gli viene dalla circostanza di vedersi al centro dell'attenzione; b) ancor più se si dovesse rendere conto di non essere più l'unico al centro dell'interesse; c) perché, sviluppando con tempismo il senso dell'opportunismo, può permettersi di modulare la risposta in funzione della quantità di "caramelle" ricevute; d) quando al contrario, percepiti come sinceri i sentimenti a lui rivolti, non può permettersi (salvo diverso indirizzo del DNA) di non ricambiare analoghi sinceri sentimenti.

Concludendo: negli incontri/scontri tra esseri viventi opera un perenne confronto, una contrapposizione di egoismi, ciò che avviene peraltro nell'intimo di ciascuno di noi anche in assenza del prossimo.

Quindi accanto al tipo che, di fronte a una richiesta di aiuto, applica alla lettera il detto *mors tua vita mea*, non c'è da stupirsi che vi sia il tipo, ancorché raro, che non sta a riflettere a osservare il suo inverso: mors mea vita tua!

Chiarito il concetto e identificati i tipi di egoismo, sorgono spontanei gli interrogativi:

Egoista di un certo tipo si nasce o si diventa?

L'egoista di un certo tipo è costantemente tale, cioè è assoluto, oggettivo o può cambiare in relazione alle circostanze, può essere condizionato dall'ambiente, essere cioè relativo?

Al primo quesito confermiamo l'idea circa il co-protagonismo di genetica e ambiente. D'altra parte appare impossibile pensare differentemente. Parliamo di modellare, di plasmare i caratteri intimi, non l'aspetto esteriore o la statura. Si ritengono pertanto possibili entrambi i seguenti due scenari: gemello 1 e gemello 2 omozigoti con egoismo tipo 1 nel proprio DNA; il gemello 1 cresce in un ambiente assolutamente favorevole ad assecondare il suo personale ego, famiglia regolare, serena, armoniosa, riceve adeguata educazione, non subisce shock che gli sconvolgano la vita. Il suo futuro è tracciato, continuerà a essere un tipo 1. Il gemello 2 cresce in un ambiente molto più sfavorevole, adottato da una "non famiglia" da cui acquisisce come simboli di vita il denaro, l'esclusivo proprio tornaconto, il cinismo; oppure cresce in ambiente dove, per sopravvivere, farà in fretta a diventare maestro nell'assimilare tutte le tecniche per rubare agli altri o altre specializzazioni peggiori; oppure, estremizzando ancora, cresce in un ambito di terroristi. È chiaro che le sue verità saranno quelle che assorbirà dal suo ambiente. Verosimilmente all'inizio sarà riottoso, irrequieto, poi, se mai avrà la possibilità di conoscere altre verità e quelle note si dimostreranno più forti del suo ego originario, forse si adatterà. O forse non lo farà mai. Ma, senza scomodare il caso dei gemelli adottati in ambienti differenti e rimanendo nello stesso ambito familiare, quante volte abbiamo sentito proferire frasi del tipo "mio figlio non è come suo padre" oppure "è tutta sua madre" intendendo che il figlio somiglia più ad un genitore che all'altro, o a nessuno dei due, con riferimento al carattere, al temperamento, alla volontà, all'intelligenza o ad altro? In definitiva si è dell'idea che il dualismo genetica/ambiente si risolva in favore dell'uno in relazione alla sua prevalenza o meno sull'altro.

Al secondo quesito rispondiamo negativamente se si vive una vita senza traumi, stravolgimenti esistenziali, ecc., rispondiamo positivamente se nel corso della nostra esistenza si incorre in situazioni poco sostenibili dalla sensibilità individuale (disgrazie, disavventure, morti traumatiche di persone care, malattie debilitanti, ecc.).

Le ricerche in merito sono affidate alla **epigenetica**, ovvero allo studio delle modifiche chimiche subite dal DNA dal concepimento e nel corso della vita. I primi studi avrebbero dimostrato che, nel corso del ciclo vitale, mutamenti epigenetici possono essere indotti da ogni singolo stile di vita. **L'eugenetica** è invece la disciplina che si prefigge di favorire e sviluppare le qualità innate di una razza, giovandosi delle leggi dell'ereditarietà genetica; disciplina che dovrebbe essere indirizzata a mio parere non solo per la scoperta, ad esempio, delle cure di malattie ereditarie ma anche per quelle ad oggi incurabili e non ultimo quelle che consentirebbero un miglioramento comportamentale dell'individuo (vedi argomento cervello). Etica e religione permettendo!

AFORISMI

- Il primo passo per conoscere qualcuno è quello di capire l'importanza che dà al denaro degli altri.

- L'egoista delega per interesse o per incapacità, il timido delega per timore, il sensibile delega per rifiuto del rifiuto.

- Solo una cosa accomuna nell'arco della propria esistenza ogni essere vivente, dalle bestie ai geni: l'inconsapevole costante pretesa del rispetto dell'equazione del dare-avere. È la diversa interpretazione di ognuno che genera i sentimenti più nobili e ignobili.

- Preferisco chi prima chiede poco e dopo dà tanto a chi prima dà poco e dopo chiede tanto.

- Gli uni e gli altri: pensare male degli altri dà diritto di vita agli uni.

- È meglio la vana sovrastima che l'incauta sottostima del prossimo.

- Nei rapporti umani il reciproco rispetto è il solo sentimento da pretendere. È ingenua e illusoria ogni altra richiesta: i nobili sentimenti sono sempre spontanei.

- Il mondo è fatto da chi ha piacere a lavorare, gli egoisti, e da chi ha piacere a delegare, gli altruisti.

- Chi è così affezionato ai propri problemi da non volerli rimuovere, ne aggiunga uno: quello di migliorarsi e ne tolga uno: quello dell'apparire.

- Ci sono due cose infinite: l'universo e l'egoismo umano, ma del primo non sono certo (parafrasata da Einstein).

- La migliore vendetta è: <u>il perdono</u> verso gli incapaci di intendere e di volere; <u>la comprensione</u> verso chi non capisce di far male e non si scusa; <u>l'indifferenza vendicativa</u> verso chi capisce di far male e non si pente.

DOTAZIONI INTERIORI (SENSIBILITÀ)

Sensibilità: Pregio o difetto? Dote o dannazione? Sembra una domanda retorica. Non è così! È bene distinguere intanto la sensibilità artistica da quella personale, comportamentale. La sensibilità artistica sembra ormai scomparsa. Da secoli non si vedono opere eccelse, riferimenti assoluti, unicità; dobbiamo accontentarci di godere di quel poco che fortunatamente ci è rimasto del passato. Ciò vale per la musica, la pittura, la letteratura, la narrativa, ecc. Ritorneranno i geni? E un nuovo Rinascimento? È vero che i nostri antenati non erano certo distratti da tutte le comode "diavolerie" moderne. Oggi non può esserci spazio per tutto ciò che scaturisce dalla sensibilità, termine quasi scomparso dalla comune terminologia. La tecnologia e la scienza la fanno da padroni, ed è naturale e auspicabile che progrediscano nel tempo a beneficio dell'umanità. Ma che prezzo si sta pagando per questa evoluzione!

L'interiorità non sembra svanita solo nel campo artistico. A livello di rapporti umani correnti, purtroppo sempre più fugaci e sbrigativi, tutto si muove a velocità vertiginosa, la dimensione spazio-tempo si è sovvertita. Uno dei risultati è la caduta a picco del tempo di cui si sente bisogno destinare all'interiorità, alla riflessione. Gran parte della nuova generazione non trova spazio per la diplomazia, il decoro, il buon senso, l'etica, la gentilezza, quando non ignora del tutto termini come buon gusto, buon senso, signorilità, onestà, poesia, umiltà, rettitudine. Sembra che la massa sia ormai schiava della squallida superficialità. Riconosce, anzi apprezza, il protagonismo, il narcisismo, la forza del branco. Per certuni sono elementi distintivi in positivo la volgarità, la presunzione, la prepotenza. Impazzano le vacuità di Facebook, Twitter, le postate, i selfie e menate varie. Vi è mai successo di entrare in qualche forum? Provateci: c'è da rabbrividire. E che dire dello stalking o delle manie più recenti come le bravate a solo scopo di divertimento riprese col cellulare, come prendere a pugni i passanti senza ragione (knockout game) o operare vandalismi su strutture pubbliche, ecc.?

È interessante ricordare simpaticamente che una volta i padri non capivano i figli, e viceversa, se indossavano la minigonna, facevano i capelloni alla Beatles, si rasavano i capelli a zero, usavano l'orecchino, i piercing o i tatuaggi in tutto il corpo. Il motivo era che la generazione precedente aveva assistito e vissuto la trasformazione delle mode con tempi decisamente più dilatati. Fa sorridere la preoccupazione di taluni genitori alle "rivoluzioni" cui i figli inevitabilmente aderivano se si pensa che tutto sommato la sola a essere interessata era l'estetica.

Domandiamoci, invece, come dovrebbe correttamente reagire oggi un genitore di fronte al dramma della droga e al dilagare di tutte le altre manie che coinvolgono la dignità, la sicurezza personale e la vita dei figli. Io so bene come reagirei, ma tanti genitori forse non si pongono nemmeno il problema!

Si potrebbero scrivere pagine sulle nefandezze che quotidianamente ci comunicano i media, perpetrate da individui senza scrupoli, indipendentemente dallo strato sociale, dal livello culturale, dalla posizione occupata nella società, dall'appartenenza religiosa o politica, individui che hanno perso il senso della misura. Veniamo così costantemente a conoscenza di reati, soprattutto dolosi e preterintenzionali, perpetrati nell'ambito della pubblica amministrazione, come peculato, corruzione, concussione, nell'ambito dell'ambiente, di reati che riguardano le droghe, le armi, le più svariate speculazioni, i latrocini, gli assassinii, ecc. Questo degrado generale, figlio naturale del nostro tempo, lo subiamo tutti i giorni, ma, come tutto ciò che è quotidiano, non solo lo tolleriamo, ma lo consideriamo normalità. Ci stupiamo piuttosto se osserviamo personalmente o leggiamo di fatti di eroismo, di coraggio, di solidarietà.

Ma poniamoci il quesito se la sensibilità sia una dote o una dannazione. La risposta: entrambe le cose. È una dote come lo sono tutte le qualità personali nobili, che cioè non sono di disturbo o di nocumento, ma, anzi, servono a se stessi e al prossimo, è una dote ancor più se essa è rara, e oggi lo è! Ma è anche una dannazione per chi la possiede. La persona sensibile non percepisce la vita, nelle sue manifestazioni, allo stesso livello del comune essere umano. Il sensibile amplifica automaticamente gioie e dolori; si esalta, si entusiasma, gioisce anche delle piccole cose piacevoli, ingigantisce il sentimento di amicizia e di amore, ma con uguale intensità soffre, patisce, si isola da tutto e da tutti se viene offeso nell'onore, respinto dalla compagnia, denigrato dalla società, raggirato negli affari, tradito in amore, nell'amicizia, ma più in generale, senza che sia direttamente interessato il proprio ego, soffre per le sofferenze altrui, per le guerre , per gli eventi naturali che arrecano danni a persone e cose. La persona sensibile in pratica, ha la fortuna di percepire meglio, più intensamente e prima di altri sentimenti, sensazioni, situazioni positivi e appaganti, ma, allo stesso tempo, ha la sfortuna di pagare un prezzo molto caro nel caso gli stessi abbiano valenza negativa. Il sensibile è condannato a passare da uno stato d'animo all'altro e a continui sbalzi di umore. Lui ne è cosciente, e, se in relazione ad altri suoi connotati personali, è capace di metabolizzare il suo status e se ne fa una ragione, ciò gli consentirà di sentirsi più orgoglioso che disperato; in caso contrario potrà essere talmente infelice da rimpiangere di non essere nato totalmente insensibile. In assoluto comunque senza sensibilità, l'umanità sarebbe piatta, amorfa, desolante, squallida: parola di sensibile. Comunque la pensino i diversamente sensibili ed egoisti.

I due concetti di egoismo e sensibilità mi portano alla memoria un vecchio film di fantascienza. In esso si immagina che cada sulla terra una pioggia di baccelli contenenti replicanti di persone viventi, che notte tempo sostituiscono gli originali. La differenza con gli umani sostituiti è la totale assenza di sentimenti: niente gioie, niente dolori, totale indifferenza agli eventi della vita. Conservo ancora oggi la curiosità circa i motivi che abbiano spinto l'autore del racconto ad immaginare una realtà così fatta. Voleva forse far riflettere sulla impossibilità da parte degli umani di riuscire a sopravvivere in un mondo senza interessi, senza fini, senza "vita", o piuttosto far pensare come sarebbe bello vivere senza tutti i problemi ed i dolori che ineluttabilmente ci accompagnano, anche pagando il prezzo di rinunciare ai piaceri?

La sensibilità con quale tipo di egoismo è compatibile? Per quanto piaccia ragionare a 360 gradi, l'unica correlazione o, meglio, la massima compatibilità la individuo tra egoista di tipo 1 e sensibile di livello 3, cioè Ego1 con S3, <u>avendo per comodità chiamata S3 la persona sensibilissima, S2 quella mediamente sensibile, S1 l'insensibile</u>. In base a tutte le premesse mi riesce impossibile immaginare la coesistenza di Ego3 e S3 o Ego1 e S1.

L'ammalato, se egoista 2, anche quello occasionale, quindi non necessariamente quello cronico cui spetterebbe più titolo al lamento, tende spesso a invidiare tutti gli altri, che ai suoi occhi sono o appaiono sani. Egli non tollera di vedersi bloccato in un letto con problemi più o meno gravi, mentre gli altri continuano a svolgere regolarmente le proprie attività. Lo stesso tende a fare chi sa di essere insignificante nei confronti di chi è bello e naturalmente e più frequentemente lo stesso tende a fare chi ha meno verso chi possiede di più!

L'egoista 1, se accoppiato a sensibilità3, tende al contrario a farsene sempre una ragione. Gli basta riflettere su quante volte ha fatto visita a parenti o amici ricoverati e come in quei frangenti si sia sentito fortunato a non essere al loro posto. E così soffrirà molto meno anche a non invidiare chi è più bello o più ricco di lui e, laddove nelle sue possibilità, tenderà a fare del bene nel senso più ampio del termine, soprattutto a chi non glielo chiede.

Vorrei richiamare l'attenzione su un fenomeno che mi è impossibile accettare: <u>la bestialità che lo Stato compie, una tra tante, nel consentire vincite multimilionarie con l'unico scopo di fare cassa.</u> Mi riferisco nello specifico al gioco del Superenalotto, con il quale è stata pagata anche la cifra di 178 milioni di euro. Escludendo il caso di vincita conseguita con sistema, per cui i beneficiari possono essere anche cento, si pensi all'unico vincitore di tale somma. Se si tratta di uno sbandato, ubriaco, drogato, malvivente e via di seguito (cosa non rara) non chiediamoci che fine sono destinate a fare sia la persona che la somma, ed è impossibile non provare disappunto. Se si tratta di persona per bene, si otterrà verosimilmente lo sconvolgimento della sua vita e dei familiari… e nient'altro. Ci sono prove di vincitori milionari che in pochissimi anni sono diventati più poveri di prima! Parrebbe più appropriato che oltre una certa somma, ad es. 5 milioni, la vincita venisse frazionata: l'operazione non ridurrebbe le entrate statali e ne beneficerebbero più persone e quindi l'economia! Oppure lasciare la vincita come è già, ma condizionandola, ad esempio, all'avviamento di iniziative imprenditoriali con l'assunzione di personale.

Un esempio. Una mia grande aspirazione è sempre stata quella di possedere un patrimonio, più che considerevole, smisurato… alla Bill Gates, da destinare ai bisognosi. Con tale patrimonio avrei fatto una cosa semplicissima, ma assai gratificante (per me): creare una apposita società con due rami di intervento; il primo interessato a operare investimenti finalizzati all'incremento del patrimonio nel breve e medio periodo, il secondo interessato a realizzare vari progetti di beneficienza, il tutto nel rispetto dell'equilibrio di bilancio. È evidente che tutti i soggetti partecipanti all'iniziativa non avrebbero potuto che essere egoisti tipo1!

A proposito di generosità e di beneficienza, si stupisca pure chi disconosce questi termini circa la notizia dell'esistenza nel nostro paese di moltissime persone interessate a tali attività. Siano esse di lasciti ereditari a enti e organismi pubblici e privati, di finanziamenti a titolo gratuito di attività meritorie, di contribuzione a organismi umanitari, di adozioni a distanza, di semplici atti di volontariato, di assistenza a malati, ad anziani, a detenuti o drogati, di donazione di organi, ecc.

E che dire del risultato di uno studio che avrebbe dimostrato i notevoli benefici in termini di salute in generale e di resistenza alle malattie ottenute dalle persone coinvolte in attività di beneficenza? Il collegamento alla religiosità dei benefattori appare inevitabile e, salvo eccezioni, si potrebbe sostenere la regola che beneficienza= religiosità= sensibilità3= egoismo1.

In assoluto, come è ovvio, il miglior rapporto si realizza nell'incontro tra due sensibili tipo3. Sensibilità e generosità, elementi che caratterizzano il tipo, difficilmente tenderanno a produrre conflittualità tra i protagonisti. Invece, per la sua maggiore sensibilità e capacità di comprensione e sopportazione il tipo3 è regolarmente "soccombente" nel rapporto con un tipo2. L'incontro tra due tipi2, interessante per un osservatore esterno, preferibilmente di tipo3, potrà fare scintille, ma generalmente tenderà a stabilizzarsi, salvo non si incappi in tipi parimente ostinati e coriacei, gli infrequentabili, con i quali è decisamente arduo dover avviare un rapporto di lavoro, di collaborazione, se non strettamente obbligati, men che meno rapporti affettivi. Alla domanda se questi individui siano destinati alla solitudine, all'isolamento sociale, è spontaneo e naturale rispondere affermativamente. Paradossalmente la risposta giusta è no. L'umanità è così variegata, così multiforme che NULLA È IMPOSSIBILE, con buona pace per tutti coloro che rifiutano qualsivoglia combinazione non soddisfi i requisiti loro congeniali, siano essi etici, religiosi, politici, di costume, di tradizioni, legislativi, di imposizioni locali lecite e non, ambientali, di razza. Altrimenti non si dovrebbe credere a tutti quei fatti di cui si viene a conoscenza, ma che purtroppo realmente accadono, sono accaduti e accadranno, nonostante tutti i progressi raggiunti in ogni campo.

<u>Si può e si deve respingere, ripudiare ogni misfatto, ma non si può nascondere che qualcuno l'abbia commesso. Non si può accettare la guerra, la violenza, la pedofilia, ogni azione volta alla sofferenza altrui. Tuttavia bisogna prendere atto che tali azioni continuano a perpetrarsi.</u>

Ma la sensibilità è caratteristica di taluni umani e taluni animali o si può riscontrare anche nelle bestie?

Termino l'argomento ricordando con pena una vicenda di qualche anno addietro. Avevo un cane corso, di pochi anni, una bestia famelica che non vedeva in faccia nessuno di fronte al cibo, e un Golden Retriever ancora giovane; ogni giorno, prima di cena, era abitudine consolidata correre insieme da una posizione A a una B posta a circa cento metri, per poi ripetere diverse volte il tragitto e sistematicamente il Golden scattava con me fino al punto B, poi, quando mi piegavo sulle ginocchia, scattava e ci raggiungeva il cane corso, e si ricominciava all'infinito. Il destino volle che un giorno il Golden uscisse dal cancello del giardino e fosse investito da un'auto. Lo ritrovai poco dopo, esternamente intatto, ma senza vita. Fu atroce ma dovetti farmi forza, lo portai via e lo sistemai in una fossa in giardino posta oltre il punto B. Alla solita ora, dapprima non mi sentii di fare la corsa, ma poi, un po' per non deludere il corso un po' per tentare di distrarmi stancandomi più del solito, decisi di farla. Bene, dopo essermi piegato nel punto B, il corso scattò per raggiungermi ma, invece di fermarsi accanto a me come sempre, proseguì fino alla fossa dove ore prima aveva assistito alla tumulazione del Golden: e lì mi attese!

AFORISMI

- La sensibilità genera spesso ispirazione, intuizione, genialità ma anche sofferenza.

- Se esiste un disegno superiore deve esistere un equilibrio universale. Ma l'andamento esponenziale dell'evoluzione umana non ci conforta che si riuscirà mai a dimostrarlo!

PREDISPOSIZIONE ALLE MALATTIE

Non necessita chiarimento la preferenza di una vita vissuta in piena salute rispetto a quella costellata da malattie. In ogni caso è indispensabile fare delle annotazioni. Tanti, infatti, anche in età avanzata, riconoscono di non essere stati mai soggetti a malattie particolari, tanto meno debilitanti o condizionanti la propria esistenza, né di avere fatto accesso negli ospedali neanche da visitatori. <u>Purtroppo solo pochi sono consapevoli di questa fortuna, i più ritengono del tutto normale che i problemi accadano agli altri. Sembra incredibile, ma è proprio così.</u>

Ora chiunque ha avuto a che fare con nosocomi e sale operatorie (escludendo i casi di operazioni volute ai fini di miglioramenti estetici), certamente confesserà che le sofferenze subite avranno inciso sul proprio intimo, sulla visione della vita, sul proprio carattere, pur non dimenticando che ognuno, in funzione della propria sensibilità, della resistenza al dolore, dell'età, vive una determinata esperienza di ammalato in modo del tutto personale. Infatti una banale appendicectomia può essere vissuta con *nonchalance* da un adulto non nuovo a ricoveri ospedalieri, o da chi in una scala algometrica da 1 a 10 ha valore 1, ma in modo assolutamente traumatico da un bambino o da un adulto che non ha mai sofferto di nulla, da chi non riconosce l'ago della siringa o da chi nella medesima scala presenta il valore massimo. Cito solo un esempio a beneficio di chi non ha mai visitato un nosocomio perché si "turba". Adulto di sesso maschile traccia in breve il proprio *curriculum della salute* citando oltre una decina di interventi chirurgici pregressi più o meno importanti oltre una trentina di problemi vari riguardanti diverse parti del corpo e terapie farmacologiche costanti. Tuttavia, pur riconoscendo che sono pochi i momenti in cui non lamenta alcun disturbo, gli va il merito di ritenersi soddisfatto della sua vita cosicché trova ampia giustificazione il suo sentirsi, in formissima, invaso dalla voglia di grandi imprese, per il solo fatto di non stare male. Gli è stato sufficiente ogni volta prendere coscienza di quanta gente stava peggio di lui. Concordiamo?

Concludiamo con la considerazione per certi versi ovvia che, a parità di comportamenti e livelli di vita, ciascuno di noi ha tracciato dalla nascita la predisposizione a contrarre malattie: la cosa non potrà che incidere sulla propria esistenza in positivo o in negativo.

AFORISMI

- Forse la più grande, certamente l'ultima, soddisfazione nella vita è morire regalando un sorriso.

- Aprire le mani in silenziosa solitudine è come aprire il diario di memorie di quanti corpi sfiorati, carezze regalate, persone salutate, azioni compiute, opere create.

ASPETTO ESTERIORE

Infinitamente più che in passato, ai nostri giorni l'aspetto esteriore è diventato fondamentale, soprattutto nella fascia dei più giovani, anche se gli adulti non ne sono esenti. L'oggi è pienamente rappresentato, oltre che dalla tecnologia e da Internet, dall'apparire, dall'immagine. Se di questo non se ne fa un uso appropriato, ma resta l'unico lato oggetto di cura, non è banale affermare che non va bene, perché estremamente limitativo in considerazione delle molteplici potenzialità esprimibili dall'individuo. Una persona che dedica la propria esistenza esclusivamente alla cura del corpo e del fisico, cioè dell'immagine, forse diventerà l'idolo degli adolescenti, forse diventerà un buon indossatore, otterrà notorietà, potrà mantenersi per qualche periodo finché non sarà "passato di moda". Poi sarà capace di reinventarsi? Comunque andrà, è innegabile che, sfruttando il momento favorevole, possa migliorare teoricamente le proprie condizioni di vita e acquisire sicurezza derivatagli dalla certezza di piacere o dalla notorietà, particolare che ne condizionerà il carattere.

FISICITÀ

Stesso discorso dell'aspetto esteriore vale per la fisicità, intendendo per questa il culto esasperato e ricercato per la bellezza del corpo, che si tende a modellare in base alle finalità che si sono prefissate: culturismo, boxe, lotta, pura estetica, ecc. Lo stesso dicasi per quanto riguarda l'influenza sul carattere.

STATUS SOCIOECONOMICO

È ovvia l'importanza che assumono la condizione economica, quella sociale e l'educazione di base per un bambino. Come accennato in precedenza, dissertando sull'intelligenza, un gemello omozigote, cresciuto presso qualche tribù africana, la cui massima espressione tecnologica è rappresentata dalla lancia e quella religiosa dal totem e dove l'età massima dei suoi abitanti non supera i quarant'anni, è perfettamente simile fisicamente e nella dotazione interna al gemello cresciuto presso una ottima famiglia di una nazione evoluta, ma la sua crescita, a parte forse quella squisitamente fisica, rimarrà stazionaria, mentre il fratello più fortunato sarà in grado a dieci anni di parlare più lingue, conoscere l'arte, chattare e a quarant'anni, quando forse il fratello "africano" sarà già morto, perverrà verosimilmente all'apice della carriera lavorativa. Non può quindi sfuggire l'incidenza fondamentale dello status socioeconomico e dell'ambiente alla nascita di un individuo. Non può cioè disconoscersi il contributo migliorativo o meno che ne deriva, o ne dovrebbe derivare, a livello di benessere psicofisico generale, ma anche a livello culturale e intellettivo. <u>Ma non è certo solo l'aspetto economico in sé che determina la differenza tra tipi.</u>

VARIABILI PRINCIPALI

Altri due importanti aspetti sono rappresentati dalla cultura e dall'età.

Per quanto attiene alla cultura, spesso, ma non sempre, legata all'intelligenza, non può nascondersi il condizionamento che la stessa determina su una persona. Confrontando due individui perfettamente simili e dotati, di cui il primo colto e l'altro ignorante, diremo intanto che, in ossequio a quanto espresso nel paragrafo "positivo-negativo", il primo si troverà sempre disarmato scontrandosi con la crassa ignoranza del secondo perché conscio dell'inesistenza o inconsistenza delle sue argomentazioni.

Ma al di là di questo richiamo è fuor di dubbio che la persona colta farà sempre presa sulla gente "media"; se è pure simpatica e intelligente non avrà difficoltà a intrattenere piacevolmente ed essere al centro dell'attenzione. Non raramente comunque soddisfazioni simili riesce a spuntarle anche l'ignorante, il quale, in quanto tale, spesso si presenta spavaldo, sicuro di sé ma, quando conosciuto dai meno superficiali, sarà trattato per quello che realmente è.

<u>In un calcolo combinatorio semiserio</u> di un gioco immaginario si sono fatte le seguenti assunzioni: i dati di origine, o di ingresso, modificati a seguito della "filtrazione" attraverso lo status economico-sociale e l'ambiente (ovvero dalla risultanza dell'influenza familiare, scolastica, ambientale determinanti per la formazione, lo sviluppo e l'evoluzione del ragazzo al fine di consentirgli di affrontare la società, da cui deriverà la personalità definita dell'individuo) sono esclusivamente l'egoismo, la sensibilità e l'intelligenza. I loro prodotti finali saranno combinati con la cultura secondo le seguenti condizioni (ricordando che E1 corrisponde ad egoismo buono o altruismo e decresce fino ad E3, S1 corrisponde a sensibilità bassa e cresce fino a S3, C1 corrisponde a cultura bassa e cresce fino a C3, I1 corrisponde a intelligenza bassa e cresce fino a I3):

l'egoismo viene accorpato alla sensibilità; sono state scartate le coppie

E1S1, E2S3, E3S3 perché improbabili e sono stati assegnati i valori che seguono in relazione al "peso" ritenuto equo: E1S3=100; E1S2=50; E2S2=20; E2S1=5; E3S2=5; E3S1=1

l'intelligenza viene accorpata alla cultura; sono state scartate le coppie I3C1, I2C1, I1C2, I1C3 perché improbabili e sono stati assegnati i valori che seguono: I3C3=20; I3C2=I2C3=I2C2=10; I1C1=1

Dalla tabella che ne è conseguita si evince che la migliore dotazione individuale è la E1S3I3C3 e la peggiore E3S1I1C1. Il valore minimo si reputa 500. Chiunque può dilettarsi, in piena obiettività, ad auto assegnare a sé e ad altri (ben conosciuti!) i singoli valori e ottenere il prodotto finale. L'accoppiamento o compatibilità della coppia è data dalla somma dei due prodotti finali, che si ritiene non dover essere inferiore a 1000.

		I3C3	I3C2	I2C3	I2C2	I1C1
		20	10	10	10	1
E1S3	100	2000	1000	1000	1000	100
E1S2	50	1000	500	500	500	50
E2S2	25	500	250	250	250	25
E2S1	5	100	50	50	50	5
E3S2	5	100	50	50	50	5
E3S1	1	20	10	10	10	1

CONCETTI GENERALI

Prima di proseguire appare il caso di concentrare le basi concettuali suesposte e anticipandone alcune altre che si leggeranno in seguito, tutte assunte come veri pilastri di vita.

1) Ogni nostra azione è sempre compiuta o per il nostro personale star bene o per autocompiacimento o per proprio interesse.

2) Nell'arco di tutta la sua esistenza l'uomo sarà sempre interessato ad ottenere due cose: 1) il proprio benessere, 2) l'armoniosa coesistenza con gli altri esseri umani. (sono esclusi invasati & Co.)

3) A una determinata azione subita corrisponde sempre una reazione calibrata al contesto, spesso determinata dalla nostra personalità, intelligenza, sensibilità, cultura, ecc. Reazione optata dalla mente in relazione a una gerarchia di scelte squisitamente egoistiche.

4) È bene riflettere sempre prima di formulare critiche. È meglio lasciare agli ignoranti, agli stupidi, ai minus habentes la critica facile.

5) Situazione ideale in ogni relazione umana si verificherà solo in caso di equilibrio del dare-avere; diversamente quanto più alto è lo squilibrio, più sarà improbabile, effimero, lacerante il rapporto.

6) Negli incontri-scontri tra esseri viventi opera un perenne confronto, una contrapposizione di egoismi, ciò che avviene peraltro nell'intimo di ciascuno di noi anche in assenza del prossimo.

7) Generosità, bontà, disponibilità, solidarietà, amore, amicizia, sessualità, coraggio, religione, come tutti i sentimenti, sono

naturali, intimi, e così pure il coraggio, l'eroismo, l'intelligenza, ecc. È mera utopia pretenderne il possesso, pura follia imporli.

8) Un'ideologia, un'idea, un pensiero sono tanto più credibili quanto più sono rispettosi dell'uomo, privi di imposizioni o privazioni nei suoi confronti e di interesse per i suoi beni. Solo dopo hanno probabilità di convincere.

9) Nella critica: le variabili in gioco sono così numerose (scala algometrica, età, contesto, sensibilità, ego, intelligenza, cultura, scala delle priorità personali, ecc.) che solo un potente computer che elabori un raffinato algoritmo ci potrebbe fornire in tempo reale l'ok a farla... cioè mai!

(Da 7, 8 e 9 discende che chiunque propone, auspica, impone sentimenti, atteggiamenti, comportamenti "per dovere" è re di egoismo e di demagogia. Consegue altresì che è facile ingannare i creduloni, i buonisti, gli ingenui, da parte di tutti coloro che, per gli interessi più vari, si rifugiano dietro parole come solidarietà, generosità… sempre naturalmente degli altri!)

Se i "pilastri" sono pienamente condivisi, prima di procedere all' elencazione dei lemmi che hanno attinenza con l'argomento principe, ritengo utile proporre, per essere significativi, i seguenti esempi ricorrenti nella vita di tutti i giorni.

ESEMPI

ES.1 Molti progressisti, o comunque desiderino chiamarsi, non si lasciano sfuggire occasione per ostentare atteggiamenti di superiorità morale, culturale, e non solo, nei confronti degli *altri*. Tutti costoro, spesso invasati da supponenza, da atteggiamenti di derisione, ma dico io anche da ipocrisia e forse anche da ingenuità, sono arrivati a permettersi di dettare sia i sentimenti personali che ognuno, secondo loro, è giusto che provi, sia il linguaggio, le parole da usare in situazioni e circostanze, segnatamente nei confronti di tutti quelli (da loro) definiti più deboli o minoranze. Non passa giorno che non si leggano sui quotidiani o si sentano in tv, ad opera di rappresentanti organici (ad esempio) alla sinistra, accuse feroci nei confronti di chiunque fuoriesca dai loro schemi precostituiti, non risparmiando parole come razzismo, egoismo, fascismo, nazismo, xenofobia e arrivando pure a provare disprezzo per i diversamente pensanti. Guai a non condividere idee su ius soli, testamento biologico, eutanasia, omofobia, ambiente, animalismo, fecondazione assistita, aborto, minoranze, gender, pena di morte, immigrazione, diritti umanitari, permissivismo, generosità, uguaglianza, livellamento, parità, accoglienza, ecc. O guai a non provare compassione o commozione secondo i loro criteri. Per dare forza e importanza a queste "grandiose idee" naturalmente non disdegnano di riunirsi in gruppi più o meno numerosi, circoli, dimostrare, fare assemblee, cortei, manifestare ovunque, pur di creare problemi, quando non hanno rilevanza penale, alla circolazione e a tutti quelli che lavorano.

Il prodotto di questa cecità, di questo innaturale ideologismo, di questo mantra della globalizzazione, dell'abbattimento di ogni confine, dell'uguaglianza ad ogni costo, delle aperture, dell'etica della generosità, che, secondo certi visionari, porterebbe in teoria alla conquista di alta civiltà e progresso, in pratica causa sistematiche aumento del numero di crimini commessi, violazioni di legge non punite, criminali rilasciati lo stesso giorno del loro arresto e rimessi tranquillamente in circolazione, perdite di posti di lavoro e/o di abitazioni di residenti in favore di masse migranti, aumento dei poveri residenti, conseguenti malcontento e sfiducia nella popolazione.

Esattamente l'opposto di ciò che desidera la gente comune.

In buona sostanza, per utilitarismo o per ingenuità, elemento che, seppure residuale, non mi sento di escludere, questi signori causano l'accentuazione delle disuguaglianze, producendo un arroccamento di tutta quella gente per bene, amante della legalità, della serenità, del quieto vivere, della libertà di potere uscire senza timore di essere derubata, rispettosa dei diritti e dei doveri, e, naturalmente, di tutte le stesse diversità etniche. Hanno in sostanza una concezione totalmente distorta, se non opposta, della realtà. E la realtà ancora oggi è rimasta immutata: siamo stati, siamo e saremo (forse sempre) diversi: continueranno a esserci non solo aspetti, lingue, usanze, ecc. diverse ma, soprattutto, continueranno a esserci buoni e cattivi. La rimozione di vincoli vari non creerà un mondo ideale: è pura utopia.

Doverosa la domanda: perché lo fanno? Ovviamente non c'è un'unica risposta e questo per il semplice fatto che siamo tutti diversi. Perciò ne azzardo alcune: la prima e più semplice è quella dettata dall'intimo. Ovvero tanta gente, sinceramente buona, egoista tipo 1 (leggere l'argomento specifico), si sente bene a fare bene, a vedere gli altri stare bene. A tal proposito magistrale è l'analisi di Riza Psicosomatica, riportata nel capitolo "Buonismo".

Direi che il motivo è lodevole, cristiano, ma cozza purtroppo contro due realtà irrinunciabili e non sovvertibili: 1 - chi vuole, il bene lo faccia, ma a proprie spese e senza pretenderlo dagli altri; 2 - una regola generale del vivere civile è quella di rispettare gli altri e le loro idee, senza imporre né le proprie idee, né tantomeno i sentimenti. La seconda non ha nulla a che vedere con la bontà trattandosi solo di buonismo di facciata, opportunistico, funzionale a propri fini, una vera e propria arte del bigottismo, quindi decisamente più prosaica. Si aggiunga poi la schiavitù di certe recenti tendenze di certi orientamenti politici. In parole povere: ci si può augurare e, se è il caso, battersi perché il nostro prossimo non faccia del male, ma non ci si può battere perché faccia del bene, né che l'uomo di colore non venga chiamato *negro* o che il sindaco donna venga chiamata *sindaca*, in quanto ritenuti offensivi. Sarebbe come imporre una religione, una cultura, uno stile di vita, ecc.

Spiace che non si capisca, per scelta, per ossequio a una ideologia o per spirito di servizio o per ingenuità, questa regola semplice e non stupisce constatare l'esistenza della platea di propri ascoltatori, adepti, proseliti e affini.

P.S. Ho parenti e amici nella cosiddetta sinistra, così come nella cosiddetta destra, con i quali frequentemente e fraternamente mi confronto, da neutrale, persone che stimo e apprezzo per l'assenza di retorica e ipocrisia! Con gli altri?

ES.2 Lo Stato detta le regole del vivere sociale, si fa carico del lavoro, l'istruzione, l'assistenza sanitaria, quella sociale, il welfare, la sicurezza, la giustizia, la mobilità, ecc. dei propri cittadini e, per fare ciò, fa ricorso alla tassazione. Se lo Stato fosse ricco di suo (caso raro) sarebbe opportuno che evitasse la tassazione, in caso contrario sarebbe serio lo facesse con equità.

L'equità si estrinseca su più vie fondamentali. **La prima** nel farsi carico di assicurare, se non il lavoro, il diritto al lavoro, ad esempio agevolando e non tartassando tutta l'imprenditoria, ciò che si traduce in benessere delle famiglie, a cui è consentito così di pagare le tasse, e alleggerire, fino ad annullare, l'onere statale dell'assistenza sociale e in parte quella sanitaria. **La seconda** nel pretendere un'aliquota non proporzionale al reddito, come è di fatto, cosa che si tradurrebbe non solo in un riconoscimento (tardivo) della parità di diritti e doveri e dell'uguaglianza di tutti i cittadini, come da dettato costituzionale, ma anche in una immediata inversione di tendenza dell'evasione fiscale. **La terza** nello gestire con serietà e avvedutezza la massa di denaro incamerata con la tassazione, agendo sull'eliminazione delle spese inutili e superflue, del "poltronificio", degli enti inutili ed improduttivi, sulla corretta assegnazione degli stipendi a parità di funzioni e risultati ottenuti, sulla concessione di premi, a vario titolo, sia alle riconosciute superiorità intellettuali sia alle aziende che garantiscono occupazione, e sulla accorta destinazione delle risorse, in special modo quelle prelevate ai contribuenti ma non dai medesimi chieste. Come è noto lo Stato, per mano dei suoi illuminati gestori, agisce regolarmente secondo criteri apparentemente sociali!

Con l'amicizia inizia la proposizione di una serie di lemmi di cui verranno forniti brevi commenti, oltre ad alcuni frammenti di vita vissuta volutamente sintetizzati, <u>tutti con relazione al loro legame con l'egoismo.</u>

AMICIZIA

L'amicizia, quella vera, è un meraviglioso sentimento. La storia ci riporta casi di amicizia importante, intensa, più che fraterna, coinvolgente. Ma chi ha vissuto esperienze simili è perfettamente conscio che quello che rappresenta la forza dell'amicizia è al contempo anche la sua debolezza. L'amicizia cioè, così come ogni sentimento intenso, può dimostrarsi estremamente fragile. Qualcuno frettolosamente tenderebbe a declassare un siffatto sentimento a livello di falsa amicizia. Noi, in coerenza con il tema centrale del presente scritto, tendiamo a mantenere posizioni più caute, piuttosto attribuendo alle diversità, che rendono unica ogni singola persona, l'interpretazione e la gestione di questo delicato sentimento. Non è nostra competenza esporre un trattato sull'argomento, ma giudichiamo utile produrre alcuni esempi significativi che serviranno a vedere un po' oltre.

C'è il caso dell'amicizia, tra una coppia di giovani dello stesso sesso, abbastanza intensa, per intenderci del tipo "culo e camicia" (o se piace la sempre più ricorrente terminologia esotica: *bromance*) che ricomprende, nella sua quotidianità, la frequentazione, la condivisione di ideali, di punti di vista, di studi, di compagnie, del tempo libero, di musica, di abiti. La durata di tale amicizia, al di là dei naturali mutamenti determinati dal tempo, può assumere carattere di continuità. Solo una grossa offesa, se effettivamente tale è (come quando si ruba la ragazza all'amico), potrebbe minare il rapporto fino al punto di distruggerlo. Fermo restando che ciascuno di noi agisce secondo il proprio carattere, dovendo valutare dall'esterno, un giudizio sereno presupporrebbe lo studio preliminare delle variabili al contorno e il contesto: il fatto in sé, infatti, non è esaustivo per condannare chi ha "rubato" e giustificare chi è stato "derubato". Se, ad esempio, la ragazza cornificasse da anni il fidanzato, che conseguentemente attendesse da tempo il momento per darle il ben servito, la sua reazione al contrario avrebbe potuto essere di gratificazione verso chi gli ha fatto il regalo di toglierlo dall'imbarazzo. Se invece troncasse l'amicizia, la reazione sarebbe naturalmente umorale. Se reagisse con atti di violenza, l'atto comunque

rispetterebbe il primo principio. E si potrebbero elencare svariati casi
del genere.

Mi sovviene a proposito una vicenda personale. (P) In un ventennio
della mia vita ho trovato anche il tempo di fare il *tombeur de femmes*. In
quel periodo il mio migliore amico era abitudinario, geniale, pieno di
iniziative, sempre disponibile, casinista, insoddisfatto della sua grama
vita sessuale; credo che lui rivivesse in me e nelle mie avventure tutto
quello che avrebbe desiderato ma non aveva mai fatto in vita sua. In
un determinato momento del citato periodo, tra le mie frequentazioni
di donne più impegnative sentimentalmente, ebbero anche spazio diverse amanti, due delle quali, come di consueto le presentai anche a lui
(apro la parentesi nella parentesi: era lui stesso che spesso mi presen-
tava donne, in quanto, un po' per la maggiore età un po' per la sua
situazione di ammogliato, riteneva di avere scarse *chances*, concludendo
quindi che il più titolato a godere della loro "amicizia" fossi io, e gio-
cando con la consueta domanda "come, non conosci l'organo del mio
amico?" e il suo doppio senso, visto che io possedevo una tastiera elettronica, me le portava fino a casa). Qualche tempo dopo venni a sapere
da queste due amiche, che non si conoscevano, che avevano ricevuto
profferte più o meno velate da lui. La mia reazione immediata fu di
incredulità, seguita, in attesa di determinarmi, da almeno un mese di
silenzio nei suoi confronti, mentre lui continuò a cercarmi, forse so-
spettando che io fossi a conoscenza dei fatti, ma io non gliene feci mai
parola per non mortificarlo. Dopo sofferenze non lievi e profonde riflessioni conclusi che il mio amico era perdonabile! La mia decisione
poggiava sulle seguenti argomentazioni: 1) lui era a conoscenza che le
due relazioni non erano per me impegnative, ma esclusivamente circoscritte all'ambito sessuale (tra l'altro la consapevolezza nelle interessate
di tale realtà metteva a tacere anche la mia coscienza!); 2) il mio amico
possedeva un tasso di testosterone sopra la media, ormone che probabilmente non veniva sedato nell'ambito familiare. Devo confessare che
la mia decisione, facendomi scoprire più saggio e superiore alla media,
mi gratificò, ma soprattutto mi diede pienamente ragione. Perdendo
l'amico avrei perso un tesoro! Era l'amico con la A maiuscola e tale
rimase. Come detto era sempre disponibile e sempre risolveva i problemi degli altri. Mi faceva morire dal ridere quando narrava alcune sue
esperienze prematrimoniali; in particolare quella volta che si trovò con
la sua lei, seminascosti dalla vegetazione: a masturbazione ultimata si
voltò verso un cespuglio per eiaculare e mentre schizzava *ciun ciun ciun*

(mimando, come era solito arricchire la narrazione, la cadenza del getto) da un'auto che stava passando lì vicino si sentì rivolgere un "buon giorno dottore". O quando mi parlava del suo rapporto con una sposata; saliti in auto il rito imponeva la seguente procedura: lei indossava subito una parrucca, all'uopo predisposta per renderla irriconoscibile all'esterno (in macchina era celato un bazar: condom, rossetti, ombretti, fard, deodoranti, fazzoletti, asciugamani, scarpe, plaid, ago e filo, calze di nylon, ecc.), poi, appena fuori città, lei si chinava, *blowjob* (o "salassino", come noi lo avevamo ribattezzato ingentilendolo), eiaculazione con conseguente zig zag dell'auto, veloce operazione di pulizie generali e ricomposizione ed immediato rientro. Quelli erano zig zag veraci, non quelli di oggi causati dall'uso dei cellulari!

O quando mi faceva la catalogazione delle "puzzette". Secondo la vulgata del posto le puzzette si dividevano in *loffa-cataloffa-schizzo-peto-bomba*. La *loffa* costituita dal semplice "soffio" impercettibile all'olfatto e all'udito; la *cataloffa* più consistente e percepibile; lo *schizzo* prevedeva anche la fuoruscita di minuscole quantità di materiale; il *peto,* il più classico rumorosamente parlando, la *bomba,* un peto moltiplicato per pi greco. Il tutto completato dalla *mitraglietta* ovvero il peto che si manifestava durante una corsa, quindi cadenzato. Alla fine io mi ero permesso di aggiungere la *pop,* quella cioè durante una camminata sostenuta e quindi ritmata e rigorosamente a tempo.

Un altro caso meritevole di attenzione di coppia di amici dello stesso sesso ed etero. Analizziamo i casi possibili: 1) A e B sono entrambe felicemente fidanzate: è probabile che le coppie si frequentino in perfetta armonia e che tutto scorra liscio come l'olio; 2) A e B sono *free*; arriva il momento in cui A si fidanza mentre B rimane single: verosimilmente A sottrarrà parte del tempo destinato a B per gustarlo col suo nuovo amore. Se l'amicizia è forte e le protagoniste sono mature A sostituirà il tempo sottratto a B con altre attenzioni nei suoi confronti, B occuperà il nuovo tempo libero con altri amici o interessi, apprezzerà A e si mostrerà comprensiva nei suoi confronti. Al contrario, non è difficile che si manifestino forme di invidia che logoreranno inevitabilmente il rapporto. Rimane comunque un momento delicatissimo.

C'è il caso dell'amicizia "sbilanciata". Mi piace chiamarla così perché è caratterizzata da un rapporto non paritario. È chiaro che i protagonisti del rapporto a volte presentano elementi fisici o psichici comuni o simili: sono entrambi belli/brutti, alti/bassi, grassi/magri, studenti, soci, pari livello socioeconomico, ecc., ma non sempre; e tuttavia ciò non esclude che, nelle singole diversità e specificità, l'amicizia non possa attecchire. Il termine "sbilanciata" è riferito non tanto alle differenze degli elementi suddetti, quanto piuttosto al differente modo di vivere il rapporto. Un'amicizia, paritaria, presuppone un costante *do ut des* spontaneo, non calcolato, ma a volte calcolato: se, ad esempio, io faccio lezioni gratuite a tuo figlio non mi attendo, né tanto meno pretendo i tuoi ringraziamenti, ma se un giorno tu insisti per pagarmi la cena non mi stupisco e accetto volentieri anche per liberarti dal presunto debito. So che lo fai perché lo senti, perché ti fa piacere, e forse non lo hai calcolato. Se le stesse lezioni le faccio per un anno, ciò che comporta un mio impegno morale, non solo di tempo, probabilmente ti sentirai in obbligo nei miei confronti e troverai soddisfazione nel farmi un presente alla prima ricorrenza utile. È una reazione spontanea e calcolata, ma sempre rientrante nell'ambito del concetto di amicizia, nell'interesse primario del mantenimento dell'equilibrio che si ritiene indispensabile e naturale rispettare.

L'amicizia "sbilanciata", è allorquando viene meno il *do ut des*, che può essere voluto o no. È voluto, ad esempio, quando i due protagonisti hanno diversissimo livello economico, il che comporta che il ricco si faccia carico delle spese dell'amico meno abbiente, ricevendo in cambio dallo stesso un qualcosa che magari per lui non ha prezzo: l'amicizia così presenta un suo equilibrio e può quindi durare. Ma può essere non voluto, ad esempio quando uno è egoista tipo1 e l'altro è un tipo2. Personalmente un rapporto così lo ritengo altamente squilibrato e sicuramente di poca durata. Ma sbilanciata è da ritenersi pure quella tra A e B in cui A rappresenta il miglior amico per B ma non viceversa!

Ho sperimentato un sistema che, a mio vedere, può rappresentare una forma di cartina di tornasole per scoprire la qualità dell'amicizia agli esordi. Si tratta della banale applicazione del detto napoletano: *non sono fesso, ma faccio il fesso, perché facendo il fesso, ti faccio fesso.* In parole povere, al momento di instaurarsi di nuove potenziali amicizie e, soprattutto laddove esistano motivi di sospetto o di diffidenza, ci si può comportare con discreta ingenuità. Diverrà tuo amico vero chi non ti deriderà e, al contrario, ti aiuterà a superare i tuoi problemi, ti sosterrà sinceramente e ti tutelerà dagli altri (non) amici. Non posso non rammentare l'altro detto, riferito evidentemente agli amici falsi: *gli amici sono come i fagioli, parlano di dietro.*

Con riferimento all'amicizia tra due soggetti di sesso diverso, uno studio dell'Università delle Scienze norvegese avrebbe concluso che l'amicizia tra uomini e donne è impossibile: perché il comportamento di entrambi i sessi sarebbe troppo diverso e ci sarebbe sempre uno dei due che pretenderebbe qualcosa di più che la semplice amicizia.

La nostra esperienza ci spinge di assentire e dissentire. Di assoluto, si è già ribadito, non c'è niente e occorrerebbe verificare come si sia svolta la ricerca. Non disponendo di tali elementi, sospettiamo che la ricerca non abbia tenuto conto di due fondamentali considerazioni: 1) le persone amiche, "costrette" a convivere per periodi più o meno lunghi, potrebbero non assumere i medesimi comportamenti se non conviventi: potrebbero egoisticamente tendere ad avvicinarsi, limando man mano le eventuali asperità, attriti, antipatie iniziali o, al contrario, respingersi. La sindrome di Stoccolma docet, anche se rappresenta un caso limite giacché presuppone la sudditanza. In generale basta ricordare quante volte ci è accaduto di conoscere gente verso cui abbiamo provato un'iniziale fortissima simpatia, se non di più, o, al contrario, decisa antipatia e, dopo un mese di frequentazione, ci si è ritrovati a cambiare totalmente idea o, nel migliore dei casi, a far rientrare nella normalità le caratteristiche iniziali che ci avevano colpito. Niente di misterioso! È semplicemente accaduto che la bellezza o bruttezza, la simpatia o antipatia, il fascino o la repulsione della persona, rilevati al primo incontro, sono stati assimilati dal nostro cervello e la medesima persona viene "reinterpretata" come normale. A parte rarissimi casi, infatti, con la frequenza quotidiana la persona manifesta il suo essere interiore, le sue doti, qualità e difetti, cose tutte che possono sovvertire l'impressione iniziale. 2) Con la frequenza quotidiana è normale e naturale cercare il sesso. Lo cercano in ogni comunità individui dello stesso sesso, non può non succedere tra individui di sesso diverso. Infatti, i casi che si possono presentare sono: a) i due amici sono felicemente fidanzati (con terze persone ovviamente) o, ancor meglio, stanno vivendo in pieno la fase dell'innamoramento con queste: il risultato certo è che nessuna amicizia, per quanto grande, riuscirà a scalfire la fase dell'innamoramento che i due partner vivono; b) i due amici, pur vivendo un'amicizia intensa, fatta di profonde intese o di condivisione di attività artistiche, agonistiche, di studio, sono consapevoli che l'amico/a non rappresenti il proprio ideale di partner tant'è che addirittura, conoscendosi bene, spesso si presentano a vicenda amici che abbiano caratteristiche fisiche o psichiche differenti dalle proprie; c) due amici, indipendentemente che siano o meno fidanzati, possono anche ritrovarsi a vivere l'attimo che li conduca a un rapporto sessuale, che forse non si ripeterà mai più, o forse sì, ma questo senza inficiare il sentimento di base. E però è possibile che uno dei due si infatui dell'altro. In questi casi è delicato compito di chi è oggetto delle attenzioni, onde evitare delusioni all'altro, rappresentargli con tatto la propria indisponibilità a difesa di quel superiore valore, in capo alla preziosa amicizia tra i due, rispetto a quello di qualsiasi infatuazione. C'è anche il caso non raro di un'amicizia interrotta, che uno dei due tenta di ripristinare. Se A ha deluso, offeso o derubato B, di fatto causando la rottura dell'amicizia, ma dopo qualche tempo manifesta il desiderio di riconciliarsi, solo B, in base al proprio carattere, all'importanza della passata amicizia oltre che al contesto della vicenda che ha determinato la rottura, potrà determinarsi in merito.

Si scorge l'egoismo?

AZIONE E REAZIONE

Tutti siamo a conoscenza della terza legge della dinamica o principio di azione e reazione che così recita: ad ogni azione corrisponde una reazione uguale e contraria.

Così, un corpo appoggiato sopra un tavolo esercita su di esso una forza uguale e contraria alla forza che il tavolo esercita sul corpo; due persone che da fermi si spingono a vicenda con una forza uguale e opposta rimangono sostanzialmente immobili, ecc.

Fortunatamente, o purtroppo, la vita delle relazioni di ogni essere vivente è regolata da una legge universale più complessa: quella dell'egoismo. La complessità di una relazione matematica che contemperi le decine di variabili che concorrono alla sua risoluzione è così elevata che infatti nessuno l'ha mai neanche teorizzata. Forse saranno stati svolti tentativi, come io stesso ho più volte cercato di fare a livello amatoriale, e inevitabilmente ogni volta mi sono convinto a pensare ad altro.

Ma quali sono i problemi? Accenniamoli.

Se A fa un torto (molto generico) a B, costui potrebbe rispondere: 1) secondo la logica dell'occhio per occhio, quindi con analogo torto e della medesima intensità, senza osservare contesto, persone, ecc.; 2) secondo la logica del rispetto dell'autore A, ad esempio, in maniera attenuata nei confronti di un debole, di una persona cara, di una persona autorevole, ecc. e in modo eccessivo verso l'autore violento, potenzialmente pericoloso; 3) secondo la logica del rispetto della situazione, modalità che potrebbe condurre a operare una reazione pesante verso l'autore più debole o al contrario una reazione lieve o nessuna reazione nei confronti dell'autore più aggressivo e pericoloso; 4) secondo nessuna logica (solo apparentemente se B non è chiaramente fuori di testa). Qualunque essa sia è sempre e solo ovviamente governata dall'egoismo e, non osservando alcuna regola fisica/matematica, può risultare spropositata, ingiusta, insufficiente… insomma umana.

Le componenti che in misura più o meno determinante influiscono sull'esito della risposta sono molteplici; tra queste ricordiamo: la fisicità, l'età, il carattere, la religiosità, l'intelligenza, la sensibilità, il tipo di egoismo, le esperienze, le condizioni fisiche e psichiche del momento, il contesto (ad es. se B è solo e A è in gruppo e viceversa, se A è armato e B no e viceversa, se B deve proteggere qualcuno con lui, se il luogo è isolato o affollato, se ha ben altri problemi prioritari da affrontare che lo facciano desistere, se le condizioni atmosferiche sono o meno influenti, ecc.).

Si scorge l'egoismo?

BESTEMMIA

Qualche tempo fa ho letto che presso i popoli primitivi esisteva la convinzione che la parola possedesse una forza magica, cioè che fosse in grado di rendere magico l'oggetto interessato, di modificarlo. La funzione antica della bestemmia, così come dell'invettiva e della calunnia vanno comprese alla luce di tale mentalità. Se proprio se ne vuole trovare l'origine e la supposizione fosse azzeccata, viene da chiedersi se il bestemmiatore routinario (ricomprendendo nel termine sia la blasfemia che l'imprecazione in genere) voglia veramente rendere magico o modificare la troia, la puttana, la vacca o le divinità che più gradisce. Lo escludo. Piuttosto sono propenso a pensare che la spontaneità con cui ricorre all'esternazione sia stata appresa in famiglia o carpita dagli amici più anziani o più "fighi", certo non era insita nel suo DNA; poi avrà trovato terreno fertile nel suo mondo, non sempre di ignoranza, e quindi divenuta abitudine. Possiamo considerarlo come un vezzo o una piccola droga, comunque non è stato nemmeno bravo a inventarla. Ho precisato: "non sempre di ignoranza" e difatti non è esclusiva di un livello sociale: ciò rafforzerebbe l'idea che di abitudine si tratti.

Se la bestemmia o la parolaccia il bambino l'ha carpita in famiglia e vi ricorre con piacere per vedere l'effetto che provoca sugli astanti, è chiaro che lui si rende e si sente protagonista, ma in quel caso è fondamentale la reazione dei genitori nel sapere riparare, ovvero correggere il comportamento verbale del bambino e il proprio.

Ma, se è facile perdonare all'ignorante, più arduo è concedere scusante alla persona colta. Lo è per una semplice considerazione: la persona acculturata dovrebbe — il condizionale è d'obbligo — anche essere riflessiva, così da possedere consapevolezza di ciò che fa e di ciò che dice; con la bestemmia che coinvolga in particolare le divinità, ha piena coscienza di manifestare il suo ateismo a chi lo circonda; se si attende una reazione di condivisione, sarà colto, ma contemporaneamente anche stupido e irrispettoso avendo *imposto* il suo modo di pensare senza che nessuno glielo abbia chiesto (molto peggio di chi fuma in ambiente chiuso magari in presenza di bambini e donne incinte). Mi spingo oltre:

se lui non crede assolutamente in un qualcuno o qualcosa, che gusto gli provoca richiamare nella bestemmia questa cosa inesistente? Alla prima occasione lo chiederò ad uno specialista... che non bestemmi. Se proprio ci si rende conto che bestemmiare rilassa, gratifica o accredita presso qualche gruppo e auto referenzia (mi riferisco alla necessità di partecipare a gruppi, associazioni, club ecc. cui purtroppo non riescono a rinunciare in tanti e che in parecchi casi ritengo sintomo di insicurezza e assenza di personalità), non sarebbe preferibile intercalare o rafforzare frasi con simpatiche battute di propria invenzione, ma afferenti a termini reali, che caratterizzino anziché omologare il bestemmiatore? Quando inserisce una divinità inesistente, sono più propenso a credere che lui, piuttosto, inconsciamente creda nella sua esistenza, ma la richiami dispregiativamente <u>solo perché la ritiene ingiusta</u>. È il suo modo di vendicarsi per avere forse provato ad invocarla senza essere stato esaudito? Chiederò anche questo. Rimango dell'idea che blasfemia = bestialità.

Finisco con la convinzione che il primo a bestemmiare sia stato proprio un uomo, non tanto perché sia raro sentirlo fare dalle donne, quanto perché, tralasciando le blasfemie, le più comuni vanno da porca troia/puttana/vacca a porca/puttana/Eva; non si è mai udito porco o cornuto Adamo. Porco diavolo e porco cane sono gli unici che conosca.

Si scorge l'egoismo?

BUONISMO (Terrorismo e Immigrazione)

Definisco buonismo la falsa bontà, ma, volendo mantenere il termine, distinguerei il buonismo vero, sincero da quello finto, forzato, occulto o sbandierato. Se la distinzione apparisse grossolana mi costringo a fare il pignolo dividendo l'umanità, relativamente all'argomento, in quattro categorie. La prima è quella delle persone pie, quelle cioè che posseggono la bontà da DNA, le uniche che pagano in prima persona il prezzo della bontà: tempo, disponibilità, solidarietà, denaro: rarità. La seconda è quella dei buoni da necessità/facciata, che comprende non pochi religiosi e politici. La terza quella dei buoni da convenienza, rappresentata da tutti quelli convinti che fare i buoni non può che produrre i migliori frutti in termini di ritorno. L'ultima è quella della gente realista. Il termine è qui argomentato con specifico riferimento al terrorismo e all'immigrazione. Tentiamo di farne chiarezza.

Quasi quotidianamente i media ci propinano notizie su efferatezze perpetrate da estremisti, ci narrano scene agghiaccianti di crudeltà inaudite. Assistiamo increduli e impotenti a questa situazione ma, non vivendola personalmente né percependola a noi vicina, di lì a poco ce ne dimentichiamo. <u>È la natura umana, cioè l'egoismo.</u> Ma, più che sbigottire di questi fatti, che appare inopportuno definire disumani, proprio perché è l'uomo che dimostra ampia e ripetuta capacità di compierli, si rimane sconcertati (ma di poco, infatti non è che una forma di egoismo!) nel notare che c'è sempre qualcuno pronto a trovare ad ogni costo una giustificazione, una scusante, una motivazione accompagnate da soluzioni per lo meno fantasiose, a sfidare equilibrismi interpretativi a livello sociologico o economico. Ad esempio, una logica che brilla nella mente del buonista di turno è quella di attribuire la causa del terrorismo all'ignoranza e quindi la soluzione ovvia per combatterlo sarebbe quella di sostenere la cultura degli attentatori in pectore. È notorio invece che molti degli ideatori e in genere chi comanda quei gruppi, è acculturato, spesso laureato presso università occidentali! Altra tesi stoltamente avanzata è quella di chiamare in causa la povertà: senza disturbare casi meno noti è sufficiente rammentare Bin Laden e il suo successore Al Zawahiri, arci ricchi! Un'altra tesi, strumentale, è quella portata avanti da altri analisti *politically correct* che ricondurrebbe a una "colpa dell'Occidente", come l'invasione dell'Iraq, e quindi giustificando la reazione del fenomeno jihad; se così fosse come giustificare i massacri di decine di migliaia di cristiani perpetrati negli anni in Pakistan e in zone estranee all'Iraq ad opera di islamici? La realtà? Gli ideatori e i finanziatori, i cosiddetti califfi, non sono né poveri, né ignoranti, ma semplicemente dei furbi ed esaltati che mirano al potere economico, politico, religioso, manovrando sapientemente giovani, forse molti di loro sì, poveri, ignoranti e dalle menti fragili, chi con problemi d'identità, chi con la mente imbottita di fantastiche previsioni di una rivalsa dell'Islam sull'infedele Occidente, chi accecato dalla promessa di un paradiso nell'altro mondo, chi più semplicemente frustato e non integrato adeguatamente nelle realtà europee in cui vive.

Altra considerazione: molti islamici, non esclusivamente estremisti, vedono l'Occidente come il demonio per cui non riconoscono né condannano usi, costumi, politica, religione, arti, tutte nostre faticose conquiste di civiltà. Tenendo conto del *gap* civiltà che ci separa. Non è certo sentimento anti-razziale, ma una semplice constatazione della realtà politica e religiosa di determinate zone, la qual cosa potrebbe indurci a subire in religiosa pazienza le loro incomprensioni. Mi chiedo: non sarebbero più credibili se eliminassero dalla loro vita tutto ciò che è occidentale: pc, Internet, cellulari, auto, armi, ecc. oppure queste cose fanno eccezione perché sono utili?

Con specifico riguardo agli estremisti, vi è dubbio che si tratta di vigliacchi, di esseri senza umanità, senza cuore, senza sangue, senza dignità, drogati, capaci solo di fare del male, con un'ideologia che si basa su un'interpretazione nichilista e distorta dell'Islam, che li spinge a ritenersi portatori di idee superiori tali da doverle imporre a chi dissente e insegnarle ai figli? Forse è lo stesso Corano che incoraggia tali interpretazioni? Vediamolo.

Tanta gente, al contrario di certi politici che continuano ad ignorarla per ignavia o motivi che sfuggono, non ha ben compreso la vera portata del terrorismo. È vero, non è facile, per chi non è uno studioso, districarsi nel caos dello scacchiere mediorientale, né, tantomeno, comprendere le storie che riguardino sionismo, antisemitismo, sufismo, sciismo, sunnismo, salafismo, wahabismo saudita, e, tutto sommato, non ci interessa, ma ho concluso le mie letture con la convinzione che i terroristi non sempre siano fondamentalisti. Fondamentalista è infatti chi segue pedissequamente una religione e, per quanto riportato in seguito, la religione islamica prevede gli eccidi o, comunque, interpreta in modo radicale quell'idea. Ma sono certo che tra i terroristi c'è chi fondamentalista non lo è e si lasci comunque convincere a entrare nel sistema per emergere dall'irrilevanza sociale, per paura, per la possibilità di entrare in un mondo autoreferenziale dove si ragiona esclusivamente in termini di sopraffazione dell'avversario, per le opportunità economiche, per il facile e repentino passaggio dalla nullità al protagonismo, per un futuro potere politico, per la possibilità di sostentamento alla propria famiglia, ecc.

La mia conclusione pertanto è che i terroristi non possono che rientrare in una delle due fasce, ma non azzardo percentuali di appartenenza: a naso direi che chi non è sotto droghe, non ha interessi economici e si lascia saltare in aria sia fondamentalista (caso rarissimo), chi, pur drogato, dopo un attentato perpetrato, si dà alla fuga evidentemente non lo è. Comunque sia un ruolo determinante in entrambi i casi lo ha il denaro e naturalmente l'egoismo. Gli appartenenti a entrambe le fasce sono perdonabili dal punto di vista cristiano. I primi per presunti ideali religiosi, e quindi invasati, potrebbero essere assimilabili ai pazzi, i secondi per sete di potere e interessi vari, assimilabili ai colpevoli di gravi reati a fini materiali. Ma non sono né giuridicamente, né moralmente, né umanamente giustificabili per rispetto delle vittime a cui gli stessi hanno mancato di rispetto, e pertanto vanno esclusi dalla società. Prima di procedere, trovo utile riportare alcuni stralci originali ed esplicativi tratti dal sito **www.Camcris.altervista.org** :

(**A**)"Fondamentalismo è un sinonimo di ortodossia. Un religioso fondamentalista è semplicemente una persona che è fedele alle dottrine della propria religione.

Per comprendere il Cristianesimo e l'Islam, dobbiamo considerare irrilevante quel che un cristiano o un musulmano possono improvvisare relativamente alle loro rispettive religioni. Chiunque può inventarsi una propria religione, ad esempio, prendendo dalla Bibbia quello che gli piace e strappando via quello che non gradisce. Ma questo è un atto disonesto e ipocrita, e probabilmente è considerato un'eresia per qualunque religione. Su quale base si può affermare di saperne di più su una religione rispetto a chi l'ha promulgata?

Vediamo dunque di esaminare quelli che sono i testi fondamentali delle due maggiori religioni del mondo: il Cristianesimo e l'Islam. Esploreremo e confronteremo, allora, la Bibbia e il Corano (include le tradizioni scritte dell'Islam).

Nel confrontare il Cristianesimo ortodosso (cioè fondamentale) e l'Islam ortodosso (fondamentale), ci rivolgiamo a una varietà di persone, tra cui:

Quelle persone che vogliono sinceramente imparare di più su queste due religioni. Gran parte dei cristiani conoscono poco sull'Islam (la religione dei musulmani). Allo stesso modo, gran parte dei musulmani ha idee sbagliate sul Cristianesimo. Inoltre, molte persone di entrambe le fedi non conoscono a sufficienza neppure la loro stessa religione per poter convalidare le verità affermate.

Ci rivolgiamo anche a quelle persone che sono nella falsa convinzione che tutte le religioni sono ugualmente valide, o che tutte le religioni portano a Dio. Dimostreremo con chiarezza che il Cristianesimo e l'Islam sono inconciliabili tra loro, offrendo riferimenti dettagliati dalla Bibbia, dal Corano (Qur'an), e dagli Hadith di Bukhari, affinché il lettore attento possa controllare di persona le fonti.

I Cristiani e i Musulmani hanno alcune convinzioni in comune. Entrambi crediamo che esiste un solo Dio che ha creato l'universo e che è sovrano sulle vite degli uomini. Crediamo che Dio è la fonte della giustizia e della moralità, e che la sua giustizia sarà definitivamente dispensata nella vita dopo la morte in cielo e all'inferno.

I Cristiani fondamentalisti e i Musulmani fondamentalisti credono che cose come la pornografia e il vivere dissolutamente corrompano e contaminino la società. Infatti, una delle ragioni a cui si deve la forte reazione negativa nei paesi musulmani verso la civiltà occidentale, è l'influenza di tali pratiche emanate dall'Occidente, che essi considerano "cristiano".

Ma ci sono molte cose su cui siamo in disaccordo. I punti di dissenso toccano ogni importante dottrina religiosa, e sono tanto gravi da essere inconciliabili. Analizzeremo questi problemi uno ad uno. Molti musulmani sono persone straordinariamente bonarie e desiderose della pace. E l'Islam ha in sé molti elementi di pacifismo. Comunque, chiunque voglia commettere una violenza è perfettamente giustificato dal Corano a farlo. Sebbene la violenza nel Corano a volte è intesa come autodifesa, molte altre è violenza gratuita. Numerosi passaggi nel Corano esortano i Musulmani a uccidere gli infedeli (cioè chiunque non è Musulmano). Si vedano le Sura 2:190-193, 2:216, 4:76, 5:32-36, 8:12-14, 8:39, 8:59, 8:65, 9:5, 9:14, 9:23-29, 9:38-41, 9:123, 47:4, 47:35, 61:4, e 66:9. Ed ancora:

Osama Bin Laden, nel famoso videotape scoperto in Afghanistan nel 2001, disse: "Mi è stato ordinato di combattere la gente fino a quando essi non diranno che non c'è altro Dio se non Allah, e il suo profeta Maometto". In queste parole echeggia il linguaggio del Corano stesso.

Ma il Corano non è la sola base per la violenza nell'Islam. L'esempio di Maometto stesso ha posto le fondamenta per la violenza mediante le sue opere e i suoi comandi, che si trovano negli *hadith*.

Esistono due significati per *jihad*. Uno si riferisce all'aspetto personale e spirituale di sopraffare i desideri peccaminosi. Ma significa anche usare la violenza per diffondere la religione islamica. Ai musulmani viene insegnato che chi combatte e muore in una jihad riceve il perdono di tutto il male commesso, e viene ricompensato con una vita lussuriosa in paradiso (si vedano le Sura e Bukhari).

Dunque, uccidendo i non Musulmani si ottiene la ricompensa più elevata in questa religione.

Maometto proclamò di aver avuto la sua prima visione da Allah nell'anno 610 d.C. I primi tredici anni del suo ministero furono contraddistinti da una predicazione pacifica nella città della Mecca. Durante questo periodo, Maometto sembra essere stato un uomo ben intenzionato che cercava di opporsi al paganesimo e al male che veniva compiuto in quei giorni.

Ma nell'anno 623 egli divenne un leader politico nella città di Medina. Col suo potere politico comparve un nuovo comportamento aggressivo. Egli attaccò le carovane pagane e usò la spada per diffondere la sua religione.

Maometto condusse personalmente almeno ventisette sanguinose invasioni (alcuni ne riportano più di sesssanta) e ordinò ai suoi seguaci di condurne molte altre. Maometto assassinò molti dei suoi oppositori durante la sua vita. Durante la sua battaglia contro i Giudei Quraiza, donne e bambini furono venduti come schiavi, e centinaia di uomini catturati furono giustiziati. Anche alcuni del suo stesso popolo furono inorriditi da queste cose.

La tradizione di violenza nell'Islam, che è iniziata con Maometto, continua ai giorni nostri. In ogni parte del mondo vi sono prove che alcuni musulmani uccidono o comunque perseguitano le persone semplicemente perché non sono musulmane. Questi fatti sono ben documentati in Nigeria, Algeria, Sudan (dove è documentata anche la moderna schiavitù), Egitto, Iran, Afghanistan, Tajikistan, Pakistan, Iraq, e Malesia. Chi fosse interessato, può acquistare i videotape dal sito **http://www.faithfacts.org**).

Secondo l'organizzazione Voice of the Martyr **(http://www.persecution.com)**, ben **160.000 Cristiani** vengono uccisi ogni anno a causa della loro fede - e la stragrande maggioranza di essi sono uccisi da musulmani. Se l'Islam è una religione di pace, perché c'è così tanta oppressione in tutti i paesi musulmani?

Secondo un documentario PBS Frontline intitolato "Saudi Time Bomb?" ("Bomba a orologeria Saudita?"), nell'anno 2000 i libri di testo del Ministero dell'Educazione dell'Arabia Saudita contenevano un insegnamento ripugnante. Tale insegnamento, che proviene dagli hadith (Bukhari 4:176-177) secondo l'insegnamento di Maometto stesso, fa parte dell'istruzione dell'obbligo per tutti i bambini delle scuole media dell'Arabia Saudita. L'insegnamento, intitolato "La vittoria dei Musulmani sugli Ebrei", è il seguente:

"L'ultima ora non verrà prima che i Musulmani combatteranno gli Ebrei, e i Musulmani li uccideranno. Così gli Ebrei si nasconderanno dietro le rocce e gli alberi. Allora le rocce e gli alberi grideranno: 'Oh, Musulmani. Oh, Servitori di Dio. C'è un Ebreo dietro di me. Venite e uccidetelo'."

Fa parte del testo anche un elenco di principi, che comprendono il seguente:

"Ebrei e Cristiani sono i vostri nemici. Essi non approveranno mai i Musulmani. State attenti a loro."

Sì, anche nella Bibbia sono registrati episodi di violenza, in particolare nell'Antico Testamento. Ad esempio, Dio istruì gli Israeliti a uscire dall'Egitto per prendere possesso della terra di Canaan uccidendo tutti i suoi abitanti. Ma vi è una netta differenza con la violenza del Corano.

Dalla Bibbia si evince chiaramente che la società che abitava Canaan meritò il giudizio di Dio in quanto corrotta da ogni sorta di pratica malvagia, tra cui l'abominio del sacrificio umano di bambini (Deuteronomio 9:1-6, 12:29-31, 18:9-14; 1 Re 14:24; 2 Cronache 33:1-9, Esdra 9:11).
Il ritrovamento di letteratura religiosa cananea nel periodo 1929-37 a Ras Shamra (l'antica Ugarit nella Siria settentrionale) rivela l'adorazione di Dei immorali come El e Baal e la prostituzione sacra nel culto di Anath, Asherah e Astarte. Questa letteratura conferma pienamente le notizie dell'Antico Testamento sulla depravazione religiosa e la degradazione morale dei Cananei. Gli oggetti di culto, le immagini e la letteratura mostrano quanto la religione cananea fosse incentrata sul sesso, sui sacrifici umani, sul culto di serpenti, sulla prostituzione sacra e sui sacerdoti eunuchi. Lo squallido baratro di degradazione sociale a cui conducevano gli aspetti erotici dei culti cananei è scarsamente immaginabile.

Perciò Dio usò gli Israeliti per amministrare una giustizia specifica, proprio come più tardi usò altre società per amministrare giustizia contro gli Israeliti corrotti (vedi ad es. il libro di Geremia).

Esempi come questo nella Bibbia sono tutte circostanze particolari, specifiche, limitate nel tempo, per uno scopo preciso stabilito da Dio. Ma nel Corano, incontriamo comandi **universali** di uccidere e distruggere i nemici dell'Islam, applicabili a **ogni,** tempo, luogo, e categoria di persone.

Gesù portò un messaggio non violento. Mentre nella storia numerose persone hanno tradito il messaggio di pace di Gesù, i suoi insegnamenti hanno un tono coerente di pace, servizio, amore e umiltà. Egli non ci ha mai detto di uccidere nessuno, e ha disdegnato la violenza. Solo alcuni dei numerosi passaggi biblici che potrebbero essere citati sono: Matteo 5:1-12, 5:43-44, 9:36, 19:30, 26:50-52; Marco 9:35; Luca 6:27-

36, 9:54-55, 10:30-37, 22:49-51, 23:32-34; Giovanni 10:7-18, 13:1-17; Galati 5:22-23; Filippesi 2:6-8; 1 Tessalonicesi 5:15; e 1 Pietro 3:8-9. Vi incoraggiamo a leggere questi passaggi toccanti adesso, e considerare come sarebbe il mondo se tutti praticassero gli insegnamenti di Gesù.

Nell'Islam non c'è niente come il comandamento cristiano di "amare i propri nemici" e di "porgere l'altra guancia" (Luca 6:27-37). Mentre il Cristianesimo insegna "ama il tuo prossimo come te stesso" (Matteo 19:19), il Corano insegna ai suoi seguaci a non fare neppure amicizia con un cristiano o con un ebreo.

Un altro punto interessante è quello del concetto islamico di carità, che differisce da quello Cristiano. I musulmani sono chiamati a fare l'elemosina ai poveri, ma solo ai poveri musulmani. In questo modo, i restanti beni del musulmano resterebbero "puri". Il concetto biblico di carità non è limitato ad alcun gruppo di persone. Infatti, Gesù usò delle illustrazioni per incoraggiare ad aiutare coloro che non sono nella fede (Luca 10:30-37).

L'Islam è più di una religione; è un'ideologia con dei chiari interessi sociopolitici. Non esiste la separazione tra Chiesa e Stato nell'Islam ortodosso. Le nozioni occidentali di democrazia e libertà sono in opposizione all'Islam ortodosso. L'umanità intera deve essere controllata completamente dalla legge islamica, e non deve essere permesso allontanarsi dall'autorità di Allah. Il fatto che non esista libertà di religione nei paesi musulmani è una prova che dimostra che l'Islam non vuole altro che il dominio globale attraverso il controllo politico.

C'è una tradizione credibile nell'Islam che afferma che ci sono tre motivi per cui qualcuno può essere ucciso: assassinio, adulterio, o abbandono dell'Islam (apostasia). Almeno un paese musulmano, il Pakistan, ha una legge contro la bestemmia. Secondo questa legge, chiunque insulti Maometto può essere messo a morte.

Si sente affermare comunemente dalla stampa e dai media che l'Islam è una religione di pace. Questo è vero soltanto se inteso in un senso - la pace verrà quando tutte le religioni "concorrenti" saranno state sottomesse all'Islam (Sura 9:29). I musulmani che dicono che l'Islam è una religione di pace, possono dirlo solo ignorando o adattando i suoi comandamenti violenti.

Tali questioni spiegano perché i leader musulmani in tutto il mondo siano stati così accomodanti nel condannare l'attacco dell'11 settembre contro gli Stati Uniti. Anche in America, la loro risposta è stata: "Sì, l'attacco era sbagliato, ma..." È ciò che segue il "ma" che è importante per comprendere le loro reali opinioni.

Nell'Islam, un uomo può avere fino a quattro mogli contemporaneamente. Inoltre, un uomo può "battere" una moglie disobbediente. Un esempio di Maometto stesso che batte la propria moglie.

Maometto aveva addirittura sedici mogli, due concubine schiave, e quattro donne con le quali intratteneva relazioni incerte. È anche interessante notare che Maometto sposò sua nuora Zainab (Bukhari 9:516-518). Fece in modo che suo figlio adottivo Zaid divorziasse da Zainab in modo da poterla sposare. Il divorzio fu motivato dall'ammirazione che il profeta aveva per la bellezza di Zainab. Messo davanti al rifiuto di Zaid di sciogliere il suo matrimonio, Maometto ricevette un'altra comoda rivelazione da Allah, che non solo imponeva a Zaid di dare sua moglie a Maometto, ma decretava anche che non era sbagliato che un suocero togliesse la moglie al proprio figlio adottivo.

Gli uomini sono superiori alle donne, secondo l'insegnamento islamico. Per la legge islamica, la testimonianza delle donne vale metà di quella degli uomini, perché la mente della donna è considerata insufficiente. Le donne sono autorizzate a ereditare solo metà rispetto agli uomini.

La prostituzione è comune in alcuni paesi musulmani, specialmente in Africa. Alcuni musulmani giustificano la prostituzione sposando le donne per la notte, che a loro sembra corretto fintanto che restano nel limite delle quattro mogli alla volta. La prostituzione può essere in parte il risultato dell'attitudine delle società musulmane a dare massima libertà agli uomini, limitando al tempo stesso i diritti delle donne.

Il Corano e gli hadith insegnano che è moralmente accettabile obbligare le donne ad avere rapporti sessuali con chi le cattura. Secondo l'Islam, gli uomini possono divorziare dalle loro mogli, ma le mogli non hanno questo diritto (Sura 2:228). Ed è interessante notare che la maggior parte delle persone che vanno all'inferno sono donne (Bukhari 1:28, 1:301, e 2:161)."

Un'altra istruttiva introduzione all'Islam, la si può acquisire dal sito
www.fisicamente.net di cui si riporta stralcio (**A**)

"COME NASCE UNA RELIGIONE. L'ISLAM ED I SACRI TESTI"

di Cristopher Hitchens

da ***Dio non è grande*** (Einaudi, 2007)

Ci sono alcuni problemi sul fatto se l'Islam sia una religione a sé o no.
Esso inizialmente soddisfece il bisogno di un credo peculiare o distin-
tivo da parte degli arabi, si è poi sempre identificato con la loro lingua
e con le loro successive impressionanti conquiste, le quali, sebbene non
altrettanto sorprendenti di quelle del giovane Alessandro di Macedonia, finché non si esaurirono ai bordi dei Balcani e del Mediterraneo
favorirono certamente nei musulmani l'idea di essere sostenuti dalla
volontà divina. Ma l'Islam, se lo si analizza, non è molto più di un as-
semblaggio piuttosto evidente e abborracciato di plagi, che si serve di
libri e tradizioni precedenti, a seconda di cosa sembrassero richiedere
le circostanze. Così, lungi dall'essere «nato nella limpida luce della storia», come si espresse molto generosamente Renan, l'Islam, nelle sue
origini, è invece torbido e approssimativo come le religioni da cui trasse
i suoi prestiti. Ha immense pretese per sé, chiede ai suoi seguaci una
sottomissione o una «resa» totali, ed esige per soprammercato defe-
renza e rispetto dai non credenti. Non c'è nulla, assolutamente nulla,
nei suoi insegnamenti che possa anche solo considerare di giustificare
una tale arroganza e una tale presunzione.

Il Profeta morì nel 632 del nostro approssimativo calendario. Il primo
racconto della sua vita fu redatto ben centoventi anni dopo da Ibn
Ishaq; l'originale andò perduto e possiamo consultarlo soltanto attraverso una rielaborazione dovuta a Ibn Hisham, che morì nell'834.
Siamo quindi di fronte a parecchio di oscuro e di sentito dire. E a ciò
si aggiunga che non c'è comunità di vedute su come i seguaci del Profeta abbiano messo insieme il Corano o su come i suoi vari detti, alcuni
dei quali registrati dai suoi segretari, siano stati codificati. Questo problema piuttosto familiare è ulteriormente complicato — persino più
che nel caso cristiano — dalla questione della successione. A differenza
di Gesù, che a quanto pare tornò alla terra assai presto senza lasciare
discendenti (con buona pace del ridicolo Dan Brown), Maometto fu

un generale e un politico, ma — benché padre prolifico diversamente da Alessandro di Macedonia — non lasciò istruzioni su chi dovesse raccogliere il suo mantello. Le dispute sulla leadership incominciarono quasi subito dopo la sua morte e cosi l'Islam ebbe il suo primo grande scisma tra sunniti e sciiti, prima ancora di istituirsi come sistema. Non dobbiamo prendere partito nello scisma, salvo per notare che almeno una delle scuole di interpretazione deve essere in errore. L'identificazione iniziale dell'Islam con un califfato mondano, in balia di contendenti litigiosi per il citato mantello, lo marchiò fin dall'inizio come un artefatto umano.

Secondo alcuni accreditati interpreti, durante il primo califfato, quello di Abu Bakr, immediatamente successivo alla morte di Maometto, si fece strada il timore che le parole del Profeta, trasmesse solo oralmente, potessero andare dimenticate. Dopo la morte in battaglia di tanti soldati musulmani, il numero di coloro che conservavano nello scrigno della loro memoria il Corano era diventato rischiosamente piccolo. Si decise perciò di raccogliere ogni testimonianza ancora viva, insieme a «pezzi di carta, pietre, foglie di palma, scapole, costole, e lembi di cuoio», sui quali fossero stati scritti i detti del Profeta, e di consegnare il tutto a Zaid ibn Thabit, che era stato uno dei suoi segretari, affinché ne facesse una raccolta autorevole.

Se la cosa è vera, il Corano daterebbe un'epoca in realtà molto vicina a quando Maometto era in vita. Ma scopriamo rapidamente che non c'è certezza né accordo sulla verità della storia. Alcuni dicono che fu Ali, quarto califfo e fondatore dello sciismo, ad avere l'idea. Molti altri, la maggioranza sunnita, asseriscono che fu il califfo Uthman, il quale regnò dal 644 al 656, a prendere la decisione definitiva. Informato dai suoi generali che i soldati delle diverse province si azzuffavano su versioni discrepanti del Corano, Uthman ordinò a Zaid ibn Thabit di mettere assieme i vari testi, di unificarli e trascriverli in un testo unico. Quando il lavoro fu ultimato, Uthman ordinò che ne venissero mandate delle copie conformi a Kufa, Bassora, Damasco e in altri luoghi, mentre l'originale doveva essere conservato a Medina. Uthman giocò dunque il canonico ruolo che era stato assunto, nella standardizzazione, depurazione e censura della Bibbia cristiana, da Ireneo e dal vescovo Atanasio di Alessandria. Il rotolo fu allestito, e alcuni testi vennero dichiarati sacri e infallibili mentre altri diventarono «apocrifi». Superando Atanasio, Uthman ordinò che tutte le edizioni precedenti e rivali venissero distrutte.

Anche ammettendo che tale versione degli eventi sia corretta — e ciò significherebbe che per i dotti non esisteva alcuna possibilità di stabilire, o anche solo di discutere, quanto fosse realmente accaduto al tempo di Maometto — il tentativo di Uthman di eliminare il disaccordo risultò vano. La lingua araba scritta ha due tratti che rendono difficile per un estraneo apprenderla: essa usa dei puntini per distinguere consonanti come «b» e «t», e nella sua forma originaria non aveva segni o simboli per le vocali brevi, le quali furono talora rese con lineette o con segni simili a virgole. Queste varianti permisero letture notevolmente diverse anche della stessa versione di Uthman. I caratteri non furono standardizzati fino al tardo IX secolo, e nel frattempo il Corano senza puntini e con estemporanei segni vocalici aveva generato interpretazioni completamente diverse, come fa ancora. Ciò potrebbe non importare nel caso dell'Iliade, ma ricordiamoci che qui dovremmo stare parlando dell'inalterabile (e finale) parola di dio. C'è ovviamente un nesso tra l'evidente debolezza di questa pretesa e la certezza incrollabile e fanatica con cui viene avanzata. Per fare un esempio che difficilmente potrebbe essere definito trascurabile, le parole arabe scritte all'esterno della Cupola della Roccia, a Gerusalemme, sono differenti da qualsiasi versione presente nel Corano.

La situazione è ancora più incerta e deplorevole se veniamo ai *hadith*, ovvero a quella vasta letteratura secondaria, di matrice orale, che dovrebbe raccogliere i detti e i fatti di Maometto I, il racconto della compilazione del Corano e i detti dei «compagni del Profeta». Ogni *hadith* considerato autentico deve poi essere supportato da un *isnad*, o catena di testimoni che si suppongono affidabili. Molti musulmani conformano i loro comportamenti nella vita quotidiana a questi aneddoti: considerando, ad esempio, i cani animali sporchi sul solo fondamento che Maometto si dice la pensasse cosi (...).

Come è facile aspettarsi, le sei raccolte autorizzate di *hadith*, che inanellano sentito dire su sentito dire attraverso il lungo dipanarsi della catena degli *isnad* («A ha detto a B, che lo ha saputo da C, che lo aveva appreso da D») furono messe insieme secoli dopo gli eventi che dovrebbero descrivere. Uno dei più famosi dei sei compilatori, Bukhari, morì duecentotrentotto anni dopo la dipartita di Maometto. Bukhari è reputato eccezionalmente affidabile e onesto dai musulmani, e sembra avere meritato la sua reputazione perché, delle trecentomila attestazioni che accumulò in una vita completamente consacrata al progetto, stabilì che duecentomila fossero totalmente prive di valore e di conferme. Ulteriori esclusioni di tradizioni dubbie e di discutibili *isnad* ridussero il computo finale a dieci mila *hadith*. Siete liberi di credere, se lo volete, che il pio Bukhari, più di due secoli dopo, da questa informe massa di testimonianze illetterate e semi-dimenticate, sia riuscito a selezionare solo quelli in grado di superare il vaglio della purezza e della genuinità.

Per alcuni di questi candidati all'autenticità, la questione non dovette essere molto complessa. Lo studioso ungherese Ignaz Goldziher — cito da un recente lavoro di Reza Aslan — fu tra i primi a mostrare come molti *hadith* non fossero altro che «versetti della Torah e dei Vangeli, frammenti di detti rabbinici, antiche massime persiane, passi di filosofia greca, proverbi indiani e perfino una riproduzione, quasi parola per parola, del Padrenostro». Nei *hadith* si possono trovare brani di citazioni bibliche più o meno corrette, tra cui la parabola degli operai ingaggiati all'ultimo momento per lavorare una vigna e il precetto «Non sappia la tua mano sinistra cosa fa la tua mano destra». L'ultimo esempio significa semplicemente che un pezzo di futile e falsamente profonda morale trova il suo posto in due corpi di scrittura rivelata. Aslan nota come nel corso del IX secolo i legisti musulmani, che cercavano di formulare e codificare il diritto islamico attraverso la procedura nota come *jihad*, dovettero collocare molti *hadith* nelle seguenti categorie: «bugie dette per guadagno materiale e bugie dette a beneficio ideologico». Molto correttamente, l'Islam peraltro ripudia l'idea di essere una nuova fede — e tanto meno si presenta come l'obliterazione di quelle precedenti — e utilizza le profezie dell'Antico Testamento e i Vangeli del Nuovo Testamento come stampelle o riserve permanenti, su cui appoggiarsi o da cui prendere. A compenso di tale modestia epigonica, tutto quello che chiede è di essere riconosciuto come la rivelazione assoluta e finale."

Riporto, estrapolandoli, alcuni dati dell'indagine pubblicata tempo fa da Repubblica, da cui risulta che su 1.619.366 di musulmani presenti nel 2014 in Italia, circa 50.000 pensano che lo stato islamico cerca di diffondere il vero Islam, circa 24.000 pensano di combattere per i veri valori dell'Islam e infine che solo il 34,6% degli intervistati crede sia necessario formare i musulmani al rispetto delle leggi italiane!

Estremamente interessanti e istruttivi i testi dei due studiosi storici Bernard Lewis e Giorgio Vercellin, in cui si ribadisce oltre ogni dubbio che nell'Islam religione e politica sono inseparabili, che tutte le guerre hanno origine dalla religione e in particolare **dall'eterna contrapposizione tra sciiti e sunniti**, e che non vi sono presunte motivazioni sociologiche accampate da tanti *studiosi*, la cui forse sola colpa è quella di respingere l'idea che esistono popolazioni e culture per cui la fede è talmente importante da divenire fondamentalista.

In particolare sembra che Hezbolah abbia origine sciita e di jihadista origine sunnita, che deriva dal *wahabismo*. Solo per informazione, capisco che questo non importi a nessuno.

Se quanto sopra letto corrisponde al vero, come è verosimile, la Fallaci si è documentata sull'argomento prima di esporre la sua teoria sull'Islam, se questa religione giustifica ogni atto, da noi ritenuto misfatto, se è vero, e lo è, che i musulmani fanno regolare uso del *taqiyya*, cioè del diritto a mentire ai loro fini religiosi, di cui si riporta uno stralcio tratto dal sito **www.islamicamentando.altervista.org**:

Secondo la **taqiyya**, ai musulmani viene concessa la possibilità di infiltrarsi nel *Dar-al-Harb,* la "casa della guerra", ovvero i territori non islamici, fingendosi moderati per insediarsi nelle città e nei luoghi vitali dei nemici, al fine di aprire la strada all'Islam. I **dissimulatori** agiscono spesso per conto delle autorità musulmane, e di conseguenza non sono da considerarsi apostati o nemici dell'ortodossia islamica.

I dissimulatori sono legittimi mujaheddin, la cui missione è quella di fiaccare la resistenza del nemico e il suo livello di mobilitazione. Uno dei principali obiettivi è quello di causare divisioni tra gli avversari, sminuendo le responsabilità dell'Islam ("Oh, ma io non sono religioso", "Ma quello non è il vero Islam, ti stai sbagliando, c'è così tanta disinformazione", "Oh, ma quella è un'interpretazione sbagliata", "Fratello, l'Islam significa pace, amore", "**hey, leggi questo versetto pacifico**").

La taqiyya è infatti la pratica di mentire nell'interesse dell'Islam. **L'obiettivo è quello di ingannare i miscredenti, convincendoli della bonarietà dell'Islam attraverso l'eliminazione di dubbi e preoccupazioni su questa religione. La taqiyya è alla base della propaganda musulmana presente oggi in Occidente. Uno degli** argomenti principali di chi pratica la taqiyya è quello presentare l'Islam come una © **l'uguaglianza dei diritti per le donne.** Tutto questo è concepito con lo scopo di portare quante più persone possibili alla conversione all'Islam. Su **questo articolo** l'Imam Durham ci fornisce un classico **esempio di taqiyya**, giacché afferma di sentirsi obbligato dalla sua religione a impedire a un vandalo di distruggere le proprietà di una chiesa o di una sinagoga. Questo genere di affermazioni vengono diffuse in pubblico con l'intento di presentare aspetti della religione islamica che non riflettono la realtà. Certamente **l'atteggiamento storico** dei musulmani verso le chiese e le sinagoghe NON è stato quello di proteggerle dal vandalismo ma anzi, piuttosto è stato il contrario. Simili menzogne, quando i musulmani sono minoranza e deboli politicamente, devono essere proferite in pubblico per presentare l'Islam in una luce positiva e tollerante così da risultare appetibile agli occidentali e poco criticabile, in modo da far credere che l'immagine dell'Islam come religione intollerante e violenta è soltanto un mito creato dai razzisti o più semplicemente da chi vuol diffamare la Vera Fede.

Questa sorta di santificazione della disonestà è viene giustificata da molti musulmani sulla convinzione che chi si oppone all'Islam sta mentendo, perciò è legittimo usare la stessa arma. Per la maggior parte dei musulmani è assolutamente inconcepibile rifiutare l'Islam, anche se lo si fa sulla base di ragionamenti razionali. Di conseguenza l'insistere nella miscredenza denota una mancanza di intelligenza o di moralità da parte dell'infedele. Frithjof Schuon su questo atteggiamento dei musulmani dice:

"Le basi intellettuali e quindi razionali dell'Islam hanno l'effetto nel musulmano medio di provocare la curiosa tendenza a credere che i non musulmani o sappiano che l'Islam è la verità e quindi la rifiutino per pura ostinazione, o siano semplicemente ignoranti riguardo ad esso e quindi possano essere convertiti da spiegazioni elementari; il fatto che qualcuno possa volersi opporre all'Islam con coscienza pulita eccede di gran lunga l'immaginazione musulmana, precisamente perché l'Islam coincide nella loro mente con l'irresistibile logica delle cose."

Queste parole ci fanno capire molte cose che possono essere facilmente osservate da chi ha regolarmente a che fare con i musulmani. Ci fa capire perché gli argomenti degli apologeti dell'Islam sono elementari, quasi fanciulleschi, e perché molte volte questi apologeti si riducano a insultare l'infedele che li confuta. Ci fa capire inoltre perché molti musulmani lodino pomposamente la "logica" e la "razionalità" dell'Islam, mentre allo stesso tempo difendono la loro fede con ragionamenti circolari e spesso contraddittori. È per questo che i musulmani possono, senza alcuna ironia, affermare che l'Islam è una "religione di pace", anche quando la testimonianza della storia e delle cronache odierne contraddicono nettamente questa affermazione. Per molti musulmani l'idea che un infedele possa rifiutare l'Islam a causa di una sincera ricerca della verità è assolutamente inconcepibile. Per loro la verità dell'Islam è evidente, quindi un rifiuto di fronte all'evidenza viene motivato dal fatto che l'infedele, con i suoi argomenti confutativi, stia mentendo, ed è persino molto abile a farlo, dato che risulta impossibile controbattere in maniera logica alle sue "menzogne sull'Islam". In cui, anche in questi casi, subentra il ricorso alla taqiyya, per deviare le "menzogne dell'infedele" così che la logica della verità, definita a priori come esclusivamente islamica, possa prevalere.

La taqiyya va al di là del semplice scopo di propaganda. L'origine etimologica della parola significa "per proteggersi da, per mantenere (se stessi)." Include quindi anche la dissimulazione da parte dei musulmani nel dare l'idea di non essere religiosi, in modo da non creare sospetti. Sotto queste mentite spoglie un musulmano, se necessario, può mangiare carne di maiale, bere alcolici, e persino rinnegare verbalmente la fede islamica, fintanto che "non lo intenda nel suo cuore". Se il risultato ultimo di una menzogna è percepito dai musulmani come utile per l'Islam o utile per portare qualcuno alla "sottomissione" ad Allah, allora **la menzogna può essere permessa attraverso la taqiyya.**

Il concetto di taqiyya si trova anche nel Corano:

Che i fedeli non prendano per amici o protettori gli Infedeli al posto dei fedeli: se qualcuno lo facesse, in nulla vi sarà aiuto da Allah: <u>eccetto come precauzione</u>, così che possiate guardarvi da loro. Ma Allah vi avverte di ricordarlo; perché l'obiettivo finale è Allah. **Corano 3:28**

In questo versetto si sconsiglia ai musulmani di prendere gli infedeli per amici, nel caso possa essere utile a difendere l'Islam dai suoi nemici (o percepiti come tali), a prevenire perdite, o possa proteggere i musulmani da chi li minaccia per la loro fede. In altre parole, il fine giustifica i mezzi. Se un musulmano deve dare l'apparenza di non credere nell'Islam, ad esempio, andando contro il principio generale di non avere infedeli per amici, in base alla dottrina della taqiyya ciò è accettabile.

Teniamo presente che tutto ciò che un musulmano praticante considera come "buono" è tutto ciò che contribuisce alla diffusione e il trionfo dell'Islam. Un esempio di qualcosa di "buono" è il numero e la posizione dei membri musulmani nelle forze armate americane, alcuni dei quali sono stati arrestati mentre cercavano di trasmettere informazioni ad al-Qaeda e altre organizzazioni terroristiche islamiche.

Perché sorprenderci su quanto succede?!

Certo è che non tutti i musulmani sono terroristi, ma che troppi terroristi sono musulmani; che tanti terroristi dietro la "copertura" religiosa in realtà semplicemente mirano al potere; che tanta altra gente anonima, sbandata, senza futuro si propone per necessità economiche, per l'opportunità di protagonismo, per dare un senso alla propria esistenza; che la maggior parte dei paesi mediorientali e africani non sono costituiti da popoli uniti, ma, piuttosto, da una accozzaglia di tribù e che, come la storia ce ne dà conferma ricordandoci i casi Gheddafi e Hussein, possono essere governati unicamente da regimi autoritari; che purtroppo questa non è solo storia passata e attuale: è storia senza fine; che jihad, Al Qaeda, Isis nascono dentro l'Islam; che in definitiva nell'Islam, in cui non esiste la religione, ma un'ideologia che contempera religione e politica, comunque assoggettata alla prima, convivono <u>estremisti e moderati.</u> (Ricordiamoci che gli islamici sono privi di una vera e unica guida spirituale, da noi rappresentata dal Papa, particolare a mio modesto parere rilevantissimo). Difatti viene eletto o addirittura si autoproclama imam chi, in linea di massima, è più istruito nell'ambito della comunità islamica del proprio comprensorio. Gli estremisti hanno come obbiettivo unico quello di uniformare tutti gli esseri viventi all'Islam, trucidando i diversamente pensanti; i secondi, pur non rinnegando i principi base dell'Islam, sono costretti, per opportunismo, a uniformarsi per quanto possibile al pacifismo e alla democrazia dei paesi che li ospitano: <u>ma sono proprio loro, gli osservanti del così detto Islam buono, ad essere i primi a voler e dover combattere l'Islam cattivo a cominciare dalle moschee, loro principale luogo di aggregazione.</u>

Dovrebbe essere immediatamente recepito dai politici buonisti

che in Europa ogni terrorista operativo (ottimisticamente ipotizzando se ne conterebbero non meno di cinquemila) è capace di produrre stragi anche di centinaia di vittime! Mentre loro ci dimostrano che una loro vita ne vale cento delle nostre, noi non siamo in grado di dimostrare che cento delle loro non valgono una vita di persona rispettosa delle regole civili e democratiche. E purtroppo questo lo subiremo fino a che i terroristi si limiteranno ad abbattere i simboli occidentali e non alzeranno il tiro colpendo capi di stato e leader politici. Fino ad allora siamo autorizzati a pensare che tutte le perdite di vita umane non siano da addebitare a semplice *cattiveria* di singoli, <u>ma piuttosto alla responsabilità e alla incapacità della politica di bloccare tale *cattiveria*,</u> ci auto dispensiamo dal partecipare ai rituali cortei post-attentato, dal risentire le abituali condanne del Papa, dal riascoltare le dichiarazioni copia-incolla dei capi di stato circa il fatto che non cambieremo le nostre abitudini (nel senso che loro, i politici, continueranno a circolare blindati!). Effettivamente non cambieranno né le abitudini, né, tantomeno, le leggi finché loro non saranno colpiti personalmente. E questo effettivamente è un problema. È un problema dover assistere agli stupori ipocriti dopo ogni attentato quando è palese che siamo in guerra. È un problema per un errore politico di lettura della situazione, che invece va approcciata con criterio rivoluzionario rispetto al modo standard di pensare. C'è da stupirsi infatti se ognuno di noi si difende, uccidendolo, l'animale che tenta di sterminare, non solo il pollaio, ma noi stessi e la nostra famiglia; ci saranno giudici o animalisti ad accusarci? Ecco, se ci si scrolla di dosso concetti come democrazia, garantismo, diritti umani, ecc., inapplicabili a gente che di umano ha forse solo l'aspetto, ma, per il resto, è peggio della peggiore bestia, allora riusciremo a reagire.

Per questa gente non possono valere le regole occidentali, sia perché costoro disconoscono concetti come democrazia, diritti umani, rispetto, o peggio, pur conoscendoli non li rispettano, anzi sfruttano sapientemente le fragilità occidentali costituite dal vincolo del diritto umanitario bellico, dal vincolo dei diritti umani, dal vincolo del garantismo, ecc., così tendendo a colpire laddove è più facile o esiste maggior permissivismo o vigono codici penali blandi. Vanno create e applicate regole speciali proprio a difesa della sicurezza nazionale, della sicurezza privata, della democrazia, della libertà, diritti tutti conquistati faticosamente nei secoli e non regalati. Fu un caso la creazione di leggi speciali per contrastare l'emergenza terrorismo degli '60/'70 nel nostro paese?

Né tanto meno sono meritevoli di sentimenti di perdono o misericordia: questo lasciamolo ai buonisti, che così si sentiranno grandi, dimentichi che, così facendo, offendono ancor di più le vittime degli attentati... restando piccoli piccoli!

Cosa farei? <u>Occorre operare a livello difensivo, ma non trascurando l'aspetto organizzativo.</u>

<u>Ai fini della difesa interna:</u>

- costituire una procura generale europea con poteri speciali sovranazionali, previa emanazione di leggi speciali; imporre subito agli imam di recitare i riti esclusivamente in lingua italiana e nei luoghi assegnati, pena la chiusura dei luoghi di culto e l'espulsione dei responsabili;

- imporre a parenti e vicini delle persone sospette di segnalare ogni attività dubbia degli stessi pena l'accusa nei loro confronti di complicità nei reati commessi o l'espulsione immediata dal paese;

- imporre l'obbligo di denuncia dei contratti di locazione e di dichiarazione degli ospiti in tempo reale, pena l'applicazione di sanzioni pecuniarie pesantissime o il carcere; monitorare le zone ritenute a rischio;

- chiudere le frontiere esterne; avviare campagne di de-radicalizzazione dei giovani a rischio, spiegando che è più facile trovare il paradiso in questo mondo che nell'altro; rendere definitivamente inoffensivi i terroristi, aspiranti tali e loro familiari;

- imporre il rispetto delle regole occidentali: eliminazione di poligamia, infibulazione, sottomissione della donna, burka ecc.;

- avviare controlli severi nelle carceri, dove risultano detenuti oltre 10.000 persone di religione islamica che fanno facile proselitismo, dei social e del web in genere, purtroppo a discapito della privacy, evidentemente di importanza di ordine inferiore rispetto alla sicurezza collettiva. Quest'ultimo aspetto non è certo ultimo per importanza, anzi. Risulta infatti che tantissima gente venga arruolata attraverso una accurata propaganda e narrativa dell'Isis sulla rete.

<u>A livello organizzativo</u>:

- insediamento di governi con parvenza democratica nei paesi instabili per almeno dieci anni, dopo avere cacciato l'Isis dalle zone dove si è insediato. Ci sarebbe un'opzione B che, data la sua base di lucida follia, condurrebbe verosimilmente a ottenere risultati più concreti e più speditamente. Contemporaneamente al bombardamento delle postazioni dell'Isis, costringere i terroristi reduci ad attestarsi in Libia in un delimitato territorio ed ivi *imbottigliarli* precludendogli uscita e ingresso dal/nel territorio da terra, mare e cielo. Probabilmente senza energia, viveri, armi e denaro non si presenterebbe nemmeno la necessità di bombardare. Attendere la loro resa o… che si divorino tra loro per la sopravvivenza!

Poiché appaiono tutte misure fin troppo ovvie viene da chiedersi se l'inerzia della politica europea sia ascrivibile alla poca importanza che i suoi rappresentanti attribuiscono alla vita dei propri cittadini, alla incapacità di conciliare le diverse anime dei paesi che ne fanno parte, cosa che non consentirebbe di avviare una strategia unitaria, all'assenza di leadership forti, a interessi più o meno reconditi di ordine superiore (per certa politica?). O è solo paura dell'intervento dei comitati dei diritti umani? È semplice: basta integrare la Dichiarazione internazionale dei diritti umani con un articolo nel quale si specifichi che i diritti non vanno riconosciuti a coloro che non rispettano le convenzioni internazionali. Particolare che andrebbe ovviamente anche inserito nel codice penale. Ma se ciò apparisse *politically incorrect*, e facesse soffrire tante anime belle, sarebbe sufficiente non applicare le norme per terroristi e simili. D'altra parte non sarebbe la prima volta. Si è mai sentito del rispetto dell'art. 25 sui diritti alla sicurezza dell'uomo in caso di disoccupazione e garanzie su sua salute e benessere? O dell'art.23 sul diritto di chi lavora a uguale retribuzione per uguale lavoro?

Ciò che è manifesto oggi è che manca sia un governo politico comunitario e unitario, sia una polizia di frontiera unica, sia una intelligence unica ed efficace; che si continua ad avere paura a chiamare il terrorismo con il suo vero nome: islamismo; che in definitiva oggi siamo rappresentati da leader che non rappresentano le istanze profonde della società, ancor più quella attuale, la quale, prima ancora di possedere, aspira semplicemente ad avere riconosciuto il valore della persona, della sua dignità e della sua libertà e il diritto di vivere.

Per meglio identificare le origini delle guerre, riporto alcuni spunti tratti da un articolo del giornalista Adriano Monti Buzzetta Colella (**A**) "… dal Medio Oriente al nord Africa e più giù… per milioni di individui l'unità di misura dell'esistenza è sempre e solo lei, la tribù… La struttura sociale è complessa, ma ha uno schema semplice: un nucleo familiare è inserito in una cerchia di parentele più ampie che, a loro volta, formano un lignaggio. Più lignaggi… formano un clan, l'insieme dei clan una tribù. Chi resta fuori dal recinto delle parentele è fisiologicamente un nemico… In questo mosaico l'Islam è una componente aggiuntiva relativamente recente: arrivò nel medio evo e subito si inserì in questi meccanismi. Per dirne una, l'antico scisma tra sunniti e sciiti… deriva da un classico elemento di identificazione tribale: i primi si rifanno al suocero di Maometto, Abu Bakr, mentre gli altri al suo cugino e genero Alì. Quanto ai moderni antagonisti della tribù, gli stati creati dal colonialismo in Africa e Medio Oriente, i problemi con le comunità ancestrali sono nati quasi subito. I nuovi confini rigidi imposti dai paesi europei uccidevano la pastorizia… risultato: un disastro. Si sono uniti nemici e separati i parenti e questo ha causato conflitti sanguinosi e interminabili come in Nigeria e in Sudan… La rivoluzione di Gheddafi cercò di esautorare il potere degli anziani tribali per costruire una vera identità nazionale. L'operazione fallì ed il rais dovette cedere a patti con i clan… Con questi equilibrismi Gheddafi se la cavò fino al 2011, quando la rivolta antigovernativa contagiò con improvvisi voltafaccia una tribù dopo l'altra mentre il tribalismo sopravvive nell'attuale caos di governi doppi e tripli, islamisti, califfato. E oggi? Famiglie e clan devono affrontarsi con l'Isis: "Stato" a geometria variabile nel territorio e nelle strategie… C'è dunque il rischio che la mentalità dei clan trovi più affinità con questo nuovo stato liquido che con quelli tradizionali. Ma esistono anche differenze inconciliabili con un'etica tribale costruita su pilastri quali l'ospitalità, il valore dell'autorevolezza, il rispetto della parola data. Regole severe ma non folli e soprattutto ben radicate: difficile che basti qualche vessillo nero piantato in terra per estirparle".

Indipendentemente dal danno causato dagli occidentali, non vedo come possano sussistere dubbi circa la perpetuità del conflitto tra sunniti e sciiti. Ancora oggi in Africa ed in Medio Oriente coesistono mondi contrapposti, i cui contrasti risalgono sempre alla medesima origine: l'Egitto è il principale stato sunnita, vicini ideologicamente sono Arabia Saudita, stati del golfo, la Siria anti Assad e in parte l'Isis; l'Iran è il principale stato sciita, vicini la Siria di Assad, l'Iraq centrale, la Turchia, i fratelli musulmani, gli hezbollah in Libano e Hamas a Gaza. Oggi in particolare il caos sembra abbia raggiunto il massimo quando si pensa, ad esempio, che in Siria l'autonominatosi Isis è combattuto da una parte da Assad e dalla Russia e dall'altra dagli Usa assieme a turchi e l'Arabia nemica di Assad.

Dopo la morte annunciata di Bin Laden, seguirono le primavere arabe che avevano fatto presagire, con l'abbattimento delle dittature, un trionfale ingresso di democrazia, di rispetto di diritti umani, di cultura, di pace. E invece? È palese che nessuna compatta e organica coalizione delle maggiori democrazie mondiali sarà capace di sistemare le cose, né tantomeno fare da guardia perenne per il mantenimento della pace in quei luoghi. Se per completare il quadro, all'intima smania di conflitto locale, si aggiungono gli interessi degli armieri?

A ulteriore supporto delle fonti sopra riportate termino con alcune considerazioni. L'ultimo conflitto *religioso* che ha visto coinvolto l'Occidente risale al 1683, quando a Vienna furono sconfitti i musulmani, popolo che, per i già detti conflitti interni, conduce una guerra a livello intestino da sempre. Questo semplice fatto la dice lunga sul perché per l'Occidente appaia impensabile solo l'idea di una guerra di religione: non è culturalmente né psicologicamente preparato, esattamente all'opposto dei musulmani, o quanto meno di quella frangia più giovane, scalmanata e invasata. Ecco perché l'Europa si rifiuta di credere alla realtà delle cose, rigetta termini come terrorismo religioso, jihad, islamismo e trova più rassicurante definire i terroristi come malati psichici, lupi solitari, schegge impazzite. Devo ammettere che anche io definisco frettolosamente e poco professionalmente "poveri ammalati" i terroristi, ma affibbio tale attribuzione indistintamente a tutti coloro che si rendono protagonisti di gesti insani in genere, ai delinquenti e a chi è schiavo di religioni e ideologie estremiste.

Ma per me la notizia top è questa. Ci sarebbero code senza fine di aspiranti suicidi che si propongono per fare le bombe umane. Il fatto, nella sua mostruosità, contiene aspetti che l'amplificano: non esiste la meritocrazia nemmeno lì, infatti, la graduatoria degli aspiranti è sovvertita dai raccomandati, parenti dei capi, amici, ecc.

NO COMMENT?

COMMENT! <u>È proprio il caso di parafrasare (ritenendolo più universale) un famoso aforisma di Einstein: due cose sono infinite: l'universo e l'egoismo umano, ma del primo nutro ancora dubbi.</u>

Concludo: i musulmani estremisti odiano l'Occidente, il suo stile di vita, i suoi usi e costumi e troveranno pace solo se e quando lo avranno distrutto, cioè mai. Essi si ritengono, o vorrebbero dimostrare di essere, superiori ma prendono atto della loro pochezza e, complice la loro religione, non hanno altra strada che compensare il gap con i loro nemici dichiarati utilizzando tutti i mezzi illeciti possibili senza limiti. Finora si sono fatti mancare solo le armi biologiche e nucleari, ma aspettano che i governanti occidentali gli diano più tempo. Agli studiosi quanto affermato apparirà semplicistico, ma rimango fermo su tale convincimento.

Altro fenomeno da approfondire è l'immigrazione. I concetti che si esporranno risalgono al primo semestre 2014 e nella loro essenza rimangono fondamentalmente immutati pur essendo il fenomeno in continua evoluzione.

Premesse: per corretta informazione è bene rammentare che il diritto all'asilo politico, previsto all'art. 10 della Costituzione, oggi è concesso ai rifugiati, ai rifugiati sussidiari e ad una terza fattispecie a cui le questure discrezionalmente (sic) possono rilasciare permessi temporanei di soggiorno. Incidentalmente ricordo pure che l'Italia è l'unico paese che abbia sostituito il termine "clandestino" con quello di "migrante", così, tanto per non perseguire nessuno. Risulta che nel 2014 su circa 65000 richieste di asilo solo il 5,6% hanno ottenuto lo status di rifugiato. Se il trend proseguirà su tali livelli si dovrà dedurre che quelli che, per legge e quindi per dovere, il paese deve accogliere, rappresentano una sparuta minoranza e che la maggioranza è costituita da migranti economici. Paradossalmente però buona parte di questa moltitudine, sia per la spesa che si è permessa di pagare agli scafisti, sia per la superiore cultura posseduta che la fa ben sperare circa il ritrovamento di un lavoro, possiede condizioni di base migliori rispetto alla popolazione rimasta nella propria terra d'origine.

1) La prima conseguenza che rilevo è pertanto che, così continuando, questa migrazione non contribuirà certo al miglioramento dei paesi abbandonati, ma piuttosto alla loro permanenza tra i paesi da terzo

mondo. Rammento che già i paesi occidentali aiutano con quasi 135 miliardi di dollari all'anno, i così chiamati aiuti bilaterali, circa i 50 paesi più poveri con risultati poco apprezzabili (chissà che fine fa il denaro). Tale flusso di denaro è calcolato sistematicamente da un organismo fondato da 34 Stati, tra cui l'Italia, chiamato OECD. Dambisa Moyo, economista dello Zambia, ha scritto due libri in cui pone in evidenza che, nonostante negli ultimi 50 anni questo flusso di denaro sia stato di circa <u>due mila miliardi di dollari</u>, di cui l'Africa è stata la maggiore beneficiaria, <u>oggi la gente è più povera di prima</u>. Se, nonostante gli aiuti internazionali la situazione sembra peggiorare, senza scomodare eminenti scienziati, azzardo (indovinando) che le cause siano sostanzialmente: l'inefficacia di politiche di contenimento delle nascite (in Europa è mediamente di 10/1000, in Africa può arrivare a 50/1000!), di politiche sociali, dell'organizzazione sulla distribuzione dei fondi (che assegnerei, anche più copiosamente, ma di certo più proficuamente, non direttamente nelle mani dei politici locali, ma a rappresentanze ONU, che a loro volta li assegnerebbero previo rispetto di rigorosi parametri anche a imprese occidentali per la creazione di condizioni di miglior benessere attraverso la costruzione di scuole, ospedali, insediamenti industriali e infrastrutture varie). È facilmente dimostrabile che **l'aiuto in loco** costerebbe circa un centesimo di quello attuato ospitandoli in Europa, con gli ulteriori benefici: per loro di evitarsi morti assurde e di vedersi realizzare infrastrutture nei propri paesi, per le imprese occidentali che realizzano i lavori, ma anche per noi, che ci ritroveremmo tanti problemi in meno. Perché non si fa? **Misteri politici.**

Leggo che il primate della chiesa cattolica caldea, l'iracheno Louis Sako, ha una visione opposta a quella dell'attuale Papa in ordine all'accoglienza a 360° dei migranti. Egli asserisce che chi aiuta i cristiani e altre minoranze perseguitate a fuggire dall'Iraq e dalla Siria non lo fa per bontà, ma per pulizia religiosa e scopi economici. Il "merito" sarebbe della miriade di organizzazioni umanitarie che finanzierebbero tali esodi, con il risultato di destabilizzare i precari equilibri faticosamente raggiunti dalle comunità cristiane attraverso anche la costruzione di scuole e ospedali. Riferisce inoltre che i preti lamentano, e quindi confermano, che coloro che partono sono proprio quelli cha stanno meglio economicamente, fenomeno che contribuirà all'ulteriore depauperamento economico e intellettuale di quelle zone. Confermo la mia preferenza alla visione dei due precedenti papi circa la preferenza ad aiutare questa povera gente direttamente a casa loro.

Ricordando sempre che tutta questa montagna di denaro proviene dai bilanci statali e quindi dai cittadini, cosa facciamo? Continuiamo a elargirlo ai loro politici, con conseguenze che sono facilmente immaginabili e in più accogliamo pure chi arriva da noi? Aggiungiamo al danno la beffa?

Tuttavia, molti finti buonisti forse vorrebbero che tutti i nuovi arrivati, di cui non si vede e non si vedrà mai la fine, venissero sistemati nelle nostre prime o seconde case, possibilmente condividessimo con loro pure stipendi, pensioni e risparmi mentre li aiutiamo a costruire moschee e a sfornare ancora più figli, visto il nuovo migliore tenore di vita acquisito? Noi potremmo al limite anche trasferirci nelle loro ex case abbandonate o resistere finché ce la facciamo o fino a quando non saremo eliminati dalla inevitabile moltitudine di coloro che, per aspirazione naturale o per necessità, delinqueranno?

I buonisti hanno mai riflettuto sul fatto che non si tratta di aiutare un poveraccio o una famiglia bisognosa, ma una massa infinita di persone e che, tra l'altro, accogliere, fornire assistenza, garantire il rispetto di diritti umani, genuflettersi di fronte a certa gente non fa bene a noi, visto che veniamo sbeffeggiati, visto che loro non ci restituiscono riconoscenza, che non intendono integrarsi, che si ritorcono contro, avendo più volte dimostrato di non avere alcuna volontà di integrarsi e al contrario intendono cancellare le nostre tradizioni, la nostra religione, la nostra cultura, snaturando la nostra vita? E queste persone tanto *umane* da considerare disperati tutti i migranti ritengono per caso che quelli rimasti nei paesi di origine stiano meglio (per non esserci anche loro) o non piuttosto peggio (non disponendo delle risorse economiche per coprire le spese di viaggio)? Certamente conoscono la verità, certamente non sono stupidi, ma occorre che agiscano così: non fa più presa su tanta gente? E ancora: lo fanno per caso con i propri denari? La vera verità è che l'Africa è stato sempre un paese ricchissimo di risorse naturali ma, in parte perché depauperato dalle ex potenze coloniali, in parte perché quasi totalmente monopolizzato da signori della guerra, da bande, da pseudo-religiosi e politici ingordi, si ritrova nello stato che sappiamo!

2) La seconda osservazione riguarda la rimanente parte degli arrivati, tra i quali sono certo è infiltrato sia chi delinque abitudinariamente e che, entrando in Europa intende fare un salto di qualità, sia i terroristi in pectore.

3) La nostra religione ci insegna che la vita è un bene prezioso e incalcolabile ogni perdita umana. Sfugge a una mente normale l'inerzia politica nazionale ed europea di fronte alle migliaia di morti durante i traghettamenti, dei quali la citata politica non sembra avvertire alcuna corresponsabilità. Se tale insensibilità aveva un suo motivo "politico" di esistere per i ben maggiori eccidi in Siria, ecc., non lo ha adesso e ancor meno, attesa la prevedibile escalation dell'emigrazione. **Il presente punto da solo è sufficiente per l'adozione <u>subito e non poi</u> delle misure più idonee a bloccare il fenomeno.** Visto che la situazione potrà solo peggiorare (lo si deduce da semplici considerazioni senza l'appoggio di esperti o indovini): 1) le popolazioni africane non hanno mai smesso di crescere (la colpa primaria è naturalmente dei governi locali ancora oggi privi di politiche demografiche, ma una mano sulla coscienza dovrebbero passarsela anche gli stati colonialisti e i paesi occidentali evidentemente poco lungimiranti: 2) la povertà non ha mai smesso di crescere; 3) le guerre non hanno mai fine, causa forse del colonialismo, causa forse delle svariate componenti tribali dalla innata propensione al separatismo di molte popolazioni locali. La migrazione è conseguenza naturale.

A mio modesto parere rimedi più ovvi potrebbero essere (questo a tavolino bypassando tutto il resto di accordi, intrecci, ecc.): 1) avvio di concrete politiche demografiche già accennate; 2) politiche di aiuti economici mirate; 3) avvio di politiche di disarmo e insediamenti di governi stabili almeno in determinate zone; 4) revisione dell'art. 10 della Costituzione circa il diritto di ospitalità (quando la norma è stata concepita non si prevedevano esodi biblici come oggi); 5) chiusura delle frontiere esterne d'Europa; 6) determinazione di precise quote di ripartizione per paese; 7) realizzazione di centri di raccolta presso i paesi stabilizzati per il riconoscimento degli aventi titolo all'ospitalità e concessione di visto per la partenza verso il paese di destinazione nel rispetto delle quote; 8) revisione del regolamento di Dublino.

Si conosce quanto sia alto il costo che viene affrontato dal nostro paese per fronteggiare questa emergenza continua dal salvataggio in mare a sistemazione, mantenimento e assistenza degli immigrati/rifugiati, per non dimenticare le spese sanitarie, di istruzione e quelle legali per tutto il tempo necessario al riconoscimento del diritto di asilo o meno. È risaputo che tali operazioni fanno la fortuna degli scafisti oltre che delle cooperative assegnatarie dell'organizzazione dell'accoglienza, assistenza e mantenimento (casualmente di sinistra e pseudo-cattoliche). È evidente che il terzomondismo sfrenato non risolve i problemi di questa gente, a esclusione solo di una parte di essa, atteso che la stragrande maggioranza della stessa non avrà la possibilità di trovare un lavoro, per il semplice motivo che il lavoro non c'è. Ne consegue, naturalmente, che siffatta situazione provochi l'inevitabile propensione a delinquere di tanti.

Noi dobbiamo essere orgogliosi di essere italiani, certamente popolo tra i più umani e generosi, ma uno Stato serio deve avere i mezzi per permettersi la solidarietà e la bontà ad ogni costo. Se si immagina, come verrebbe naturale di fare, che il governo sta alla nazione come il padre di famiglia sta ai suoi figli, questi avrebbero estrema difficoltà a comprendere perché, nei momenti di difficoltà economica domestica, il padre, invece di ridurre se non azzerare del tutto le spese superflue, decidesse di diminuire le quantità di cibo e di eliminare la paghetta ai figli pur di dare da mangiare a estranei! Se, allo stato attuale, non sembra raggiunto il colmo credo di non essere il solo **curioso di conoscere se e a quale livello abbia posto l'asticella il governo per intervenire concretamente**. Il problema è sempre più incombente, la gente esasperata, gli analisti concordano su proiezioni catastrofiche, mentre il governo langue incapace, in attesa di eventi sconvolgenti che lo costringano all'aut aut? I decisori politici non dovrebbero interpretare al meglio gli umori dei cittadini?

Chi scrive non è sicuramente meno umano, generoso e caritatevole di quanti credono realmente nella solidarietà e nell'accoglienza (figuriamoci di quei tanti falsi buoni), non è di certo razzista, anzi è multiculturalista e per l'abbattimento di ogni frontiera, ma è decisamente più <u>realista</u>. Esistendo umanamente un limite, a chi compete determinare tale limite? Al governo che è, o dovrebbe essere, vox populi, cioè voce del popolo, l'unico che l'unico cioè che ha pieno titolo di scelta sul proprio benessere e qualità di vita e che subisce l'impatto, per la forzata convivenza con gente che ha ampiamente dimostrato di non volersi integrare (uno dei cardini delle democrazie è quello di integrarsi laddove si vuole vivere rispettando regole e cultura del posto), che tende a creare comunità isolate, che antepone il proprio credo, fede, leggi, usanze a quelli del paese che la ospita, a cui anzi li vuole imporre, gente che non ha nulla da perdere e che sa sfruttare sapientemente i punti deboli della democrazia, avanzando pretese *sindacali* su cosa desiderano mangiare, su come vogliono l'alloggio, il wi-fi, ecc., per l'imposizione alla partecipazione alle spese?

L'italiano medio non è razzista, anzi accoglie ben volentieri, come ha fatto finora, gli extra-comunitari che lavorano, pagano le tasse, rispettano la legge, ma respinge naturalmente tutti coloro che non intendono integrarsi, che vogliono vivere a spese dei contribuenti, che delinquono e creano solo problemi. Scommettiamo sul risultato di un sondaggio o referendum? Adesso esprimo la mia spassionata opinione. L'accoglimento indiscriminato sarà <u>gioco forza</u> stoppato. <u>È una questione di realismo: non c'è spazio e possibilità oltre certi limiti che necessariamente l'Europa sarà costretta a definire in tempi brevi. Non c'è spazio per il buonismo ottuso. Ogni giorno in più dell'attuale andazzo equivale a: maggiori morti, maggiori delinquenti, maggiori disagiati nelle vie delle città, maggiori spese individuali, minore sicurezza collettiva e nessuna certezza di avere aiutato i veri bisognosi.</u>

<u>NO ALL'ACCOGLIENZA SENZA LIMITI. SÌ ALL'ACCOGLIENZA NEI LIMITI DELL'ACCOGLIBILITÀ E NEL RISPETTO DI LEGGI, USI E COSTUMI LOCALI (CONDIZIONI NON NEGOZIABILI).</u>

Ai *portatori sani* del buonismo porgo il cordiale invito a riflettere sulla triplice positività a intervenire militarmente ed economicamente in Africa:

- eviteremo guai certi all'Europa in caso di continuato e incontrollato ingresso;

- aiuteremo quella gente a trovare pace e benessere nelle loro terre d'origine;

- assicureremo la crescita dell'Africa, che rappresenta il futuro dell'Europa, anche in relazione alla prevedibile utilizzazione delle notevoli risorse ancora da sfruttare (si pensa che i cinesi si stiano insediando lì, investendo notevoli risorse per la costruzione di infrastrutture solo perché non hanno più spazi in casa loro o piuttosto perché sono chiaroveggenti?);

A tutti coloro che sono capaci solo di starnazzare, invocando interventi e iniziative a tutto spiano, rammento una regola semplice semplice, da tenere sempre a mente: si può e si deve pretendere il rispetto di regole per il vivere civile e la non violenza, ma è folle utopia pretendere il possesso di sentimenti come generosità, bontà, disponibilità, solidarietà e, perché non di amore, amicizia, sessualità, coraggio: questi non si impongono, devono possedersi, sentirsi intimamente; chi sinceramente si sente di fare del bene, lo faccia esclusivamente a livello personale. Altrimenti non si può assolutamente credere alla bontà sbandierata, è solo ipocrita convinzione, becera politica, speculazione a fini opportunistici, deprecabile demagogia. Ove mai il sentimento buonista fosse vero, reale, come si può pretendere che lo possieda anche chi non lo ha? Mi spiego. Come è noto in chiunque esistono sentimenti o modi di essere propri che non possono essere cambiati dall'alto; se tu Stato (tu dici perché è giusto, io dico per tuo interesse) mi imponi di essere generoso, compi una violenza: è lo stesso che se mi imponessi – I Promessi Sposi docet – di essere coraggioso, di essere religioso, di essere intelligente, di essere colto, ecc. (oh scusa Stato, queste cose non le imponi perché non ti portano denaro?).

Ma i falsi buoni non hanno limiti: personalmente rimango basito nel prendere atto che certi quotidiani non riportano, o non evidenziano, ad esempio le notizie del ragazzo musulmano che ha picchiato la compagna di scuola italiana perché indossava il crocifisso o del migrante che ha violentato la figlia disabile della famiglia che lo ospitava, né che politici abbiano fatto sentire la loro voce (mentre se i medesimi atti fossero stati compiuti da italiani su musulmani sarebbero scoppiati scandali) o che nel *paradiso* Italia un migrante, che abbia visto rigettata la sua richiesta di asilo, possa appellarsi fino al terzo grado di giudizio, che può arrivare anche a quattro anni per una spesa di circa 50.000 euro per lo Stato, cioè per noi. Al contrario non mi meraviglio più di tanto quando penso che molti degli strombazzatori sono gli stessi falsi moralizzatori che si pappano immeritatamente i super vitalizi o che ritengono giustificato ad esempio, che il governo, disattendendo la sentenza della Consulta, non restituisca gli arretrati ai pensionati o, ancora, che continui ad intervenire sulle pensioni medie e alte con pesanti penalizzazioni soprattutto nei confronti dei tanti che mantengono figli e nipoti disoccupati o sottoccupati, ecc.

L'attuale Papa è sanguigno, istintivo e di certo fa presa sul sentimento di cristianità di tanti fedeli quando richiama alla misericordia, alla solidarietà e all'accoglienza sempre e comunque. I due Papi che l'anno preceduto auspicavano invece che gli immigrati venissero aiutati nei loro paesi di origine avendo il sacro santo diritto di rimanere nelle loro case, vicino a parenti e amici di sempre, con la loro cultura e abitudini. Sono decisamente d'accordo con la più realistica visione dei due papi precedenti a condizione che gli aiuti umanitari ogni anno elargiti ai paesi più bisognosi siano anche ulteriormente integrati ma non consegnati ai governanti di turno: andrebbero amministrati direttamente in loco da dislocazioni dell'ONU. Per meglio allargare gli orizzonti visivi degli scettici invito a visionare **http://www.numbersusa.org**

I buoni sinceri credo siano da rinvenirsi tra i religiosi, le anime pie, gli ingenui, tra quelli che non vedono la malevolenza, che vivono al di fuori della realtà, che hanno avuto la fortuna di non imbattersi mai nel male. Quelli falsi li ritrovi facilmente tra i politici, gli strumentalizzatori e i tornacontisti. (**A**) In psicanalisi (vedere **Riza Psicosomatica**, a cui si rmanda perché significativa e condivisibile) "… il buonismo e l'iper-comprensione si giustificano come fossero una maschera: l'immagine della "bella persona" da cui non escono critiche o emozioni negative, che, fin da piccoli serve per farsi accettare dagli altri. Salvare l'immagine dell'altro in realtà equivarrebbe a salvare se stessi. Il motivo di questa ingenuità risiederebbe nell'associazione di due meccanismi psichici inconsci, chiamati proiezione e negazione. Con la prima (la proiezione) la persona proietta di continuo la propria buona fede negli altri, cioè la attribuisce a chi ha di fronte, a prescindere da chi sia, e quindi trova giustificazioni buoniste a qualsiasi suo comportamento. Con la seconda (la negazione), si difende da un'immagine dell'altro che potrebbe risultare troppo dolorosa o complessa da affrontare, rifiutandola in blocco e negandone l'evidenza. Il candore che ne risulta è dunque segno di immaturità. Si spera, come fanno molti bambini, che il Cattivo non esista e che le persone siano tutte buone. Ma quando si fa così con gli altri, è perché lo si fa anche e anzitutto con se stessi. Vuol dire che il "super-ottimista" non conosce, lui per primo, il proprio lato Ombra, la zona oscura della psiche, che ognuno per natura possiede. Forse ne ha paura, forse non l'accetta. Eppure, se non vuole venire raggirato e manipolato, deve cominciare a conoscersi, a vedere i propri aspetti controversi, a riconoscere la propria "manipolazione della realtà", che sta mettendo in atto. Solo così avrà gli occhi liberi per vedere con chiarezza ciò che lo circonda. E ancora che nessuno di noi trova difficile amare il prossimo che gli sembra inferiore". Forse a qualcuno questo aforisma di Gómez Dávila suonerà malizioso o antipatico ma contiene molta verità. Non ci hanno forse insegnato che l'altruismo è una di quelle virtù meravigliose che occorre coltivare sempre e quanto sia bello aiutare gli altri senza secondi fini? Che cosa c'è di più desiderabile di quel clima di mutuo sostegno capace di tener lontano il conflitto dal palcoscenico della vita? Purtroppo nella nostra cultura l'idea di altruismo è legata intimamente a quella di rinuncia a se stessi: sacrificio considerato come uno dei grandi valori che devono ispirare la vita. L'altruismo, "interpretato" come dovere e non come un semplice moto spontaneo di solidarietà amichevole, può diventare una maschera, uno schermo dietro il quale si celano emozioni e intenzioni ben diverse da quelle sbandierate: freddezza, arroganza, prepotenza. Anche **Nietzsche** è molto esplicito al riguardo: per lui l'altruismo è sovente un modo per "impadronirsi" della personalità dell'altro. Con il suo stile provocatorio ma puntuale afferma: "Nel nostro amore per il prossimo non vi è forse celato un impulso verso la proprietà? Ecco che quando vediamo soffrire qualcuno, sfruttiamo (inconsciamente) l'occasione che ci si offre di prendere possesso di lui". Del resto, non è escluso che le manifestazioni di altruismo coprano in realtà anche un calcolo strategico in termini di vantaggi reciproci: oggi ti soccorro io, domani sarai tu ad aiutarmi.

Quando poi l'altruismo assume la forma della compassione il gioco diventa ancor più pesante. Secondo il filosofo Karl **Jaspers**, un sentimento siffatto camuffa un senso di superiorità che viene avvertito dall'altro in maniera umiliante: "La compassione è degradante per colui che ne è l'oggetto. Risveglia nel compassionante un senso di superiorità perché questi, confrontando la sua situazione con quella dell'altro, considererà che essa è migliore, e perché nell'atto in cui porge soccorso, sentirà la sua potenza". Insomma, il vero altruismo è alquanto difficile. Solo se la sua stoffa è interamente intessuta di spontaneità (e solo se chi lo prova vive una vita profondamente soddisfacente), allora può risultare davvero autentico."

(**A**) Cito il punto di vista sull'argomento di Francesco **Alberoni**: "L'Italia è un paese molto tollerante e compassionevole, ma talvolta queste qualità entrano in conflitto con la giustizia e producono danni. In questi casi non si deve parlare di bontà ma di «buonismo». A Napoli la gente aiuta a scappare i ladruncoli che rubano in macchina, sulle spiagge molti proteggono gli ambulanti irregolari. Se una famiglia extracomunitaria non paga l'affitto la giustificano e se un poliziotto tocca un immigrato e costui dice che lo ha picchiato, credono all'immigrato. C'è spesso tolleranza verso lo studente violento, l'ubriaco della movida, lo zingaro che rubacchia, il drogato disteso davanti alla discoteca, chi va sul tram o sul treno senza il biglietto. È un sistema lasso che va bene quando nella società c'è un forte senso civico e i comportamenti devianti sono eccezioni. Ma diventa pericoloso quando sono molti quelli che trasgrediscono. Allora la gente ha paura di rimproverarli, li ignora o addirittura li giustifica. Fino al momento in cui anche le forze dell'ordine non vogliono apparire impopolari e rinunciano a fare il loro dovere. Con milioni di immigrati, centinaia di migliaia di persone salvate dal mare e lasciate a loro stesse nelle grandi città, si formano delle aree degradate, delle vere e proprie «favelas» in cui la polizia non entra più. In Francia questo fenomeno è diventato impressionante, soprattutto nella periferia di Parigi. Radicalmente diverso il caso della Svizzera o della Germania, dove invece la gente denuncia subito l'irregolarità, chiama la polizia e questa arriva immediatamente. Dobbiamo tutti riflettere sulla eccessiva tolleranza del nostro paese perché provoca grandi disagi ai vecchi, ai malati, a tutti i deboli che rispettano la legge. Il buonismo infatti favorisce i prepotenti, i mentitori, i gruppi organizzati pronti a strillare al sopruso, mentre invece coloro che hanno realmente bisogno non riescono a farsi sentire e vengono calpestati. Io sono convinto che le forze dell'ordine debbano essere rafforzate, pagate meglio, ma anche istruite e addestrate per affrontare i nuovi problemi dando poi loro più libertà di azione e maggior protezione dalla legge."

Cito anche l'analisi di Luca **Ricolfi** secondo il quale la sinistra, preso atto di non essere più sinistra, ha disperata necessità di mantenere viva la propria presunta superiorità morale attraverso almeno il manifesto mantenimento di concetti propri della sinistra quale l'indulgenza verso i deboli, i migranti, i carcerati, i diversi. Il giornalista conferma altresì la pessima gestione dell'accoglienza, rilevando che una volta espletato il lato poetico della questione (salvataggi, cure mediche ecc.), poco interessa il lato prosaico, non meno impegnativo, del dopo.

Per chi vuole dilettarsi il tema è molto divulgato anche sul web. Ove interessati leggere ad esempio **http://www.ilgiornale.it/news/politica/i-5-falsi-luoghi-comuni-buonismo-ad-oltranza-1140415.html**.

Termino con un'ultima considerazione… elementare. Come si sa c'è chi opera nel bene (non dico nel giusto trattandosi di concetto relativo) ovvero l'individuo non è orientato scientemente a danneggiare il prossimo nel senso più ampio del termine. C'è invece chi opera nel male, poco importa se sistematicamente o occasionalmente, comunque non ha remore a ledere gli altri. Al primo sfugge per forma mentis l'esistenza della malvagità, della cattiveria, dell'inganno, per lui l'eventuale offesa sarebbe solo forma di difesa. Il secondo sfrutta prevalentemente le *debolezze* del prossimo: l'ingenuità, la sprovvedutezza, la timidezza, la correttezza, l'onestà, la generosità, la bontà, la cristianità, ecc., e così ha gioco facile. Appare lampante a una mente razionale che qualsiasi battaglia tra il bene e il male è impari, proprio per le *armi* disponibili delle parti: come si può vincere con la giustizia, con il garantismo, con la democrazia e, aggiungo, con la folle illusione che mostrandosi indulgenti, comprensivi, caritatevoli si ottenga la conversione del *maligno*? Questa *debolezza* rappresenta proprio un'arma in più per il male. L'unica soluzione è esattamente quella opposta: dimostrare che le *debolezze* della società civile, evoluta, democratica non lasceranno spazio a chiunque, a qualsiasi livello, intenda cancellare secoli di progresso, di civiltà e di sviluppo. Se non si fa così, se continueranno a mancare veri statisti e nuove visioni e soluzioni in relazione agli attuali problemi mondiali, se si continuerà a ritenere che i terroristi siano un fenomeno passeggero e che non ci colpiranno mai, che i delinquenti dell'Est preferiscano operare da noi perché più ricchi invece che per le nostre leggi permissive e le carceri-albergo, e che sconfiggeremo chiunque a colpi di scudo buonista, saremo noi gli artefici del nostro declino!

A tutti quei falsi buoni, ma maestri di retorica che proclamano che è dovere morale, giuridico e politico salvare vite umane, rispondo che è vero, come è dovere accogliere rifugiati, MA certamente non in caso di esodo biblico.

A quegli altri *illustri* colleghi che invocano l'arrivo dei migranti perché in Italia non si fanno più figli, rispondo che non è colpa della capacità procreativa degli italiani, ma è piuttosto colpa delle politiche governative contro la natalità e contro il lavoro. E, comunque, il fenomeno rimane in un alveo fisiologico laddove si pensi alla sua coincidenza con l'accresciuta popolazione femminile nel mondo del lavoro.

A quegli altri *soloni* bocconiani che auspicano un cospicuo incremento di rifugiati per il loro contributo al sistema previdenziale nazionale, mi rifiuto di commentare… per evitare denunce!

La vera verità sembra, anche a detta di analisti di estrazione dem, che la sinistra annaspi a livello di consensi, avendo deluso la sua tradizionale base elettorale, che parzialmente ha perso. Una perdita che tenterebbe di reintegrare con l'inserimento di una nuova generazione di elettori, deboli… e ignoranti. Che tutto ciò produca ulteriore danno alla gente comune non sembra importare più di tanto!

Per finire rammento che: **lo Stato spende meno della metà, di quanto destinato ai rifugiati, per i nostri poveri!**

Mi permetto di aggiungere un'ulteriore prosaica considerazione tratta sempre dall'esperienza: **nella quasi totalità dei casi in cui il buonismo si manifesta c'è di mezzo il denaro… degli altri, ovvero la partecipazione per niente spontanea di chi paga le tasse!** Va da sé che miracolosamente caduto il presupposto cadrebbe il buonismo. Ecco perché è una brutta bestia.

Tutti coloro che non perdono occasione di strombazzare in positivo sul fenomeno "profughi" ricalcano esattamente le orme di gran parte dei politici, quando non lo sono essi stessi: non danno l'esempio. L'unica risposta per metterli a tacere è che tutti costoro, ma proprio tutti, si prendano un "profugo" a carico e dopo, per miracolo, non avranno bisogno di obbligare nessuno a fare altrettanto perché ci sarà più gente, di quanti siano i promotori stessi dell'iniziativa, che seguiranno l'esempio. Questa sarebbe vera soddisfazione per tutti!

I più attenti avranno notato che, comunque "si giri la frittata", i diversi modi di intendere la cosa convergono sempre e comunque sul punto centrale del nostro discorso: **l'egoismo**. I buoni sinceri stanno bene al solo pensiero di fare del bene, di provare pietà e compassione, di essere più umani e più caritatevoli verso chi ne ha bisogno, catalogabili quindi come Ego1, soprattutto ove non facciano ricorso all'aiuto dello Stato o di terzi in genere; mentre i buonisti falsi stanno bene attraverso le loro manifestazioni di piazza, le dichiarazioni estemporanee, ecc., saranno catalogabili come Ego2 in quanto il loro "ritorno" non è immateriale né intimo. Entrambi hanno comunque soddisfatto il loro ego.

Si scorge l'egoismo?

CONDIZIONAMENTI

Non ci rendiamo conto, presi come siamo dalla vita, ma si può affermare con certezza che non esiste essere vivente che, lungo tutto il corso della sua esistenza, possa vantarsi di non esserlo: condizionato. Non ne sono esclusi ricchi, potenti, giovani, anziani, belli, brutti, single, sposati, e anche l'essere più libero non lo è del tutto. Si può pensare che ricchezza e potere annullino o almeno riducano i condizionamenti. Niente di più errato, al contrario, riflettendo è facile convincersi che povertà e/o semplicità di vita rappresentino gli elementi indispensabili, non per raggiungere, ma almeno per avvicinarsi a tale finalità. Tralasciando l'analisi dei perché specifici, relativi ai vari tipi categorizzabili, è sufficiente soffermarsi su tutte le esigenze primarie dell'essere vivente generico, ovvero a quelle legate alla sopravvivenza: l'aria per respirare, il cibo e l'acqua per nutrirsi, i bisogni corporali, il sonno. A queste esigenze biologiche seguono, nella scala gerarchica delle priorità, una serie variabile di ulteriori esigenze che vanno dalla salute alla sicurezza, dalla necessità della casa a quella di altre proprietà, dal desiderio di procreare e formazione della famiglia al desiderio di crearsi amicizie, dal desiderio sessuale alla necessità del lavoro/denaro, ecc., con una escalation senza fine… se si vuole. Insomma sia Adamo, sia i frati più umili, sia i più potenti uomini sono stati, sono e saranno sempre condizionati dalla natura e dagli altri propri simili!

Sempre premesso che qualsiasi condizionamento, non dipendente da eventi della natura, che sia cercato o subito (nel senso che il condizionamento può presentarsi casuale seppur prevedibile, ma anche voluto come ogni qualsiasi azione, cioè per piacere, dovere, convenienza necessità), è frutto dell'egoismo, vediamo qualche esempio.

Fissiamo intanto l'attenzione su tutto ciò che si dice e che si fa, ovvero sforziamoci di pensare a quello che si può o non si può dire o fare, quello che si deve o non si deve dire o fare, quello che conviene o non conviene dire o fare, ecc., in tutte le casistiche della vita. Già questo semplice esercizio può occuparci una intera giornata!

<u>Uomo medio</u>:

-   giornata tipo: sveglia, esigenze primarie, pulizia, famiglia, scuola, auto, traffico, benzina, autovelox, lavoro, auto, autovelox, casa, moglie, figli, tv;

-   giornata extra: esigenze primarie, problemi con figli, droga, problemi con casa, utenze, spese, problemi di salute, nuovi acquisti, amici, amante, ristorante, cinema, palestra, gita, ferie, traslochi, politica, religione, leggi;

<u>Uomo umile</u>: esigenze primarie, problemi di sopravvivenza, ricerca di comfort minimi;

<u>Uomo potente</u>: sveglia, esigenze primarie, pulizia, famiglia, auto, autista, traffico, lavoro, incontri, stress, titoli borsa, soci, dipendenti, consigli di amministrazione, viaggi, amanti, problemi di salute, di famiglia, politica, religione, leggi.

Se vogliamo riferire i condizionamenti ad alcune voci che interessano un po' tutti, avremo:

Famiglia: rapporti con coniuge e figli (problemi di svariata natura, tipo di educazione dei figli, competenze e ruoli dei singoli membri, compatibilità orarie, culinarie, preferenze tv, amicizie dei figli, scelta tipo di scuola, professori, droghe, problemi economici, compatibilità sessuali, problemi di salute, malattie, medici, farmaci, ospedali, convalescenze, badanti, tate, nascite, vestiario, moda, profumi, gioielli, usanze, credenze, galateo, animali domestici, ecc.).

Casa: problemi di sicurezza (antifurto, grate, videosorveglianza, ecc.), di gestione (acqua, luce, gas, telefono, rifiuti, antenne, tv, posta, manutenzioni, ecc., tipo disservizi), di vicinato, di viabilità.

Lavoro: viabilità, autovelox, parcheggi, responsabilità anche penali per attività specifiche, invidie dei colleghi, gelosie, rapporti con superiori e subordinati, rispetto delle scadenze, mancate consegne, assenza commesse, ritardi.

Tempo libero: sport, palestre, vestiario, orari, alberghi, ristoranti, aerei, taxi, attese, code, ritardi.

Politica: rispetto delle leggi, regolamenti, tasse, incombenze e scadenze, ecc.;

Amici: affetti, sacrifici, gelosie, tradimenti.

E quanto altro ci ricordiamo!

Si badi bene poi che ogni voce è costituita da sotto-voci. Ad esempio: quando penso all'abbigliamento penso a quello che si indosserà, che potrà essere condizionato dall'ora, dal contesto, dalla compagnia, se ciò che si intende utilizzare è pulito o macchiato, se è intonato al resto, se è di moda! Quando penso al cellulare devo considerare quali e quanti portarne, lo stato delle batterie, se si prende la linea, se parlare in viva-voce o meno, se più opportuno inoltrare sms o meno, se fare ricerche specifiche sul web, quali compagnie telefoniche preferire e perché, i virus, i malware, ecc.

Ma non è finita perché occorre anche inserire tutti i condizionamenti occulti. Citiamo solo qualche esempio: 1) la casualità (un film esplicativo è Sliding Doors, laddove una banale perdita di tempo con conseguente perdita della metro da parte della protagonista dà inizio allo sdoppiamento della sua vita in entrambi i casi. Quindi si pensi al ritardo non previsto, né prevedibile, all'incontro casuale o a quello saltato, agli spostamenti di appuntamenti, al cambio forzato di cose programmate a causa di incidenti, eventi atmosferici ecc.); 2) la pubblicità (tra le prime a condizionarci sulle scelte degli acquisti in positivo, ma soprattutto in negativo, solo riflettendo ad esempio sui tanti prodotti dannosi per la salute che ci propinano l'industria gastronomica e quella chimica, la pubblicità ingannevole); 3) gli eventi naturali in genere: uragani, tornado, terremoti, temperature estreme, allagamenti, ecc.

Come se tutto ciò non bastasse, o forse proprio perché già (inconsapevolmente) *drogato,* l'uomo sente spesso la necessità di arricchire la sua vita con altri condizionamenti, così si impasticca, fuma, si ubriaca, videogioca, ecc.

Si può dedurre che, in generale, i condizionamenti sono *condizionati* dallo stile di vita, ovvero che, quanto più si hanno interessi, necessità, desiderio di partecipare, si è sottoposti e sottomessi a condizionamenti; ciò non esclude che un tycoon, o perché abulico o timoroso o schivo, trascorra il suo tempo rintanato nella sua reggia, servito e riverito, che, delegando qualunque incombenza a terzi, possa essere molto meno condizionato di un travet dai mille interessi, che invece ne risulta tracarico.

Sempre e comunque tutto grazie all'egoismo.

COPPIA

Si potrebbe scrivere un intero testo sul tema, ci limitiamo solo a fare un brevissimo excursus, esprimendo pareri tratti dalla esperienza e comunque in armonia con le impostazioni del presente scritto. Fino all'immediato dopoguerra, seppure in maniera residuale, vigeva, quantomeno al Sud, una legge non scritta secondo la quale uomini e donne avevano compiti ben definiti. L'uomo era il capo della famiglia, anche se con il trascorrere degli anni il titolo diventava sempre più teorico; portava i soldi a casa, provvedendo quindi al soddisfacimento di tutte le esigenze economiche della famiglia. Aveva la rappresentanza della casa, godeva di alcune libertà, come quella di coltivare amicizie, sovente non consentite alla moglie. Non di rado era il padre-padrone.

Vale la pena di rammentare che solamente nel 1981 fu cancellato l'articolo di legge che consentiva il delitto d'onore e il matrimonio riparatore. Con riferimento agli anni '60 e segnatamente al Sud, era pressoché impossibile rinvenire ragazze non vergini che convolassero a nozze. Ma, poiché la rivoluzione sessuale era già in atto e le donne avevano fatto in fretta a emanciparsi e a recuperare il tempo perduto, non era insolito imbattersi in ragazze capaci di declinare pedissequamente il kamasutra, pur preservando la verginità. La moglie, in quanto tale, acquisiva il cognome del marito, provvedeva all'organizzazione generale, ovvero ai figli e alla casa, dove principalmente svolgeva la sua attività. Con specifico riferimento al sesso e parecchio prima della rivoluzione sessuale, sembra addirittura che l'orgasmo femminile non fosse ben visto, immagino perché rappresentativo di libertà di costumi e quindi sconveniente. Generalmente il marito rimaneva il primo e unico uomo della donna e viceversa. Generazioni di coppie non conoscevano le diversità (positive o negative) non prettamente esteriori degli individui dell'altro sesso. Non avevano la possibilità di scelta, come oggi, possibilità che, come dimostrato, non ha comunque garantito maggiori sicurezze sulla qualità di vita della coppia medesima, né, tantomeno, sull'eternità del rapporto. Nel bene e nel male la coppia così concepita aveva resistito nei secoli, grazie a un equilibrio che si instaurava automaticamente sia nei casi della coppia marito-padrone, a volte violento/moglie sottomessa, sia nei casi di marito-padre di famiglia/moglie-vero capo famiglia.

Oggi è inimmaginabile, non solo dalle femministe attiviste o ex tali, che in altri tempi la coppia presentasse un proprio equilibrio, anzi, non può nascondersi che la maggioranza delle mogli non avrebbe concepito un marito diverso! Successivamente, a seguito dei movimenti femministi, della rivoluzione sessuale, ecc., la coppia ha dovuto inevitabilmente reinventarsi e sono naturalmente sorti nuovi equilibri. Per tanti era meglio prima, per tanti altri è meglio oggi; personalmente sono convinto che, nelle condizioni ideali, fosse meglio prima, e, per stoppare la naturale tendenza di discriminare in negativo tutto ciò che è del passato e consentire di giudicare sulla base di informazioni dirette, corre l'obbligo descrivere come si svolgesse la vita familiare, o *menage* medio. Il pater familias usciva da casa, spesso di buonora, per recarsi al lavoro e ne faceva rientro a sera. Egli si faceva carico di tutte le spese della casa e della famiglia: probabilmente per questo era da tutti rispettato (si racconta che, prima degli anni '30/'40, fosse quasi d'obbligo da parte dei figli dare del "voi" al padre. Ma non c'è da stupirsi se si pensa che tale comportamento sia tuttora in uso, per quanto di nostra conoscenza, anche in alcuni paesi dell'est Europa). Il buon padre di famiglia pertanto si faceva carico delle spese di vitto, vestiario, voluttuarie della famiglia e naturalmente di quelle della casa. La buona madre di famiglia aveva l'onere non indifferente di provvedere alla pulizia e all'ordine della casa, a lavatura, asciugatura, stiro e rammendo dei vestiti, alla spesa, alla preparazione dei cibi, al riassetto dei locali, alla buona educazione dei figli. E, cosa non marginale, era rispettata dal marito e naturalmente dai figli! Parliamo di situazione media perché, nei migliori casi, a molte di tali incombenze provvedeva il personale di servizio. Nella considerazione che trovano sempre favorevole accoglimento tutti i cambiamenti e le rivoluzioni che producono miglioramenti, siano essi economici che sanitari, di qualità della vita in genere, è lapalissiano perché la donna media oggi trovi disdicevole, fare ritorno al passato: il comune pensare infatti l'avrebbe sdoganata dalla condizione di casalinga, schiava di casa, dipendente economicamente, ecc., mentre oggi la vedrebbe autosufficiente, indipendente, priva di vincoli e limiti. La verità invece potrebbe risultare diametralmente opposta in relazione al valore che viene assegnato alle cose. Se, ad esempio, per qualcuno è fondamentale vivere senza la paura di essere aggredito, rapinato, ucciso, non ha bisogno di scomodare i tempi di Mussolini nei quali i novantenni narrano che si dormisse con le porte di casa aperte, basta che si trasferisca in un paese semi-autoritario (Cuba, ecc.) e vivrà serenamente. Nel nostro caso se qualcuno volesse vivere una vita in compagnia di una moglie con "gli attributi" e dei figli da cui è rispettato e che lui ricambia, tutti componenti con ruoli ben definiti, o nasce con la camicia o deve porsi alla ricerca di paesi lontani o più facilmente non gli rimane che accomodarsi in poltrona, immergersi nei filmati di un'epoca scomparsa e appagare così almeno la sua fantasia.

Qualsivoglia sia il punto di vista, ogni equilibrio è figlio dell'egoismo.

CRITICA

La critica sembra uno dei passatempi più divertenti ed indispensabili di sempre, intramontabili, universali e h24. Mi riferisco naturalmente all'attitudine ancestrale, endemica, di dire la propria sull'operato degli altri in ogni situazione: ma questo sarebbe il male minore ove rapportato a quella manifestata dagli intolleranti, dagli esagitati delle curve degli stadi, da buona parte del popolo dei social, dagli estremisti, dai violenti, che non si limitano al rimbrotto più o meno manifesto, ma lo accompagnano con i fatti! Come si capisce, il riferimento è alla critica spicciola, quella che riguarda il comportamento umano nella vita quotidiana, ma, non di rado, grazie a ignoranza e spocchia, raggiunge il top spingendosi temerariamente fino a interessarsi di campi specialistici (tecnici, culturali, artistici, ecc.). Non ne sarebbero esenti nemmeno i santi, se esistessero, mentre i grandi uomini sorvolano o dissimulano. Infatti saggezza suggerirebbe di tenere sempre a mente: - che *chi la vuole cotta e chi la vuole cruda* vale per noi, ma anche per gli altri; - che una qualsivoglia azione è eseguita per piacere o per dovere o per convenienza o per necessità (vedere argomento DNA) e, conseguentemente, purché non arrechi disturbo al prossimo, avrebbe titolo forse a giudizi silenziosi piuttosto che a critiche avventate quando non velenose.

Spesso la critica si scatena in compagnia degli amici; sarà cioè finalizzata ad amplificare il relax del momento condiviso, insomma un modo come tanti di trascorrere allegramente il tempo.

Ma c'è anche la critica bonaria, quella a livello di simpatico sfottò o quella finalizzata all'aiuto dell'amico. Infatti, a volte un problema è più facilmente risolvibile da chi lo analizza dall'esterno, perché più freddo e obiettivo di chi personalmente lo patisce o da chi può vantare maggiore esperienza sull'argomento. Ma a volte no, e questo perché <u>un problema è vissuto da ciascuno in base al proprio carattere, alle proprie priorità, alle contingenze, elementi tutti che ne determinano il comportamento.</u>

Lo sciupafemmine tirchio che dice all'amico, lasciato dall'unica donna della sua vita, "dai non ci pensare, chiusa una porta si apre un portone": non sarà capito o forse non sarà neanche ascoltato. Lo stesso accade se è quest'ultimo a dire al primo "dai non pensare alla perdita del portafoglio; hai tanti di quei soldi!" Altri esempi esplicativi: A ha un patrimonio di 100, ma problemi congiunturali gli fanno perdere 150. B ha un patrimonio di 300, ma analoghi problemi gli determinano perdite per 200. Vista dall'esterno appare più grave la situazione di A. Quindi, se B critica A ritenendolo non avere titolo a lamentarsi visto che lui ha perso di più, dimostra tutto il suo essere ego2; se invece A prova a confortare B, dà prova di sensibilità, di essere un ego1, di essere un grande. Aggiungo: se B si stupisce, ma poi capisce l'atteggiamento di A, alla fine lo apprezzerà, se al contrario mantiene la propria critica, conferma oltre ogni dubbio di essere re di infantilismo, un ego2 doc.

Altro esempio: A e B, sempre a parità di altre condizioni, subiscono un dolore fisico; pur se A ha più titolo a lamentarsi perché il suo dolore è effettivamente più intenso, potrebbe accadere che a lamentarsi sia B se, per esempio, per lui è la prima volta (quindi al dolore si somma la paura che si innesca di fronte a ciò che non si conosce) o semplicemente perché ha una sensibilità dolorifica superiore ad A. È negativo che A prenda in giro B. Anche se non si capisce, ma si vuole essere veramente d'aiuto, è preferibile confortare.

Ovviamente il principio non è applicabile ai gusti personali: quelli sono inviolabili, non negoziabili. Ci si può stupire quanto si vuole sui gusti degli altri, ma questi fanno parte della diversità umana che ci distingue dagli automi. Aggiungo, per quanto riguarda me e chi si ritrova in una simile "sfortunata" situazione, di avere cioè particolari esigenze in molti campi, non solo artistici, la qual cosa non di rado può innescare nello "sfortunato" forme di invidia verso chi è interessato alla scoperta di tutto e riesce ad apprezzare tutto senza pretese, né problemi.

Il tema può collegarsi anche agli argomenti "Riflessioni", "Predisposizione alle malattie" laddove si accenna alla scala del dolore, "Rispetto". Buonsenso e sensibilità suggerirebbero invece, prima di giudicare, criticare, suggerire, di rispettare il seguente principio fondamentale: **Nei consigli da regalare agli amici: a parità di altre condizioni, come ad esempio età, sensibilità e scala algometrica, esprimiamoci solo se possiamo *vantare* una situazione personale, pregressa o attuale, simile o svantaggiata rispetto a quella dell 'amico. Nella**

<u>critica</u>: le variabili in gioco sono così numerose (scala algometrica, età, contesto, sensibilità, ego, intelligenza, cultura, scala delle priorità personali, ecc.) che solo un potente computer che elabori un raffinato algoritmo ci potrebbe fornire in tempo reale l'ok a farla... cioè mai!

<u>Cito, a proposito, solo i due casi emblematici e più ricorrenti, che mi allibiscono: la critica del ricco da sempre (peggio però quella dell'ex povero) che non comprende le difficoltà del bisognoso e quella della persona sempre in salute che, alla incomprensione delle sofferenze altrui (il danno), aggiunge l'insofferenza personale, ma spesso in cerca di condivisione, ai lamenti sempre altrui (la beffa)!</u>

Ricordo che si sta dissertando sulla critica di tutti i giorni tra *very normal people*, diversamente ognuno ha il diritto e il dovere di critica su tutti i comportamenti che nuocciano alla comunità.

Invito a immaginare situazioni o a pensare a tutte quelle vissute per convincersi della reale importanza e perenne attualità del *chi la vuole cotta e chi la vuole cruda.*
Per quanto esposto, l'ovvia conclusione è che: se ci diverte o ci rilassa o ci ricarica di nuova stima, giudichiamo finché ci piace; se invece vogliamo essere propositivi facciamolo solo se siamo capaci di capire di essere in grado di farlo e a ragion veduta. **Purtroppo non tutti disponiamo di autocritica e di autocontrollo!** E oggi, con i social, il problema è esponenzialmente elevato.

I **social** meritano un'attenzione in più. Personalmente li paragono all'atomica: entrambi rappresentativi dell'evoluzione del genio umano, entrambi produttori di effetti benefici o nefasti. Gli effetti positivi sono risaputi, un poco meno lo sono quelli negativi. Tentiamo di rammentarne un paio. I social hanno soppiantato le forme di pubblicità e le tecniche del marketing tradizionali con tecniche più raffinate e quindi insidiose; merito questo di approfonditi studi la cui attuazione è affidata ai cosiddetti influencer o youtuber. Ma le tecniche di persuasione non si limitano ai prodotti commerciali, cosa di per sé dannosa, va ben oltre, estendendosi alle attività professionali, a quelle artigianali, ecc., fino ad arrivare alla politica, finché un giorno ci troveremo a votare per qualcuno che neanche conosciamo ma che, sul web, viene presentato come il top.

Un altro elemento, non meno negativo, è la possibilità per chiunque di dire la propria, come è normale e giusto sotto le regole democratiche: ma, mentre nel mondo reale, se non vogliamo imbatterci in problemi di sicurezza eviteremo di frequentare quartieri malfamati e se non desideriamo proprio sentire stronzate o ricevere provocazioni, eviteremo i luoghi pubblici famigerati, sul web? Scordiamocelo. Chi vi è incappato si è presto reso conto di quanta ignoranza, presunzione, arroganza, stupidità, ecc., prima sconosciute, perché circoscritte nei propri ambiti, si siano riversate sul web a opera di tanti goduriosi inconsapevoli portatorisani (?), passati così dall'irrilevanza sociale e culturale a guru, a imam del Nulla Assoluto.

Ma i social sono un problema perché una sparuta minoranza, spacciandosi per portavoce dell'opinione pubblica, che evidentemente non ha altro da fare che cazzeggiare sul web, può condizionare quello che considero l'anello debole del web: i deboli e gli ignoranti. La loro rieducazione? Roba da masochisti o da sostenitori del donchisciottismo.

La concezione del social era probabilmente, e ingenuamente o cristianamente, venuta agli ideatori con l'intento di avvicinare i popoli di questo mondo, divenuto ogni giorno più grande e sfuggente, semplicemente mettendo in vetrina proprio tutto della propria vita, interessi, amori, amicizie, ecc., come nei reality, così da conseguire il sospirato superiore obbiettivo del *volemese bene tutti*! Pia illusione. Per stessa ammissione degli stessi ideatori.

Mi pare appropriato "calare" dentro il presente argomento anche la *critica da presunzione,* così da me coniata e riguardante la sufficienza indossata da tutti coloro che sono a ragione, o si ritengono a torto, colti su un argomento e rivolta ai non colti. Mi spiego con degli esempi.

C'è una parte politica che da tempo si è appropriata della cultura, ritiene cioè, forse sulla base di tanti letterati ideologizzati anche del passato diventati la sua intellighenzia di riferimento, di essere depositaria dell'istruzione, dell'erudizione, del sapere. Conseguentemente gran parte dei suoi adepti o quantomeno l'élite viaggia costantemente "sollevata" da terra. I miei rilievi nel merito sono: 1) il termine cultura (così come l'intelligenza e in genere la superiorità) è troppo vasto e vago perché il suo aggettivo − "colto" − e ancor meno l'appellativo di "grande" o "superiore" sia attribuibile a qualcuno: specialmente oggi è impensabile che una persona sia un mostro di sapere in tutti i campi dello scibile umano, perciò la sua ostentata sufficienza per me rimane ingiustificata, dimostra solo boria e mi fa sorridere. Uno Sgarbi sarà un "mostro" nell'arte, ma forse un "sottosviluppato" nelle lingue, in fisica, in una miriade di altri campi. In realtà i colti in questione sono prevalentemente attinti nel campo della filosofia e della sociologia e a me, personalmente, il fatto che conoscano alla perfezione tanti autori, che si ricordano solo per avere annoiato tanti studenti con astrazioni e ideologie, non è che interessi granché; 2) il colto di turno, diciamo in letteratura o filosofia o psicologia,, ecc., sbaglia quando, ritenendosi depositario delle verità assolute, ascolta con sorriso ironico l'esternazione del "non colto" ancor più se si tratta di avversario politico; 3) il colto infine deve avere la fortuna di possedere memoria elefantiaca per tenere a mente il suo sapere, sciorinandolo al momento opportuno, ma potrà oggettivamente essere meno colto di chi lo è effettivamente, ma privo di analoga *fortuna mnemonica*. In conclusione giustifico la sufficienza indossata da certi "colti" meno di quella di tanti ignoranti.

C'è una parte politica, e non solo, ma sempre della serie del *politicamente corretto,* che, schiava della galoppante ideologia progressista volta alla conquista di chissà quale civiltà, si ritiene élite e sembra abbia conseguito la laurea su un nuovo indirizzo universitario, una neolingua, con cui si acquisisce la perfetta definizione di persone e cose, di cosa si possa dire e cosa no, sui diversi, sulle minoranze, ecc., spesso ossessionati dalla mania della declinazione al femminile di tutti i nomi maschili... ma anche di quelli neutri, ai fini di non arrecare loro alcun patema d'animo, di non disturbarne la sensibilità, anzi di metterli a loro agio anche rinunciando a qualcosa di proprio. Insomma un'acquisizione di progressismo ipocrita, di presunta superiorità antropologica. In un museo di Amsterdam sembra che abbiano deciso di cambiare il nome sui quadri recanti la parola "negro" perché discriminatoria. A Konrad Lorenz sembra che un'università abbia revocato post mortem la laurea honoris causa, assegnatagli a suo tempo, per il suo passato nazista.

Alcuni sommi letterati del passato avrebbero d'incanto perduto valore e celebrità perché i nuovi inquisitori, cresciuti negli ultimi tempi come funghi in ambito letterario e artistico, nella loro dotta indagine revisionistica delle opere dei citati personaggi, ne hanno rilevato irriverenze verso le attualissime tendenze su genere, minoranze, migranti, sesso, disabili, ebrei, neri, omosex, ecc. Ora è chiaro, a chiunque disponga di un cervello normale, che la grandezza di un Leonardo, un Dante, uno Shakespeare, ecc., rimane immutata quale che siano stati gli aspetti fisici o i comportamenti o le idee dei protagonisti, grandezza che non può svanire certo perché qualcuno, **insignificante rispetto ai sommi**, si permette di giudicare. Solo loro non rimangono basiti! È una evidente offesa all'intelligenza ma, alla stessa stregua di come tanti politici tengono i discorsi anche se non ci credono, ritengo che tanti non vogliano offendere nessuno, ma piuttosto ritengano i propri ascoltatori minus habentes.

Invito, per sorridere un po', alla lettura dell'articolo del giornalista Renato Besana riportato sul sito **https://www.pressreader.com/italy/libero/20160909/281530815472206** .

Cala a fagiolo anche uno dei più espressivi aforismi di Stanislaw Lec: "Rifletti prima di pensare".

Anche una rilettura dell'argomento "Buonismo" è indicata.

Trovo opportuno riassumere, in questa sede, certe critiche, alcune profuse nel corso dell'esposizione di altri argomenti, riguardante l'oggi. Oggi, nel suo esasperato tentativo di miglioramento globale, di civilizzazione, di democratizzazione, di garantismo, si tende, a parere mio, a esagerare in esibizionismo e in buonismo, e sbagliare. Oltre al parlare *politicamente corretto,* la nuova mania che rasenta il ridicolo nel badare più alla forma che alla sostanza, come non commentare in negativo le sentenze evidenziate ad esempio nell'argomento "politica", emesse presumibilmente per "generosa interpretazione" di alcune toghe, di certo nel rispetto della legge (da correggere se si vuole evitare di ottenere, a parità di qualsiasi altra condizione − fatti, avvocati, ricorsi − sentenze diverse con giudici diversi, come mi è accaduto personalmente!). **Oppure** l'eccesso di garantismo per il rispetto di diritti per pluriomicidi o stragisti (ostentato perché fa star bene o fa sentire superiori?). **Oppure** le pene a dir poco stravaganti previste per taluni reati (tra i più classici l'accusa di tentato omicidio o di omicidio colposo nei confronti di chi si è difeso nella propria casa da ladri e in più la condanna a risarcire le famiglie dei ladri o l'accusa di sequestro di persona nei confronti della vecchietta che aveva chiuso in casa il ladro scoperto a rubare, ecc.). Tante sarebbero le leggi o articoli del codice penale da riscrivere, semplicemente se il legislatore: 1) demandasse a seri e competenti esperti l'estensione delle norme specialistiche e 2) per le semplici norme riflettesse che i problemi che intende regolamentare possono presentarsi anche a lui, che invece sembra vivere sull'Olimpo! **Oppure** l'assenza di seri criteri di selezione per l'accertamento della professionalità, prima di consentire l'accesso alla professione per determinate categorie "sensibili". Mi riferisco in particolare ai giudici, la cui professionalità dovrebbe significare non esclusivamente preparazione, ma anche obiettività, apoliticità, serenità nel giudicare; mi riferisco a medici, paramedici e assistenti di persone, la cui professionalità dovrebbe dire preparazione, pazienza, sensibilità, umanità e predisposizione; mi riferisco agli insegnanti, la cui professionalità dovrebbe corrispondere a preparazione, pazienza, predisposizione, apoliticità.

Le differenze di opinione, di gusti, di stili, ecc., caratterizzano ciascuno e contribuiscono a determinare la personalità individuale. Le differenze di valutazione, di cosa sia meglio o peggio, più o meno importante, motivo di orgoglio o di vergogna, ecc., definiscono decisamente la persona. I problemi sorgono proprio qui: poco rileva quale musica, dieta, attività fisica, casa, auto, ecc., gradiamo, che idee politiche, religiose, esistenziali, ecc., sentiamo a noi congeniali, importante non nuocere agli altri o, come detto più volte, rispettare il prossimo.

Per il benefattore doc sarà motivo d'orgoglio riuscire a realizzare i propri progetti umanitari anche dedicandovi ogni spazio della propria esistenza e tutte le sue energie: un ego2 non capirà l'iniziativa, un ego3 giudicherà l'atto uno spreco, se non motivo di fallimento. Lo stesso vale per il politico: sarà ricordato per essere stato un vero statista che abbia compiuto opere rilevanti di risanamento e di crescita del proprio paese proiettandolo ai vertici mondiali oppure sarà dimenticato o peggio ricordato per le malefatte operate? Analogamente può dirsi per lo scienziato: sarà un grande e indimenticato il suo nome ove le sue teorie risultino fondamentali per l'umanità, non lo sarà se forse sarà stato solo causa di spese enormi per le sue inutili ricerche.

I casi esposti non sono certo soggetti a critiche, lo sono invece i seguenti. Ribaltando **le coordinate**, un ladro acquisirà prestigio nel proprio ambito in relazione alla portata del suo operato, sarà irrilevante al contrario. Un terrorista conseguirà prestigio, fama e importanza in base alla gravità delle efferatezze e crudeltà perpetrate, insomma una stella luminosa, al contrario guadagnerà il semplice titolo di meteora nel suo universo di sterchi, ricoperti da parvenza di scatole craniche e di proiezioni tridimensionali di vergini… senza burka immagino.

Non vi è dubbio circa il diritto di critica di ciascuno nei confronti di tutti coloro che non osservino rigorosamente il principio del rispetto per il prossimo. Così come non vi è dubbio circa il diritto di critica su tante storture che si riscontrano nell'operato della politica e di cui se ne espone qualche esempio nell'articolo apposito. Uno dei tanti che mi è più a cuore è quello relativo al buonismo. L'iter logico elementare è il seguente:

Nessuno, nemmeno lo Stato, può permettersi di predicare né tantomeno di imporre ad alcuno di essere più intelligente, più colto, più sensibile, più coraggioso, più buono o caritatevole o generoso, religioso, ecc. A chi lo fa perché obnubilato da ideologie è consentito solo di vergognarsi e correggersi riferendosi a personali punti di vista! Soffermandoci nello specifico alla generosità, se il mio vicino a sue spese accoglie in casa un clandestino, chiunque esso sia, sono affari suoi ed eventualmente parteciperò al suo stato d'animo in relazione ai risultati della sua esperienza. In caso di esito positivo, se anch'io potessi e volessi farlo, lo farei. Bene, mentre il Papa e tutti i buonisti di turno, con la retorica della *pietas*, invocano a gran voce di accogliere indiscriminatamente chiunque ne faccia richiesta, cosa che già di per sé fa storcere il naso trattandosi di invito a fare cose a proprie spese, indipendentemente dal proprio modo di sentire o meno il sentimento della generosità, lo Stato lo impone!

Sacrosanta la critica anche ad alta voce, miseranda la consolazione.

Il coinvolgimento dell'egoismo buono e cattivo è evidente sia nel caso o meno della critica.

CURIOSITÀ

Spesso accade di porci la domanda di chi abbiamo di fronte al primo incontro.

È legittimo chiedercelo, ma non lo facciamo sempre. Ciò è attribuibile a diversi fattori, ad esempio:

- se l'incontro è programmato o casuale;

- se l'argomento è così importante che la domanda appare doverosa;

- se la persona la rivedremo ancora;

- se suscita interesse particolare, secondo il nostro grado di curiosità, ma anche in relazione al nostro modo di essere in termini di sensibilità, di religiosità, di stile, di cultura, ovvero del nostro carattere e della nostra maniera di confrontarci con gli altri e di rapportarci con l'esterno.

In base alla situazione e alle finalità potremmo, ad esempio, porci domande sulla persona, circa la sua affidabilità, serietà, onestà, sensibilità, religiosità, se l'aspetto corrisponda alla sua interiorità, se sembra o faccia l'intelligente o il colto, o se sembra o faccia lo stupido o l'ignorante, se abbia le qualità per entrare nel nostro esclusivo giro di amicizie, se sia da tenere lontano o da temere o se sia più utile tenerselo buono, ecc. Insomma, lo sottoponiamo a una *scansione* preliminare, cui forse farà seguito un più approfondito check-up onde acquisirne un quadro più esaustivo.

Una volta espletati i rilievi preliminari e soddisfatte le condizioni che consentiranno all'*estraneo* il privilegio di ingresso nel nostro mondo, che può essere affaristico, amicale, sentimentale, di collaborazione, fiduciario, di lavoro o di semplice conoscenza, abbiamo la supponenza di affermare di conoscerlo o agiamo con cautela? Purtroppo la risposta non è semplice perché influenzata da vari fattori.

Il primo in assoluto è il nostro essere e quindi il sistema e i criteri di valutazione adottati; il secondo è la nostra capacità ed esperienza per rispondere anche oggettivamente; il terzo è il motivo della conoscenza e, conseguentemente, il grado e l'importanza che rivestono per noi; il quarto, più occulto, perciò infido, è l'essere stesso che abbiamo analizzato. Questi può essere tutto e il suo contrario, può essere vero o falso, quello che appare e il suo opposto. Certezze matematiche, assolute, non ve ne sono al momento, forse domani con la lettura del pensiero si arriverà anche a questo traguardo; per ora accontentiamoci di probabilità. La più alta probabilità di successo per non subire delusioni è ovviamente legata a due fattori: al nostro grado di intelligenza, cultura, realismo, razionalità, educazione ed evidentemente al grado di esperienza maturata.

Tutto quanto detto si traduce nell'avvertenza di cautela nel caso di simpatia o diffidenza al primo contatto, ancor più se sono brevi i tempi in cui assegnare credito alla persona interessata.

Si scorge l'egoismo?

DELUSIONE

In generale la delusione è quello stato d'animo che si vive perché una situazione non si è verificata come ci si aspettava o una persona non si è svelata come si credeva.

Ma siamo sicuri che la nostra mente aveva programmato con correttezza i parametri di partenza? Ciò che si intende dire è che occorre rivedere nei dettagli tutto l'insieme di considerazioni e comportamenti prima di sentirsi delusi, spesso infatti siamo noi stessi ad avere inizialmente sopravvalutato o sottostimato qualcuno o qualcosa.

Se rifletto serenamente su alcuni momenti di vita vissuta, catalogati nell'album delle delusioni o amarezze (si fa per dire), e li andassi a scandagliare uno per uno, probabilmente l'album si svuoterebbe per una buona metà, una volta individuati <u>obiettivamente</u> (cosa notoriamente non da tutti) gli errori di valutazione da me commessi al principio. Quanti errori evitabili!

Si scorge l'egoismo?

DIGNITÀ

Non è insolito imbattersi in persone con un'idea distorta, o quanto-meno vaga del termine. Dignità potrebbe definirsi come lo stato d'animo che si ha circa il valore interiore, componente morale compresa, che ciascuno si autoassegna; trattandosi di autovalutazione, per il primo principio, ne consegue che il più delle volte essa sia sovrastimata.

Ha grande dignità chi, ricco e rispettato, perde ogni bene ed è costretto a rimboccarsi le maniche, facendo i mestieri più umili pur di guadagnarsi da vivere per la sua famiglia e per se stesso; chi ha rilevanza pubblica e, a fronte di sue evidenti o solo sospette responsabilità, ritiene di dare le dimissioni; chi affronta la morte a viso aperto, da eroe. Non ne ha al contrario, colui che nelle medesime condizioni ritiene di perdere la faccia di fronte ad amici e parenti facendo lavori modesti; chi, pur di non perdere la poltrona, non ci pensa nemmeno a dimettersi; chi agisce alla "Don Abbondio" per cui se uno il coraggio non ce l'ha, mica se lo può dare.

A ognuno il suo egoismo.

DOLORE

Come considerare il dolore? Cediamo all'ovvietà se affermiamo che è sensazione perlomeno fastidiosa, inopportuna, inutile, odiosa; siamo matti se diciamo che è utile, necessaria, piacevole. Accettiamo di essere ovvi e matti e spieghiamo perché. Il dolore è percepito da ognuno in modo assolutamente personale. Può essere occasionale, cronico, periodico, stazionario, variabile.

Per quanto attiene alla percezione esistono diverse scale, denominate algometriche, la più nota delle quali è quella lineare che va da 1 a 10. Ognuna ha i suoi pregi e difetti e personalmente le ritengo solo indicative; il metodo più affidabile sarebbe quello di disporre di uno strumento affidabile come il classico misuratore della temperatura, che indicasse il dolore percepito e non già quello riferito dal *paziente*. Cosa impossibile visto che il dolore, come la gioia e tutti i sentimenti e le sensazioni sono assolutamente individuali dipendendo da una moltitudine di fattori personali. Ciò che si vuole dire è che occorre avere grande comprensione per riuscire a considerare con parità la sofferenza di un bimbo per la perdita di un animale o del giocattolo preferito, quella manifestata da un adulto per la morte di un genitore, per l'abbandono del suo amore, per la amputazione di un arto, o al limite per i danni all'autovettura personale.

La stragrande maggioranza, escludendo masochisti, perversi, deviati psichici, asceti e simili, non se lo augura, anzi qualcuno cerca in tutti i modi di prevenirlo o di evitarlo. Non è certo il caso di chi, adrenalina dipendente, ama il rischio e se lo va a cercare, come chi pratica gli sport estremi, chi esercita non necessariamente a livello professionale il rugby, il pugilato, il motociclismo, l'automobilismo e tutti quegli sport che non escludono la probabilità di traumi fisici. Né è il caso di chi, pur non forzato da esigenze specifiche, frequenta luoghi malfamati e pericolosi, chi necessita di provare ogni nuova esperienza senza conoscerne le conseguenze, chi attratto da aspirazioni umanitarie, ma senza adeguata preparazione ed esperienza, si avventura in paesi teatro di guerre, chi fa il mercenario, e naturalmente chi delinque. Ma chi non rientra nelle citate categorie non è certamente esente: l'imprevedibile esiste sempre, ivi comprese in prima linea le malattie. Tuttavia il dolore è necessario! Lo è sia quello provocato che quello fortuito, ma esclusivamente nella misura in cui può risultare utile. Limitiamoci a citare i casi che vengono in mente al momento, ad esempio, quello causato dalla sculacciata al bambino disobbediente, dal graffio del micio o dal morso del cane, dal tocco incauto di un elemento molto caldo o di un cavo elettrico scoperto, da una banale nevralgia o dalla microfrattura di un arto, ecc. Necessario perché insegna cosa vuol dire dolore nelle sue varie intensità, cosa vuol dire sofferenza. Il dolore in definitiva genera "crescita". Un adulto che malauguratamente non abbia mai provato nessuna delle migliaia di malattie esistenti? Non crescerà mai e si incanalerà, ove non lo sia già, verso la strada che porta all'egoismo 2.

A chi si trovasse in siffatta situazione si suggerisce non di andare alla ricerca del dolore, ma semplicemente di ascoltare con attenzione parenti e amici che l'hanno provato, per scoprire una verità a loro sconosciuta che: QUANTO PIÙ SI È SOFFERTO TANTO PIÙ SI RIDIMENSIONANO I PROBLEMI!

Al contrario si definisce inutile, assurdo e ingiustificabile ogni eccesso del dolore, e lo è tanto più quanto più questo si riverbera su parenti, amici e persone care, soprattutto se lo stesso non ha termine con la guarigione, ma con la morte dell'individuo. Forse, ma solo forse, chi è profondamente religioso se ne fa una ragione. La chiesa infatti fornisce una risposta, che è una di quelle risposte classiche che o l'accetti o no: è il crocefisso che si carica di tutto il dolore umano e lo redime vincendo il male e la morte, spalancando la felicità eterna agli uomini. Forse anche chi si sente ed è più religioso di tanti stretti osservanti, riconoscerà di non possedere la flessibilità mentale che gli consenta anche solo di incamerare il concetto. Costui, è il mio caso, verosimilmente accetterebbe la soluzione: sofferenza mia = altrui salute o felicità.

È banale evidenziare gli egoismi, ma facciamolo. È egoista chi rifugge il dolore perché, umanamente, preferisce il piacere; ma egoisti sono anche il masochista, l'asceta, l'eroe, il kamikaze perché il dolore dà un senso alla propria esistenza, ma, volendolo trovare più facilmente tra la gente comune, è egoista anche chi sta bene nell'autocommiserarsi.

EMOZIONI

Il mondo emotivo è un caleidoscopio con così tante variegate sfumature da indurre stati d'animo squisitamente soggettivi: sarebbe arduo solo tentare di farne un elenco. Mi limiterò perciò a narrare quegli episodi autobiografici interessanti prevalentemente aspetti sentimentali e/o sessuali: tutti ovviamente legati all'egoismo e ritenuti meritevoli di menzione non solo per avere fatto scattare emozioni personali, ma anche perché alcuni presentano aspetti umoristici, altri perché di auspicabile utilità.

(P) Periodo <13 anni: Rammento pochi episodi.

Il primo quando, quasi decenne, sfidai un compagno di giochi di circa dodici anni, più alto e robusto di me, a chi era più bravo a sopraffare l'altro. Non c'erano dubbi circa il risultato, ma io giocai sull'astuzia che invece mi fece vincere. Nell'impatto iniziale spinsi verso un lato con una forza molto inferiore a quella mia reale e a quella che il mio avversario potesse immaginare, mossa che lo disorientò e lo rilassò per pochi secondi, sufficienti però perché caricassi verso il lato opposto con tutta la forza di cui disponevo e lo buttassi giù.

Il secondo episodio si riferisce al periodo dei defunti, che in Sicilia, per i bambini, aveva la stessa valenza, riguardo ai doni, di Babbo Natale. Ci raccontavano i grandi che, nella loro notte, i defunti portavano i regali ai bambini buoni. In effetti negli anni precedenti avevo sempre trovato sotto il letto il solito trenino elettrico e qualche altro dono. La notte in oggetto, invece, fui svegliato dai genitori e dai vicini di casa per andare a cercare i regali, ma, purtroppo, sotto il letto non trovai niente. Essendo palese la mia delusione, qualcuno commentò che forse quell'anno ero stato monello e comunque mi invitarono a non disperare e di cercare nelle altre stanze, ma la ricerca diede esito negativo e io stavo per farmi sopraffare dal pianto. A quel punto mi invitarono a guardare anche nella toilette, unico posto non ispezionato. Aperta la porta trovai la vasca da bagno piena di giocattoli fino all'orlo!

Una terza soddisfazione, tale solo perché faceva seguito a un dispiacere, ci sarebbe. Mi trovavo con mio cugino Franco in un terreno non di proprietà a *prelevare* qualche frutto. Nel momento in cui stavamo rientrando a casa, correndo in aperta campagna e nessuno a vista d'occhio, fui colpito in testa da una pietra, piovuta non si sa da dove. Pensandoci oggi direi che la probabilità di un tale evento sia inferiore a quella di centrare il sei al Superenalotto. Infatti, anche se fosse stata un resto di meteorite (calcolati in circa 500 all'anno quelli che riescono a superare indenni l'atmosfera terrestre) le probabilità che centrasse il mio capo in movimento sono decisamente inferiori! La conseguenza, comunque, fu un immediato spaventoso bozzo sul mio cranio, cosa che rischiò di provocare a mio cugino un soffocamento da risate. Qualche giorno dopo, la scena ci vede sempre insieme e sempre in campagna, lui arrampicato in cima a un albero e io a terra a raccogliere la frutta che mi lanciava. A un certo punto il cugino perse l'equilibrio e cadde rovinosamente, ma non giunse mai a terra, perché i piedi gli si impigliarono su un ramo e lui rimase ciondolante a testa in giù a pochi centimetri dal suolo, implorando aiuto. Nonostante le sue invocazioni non lo tirai giù fino a che non si esaurirono le mie lacrime dal ridere.

Ci sarebbe anche un quarto momento. Avevo meno di dieci anni; mi trovavo a giocare con un amichetto e un'amichetta sui gradini di una scalinata di ingresso di una casa. Giocavamo "al dottore", che nell'occasione ero io, per di più con specializzazione in ginecologia, vista la presenza di una femmina, con funzione di paziente mentre l'amico faceva l'infermiere. Con un legnetto che era l'unico "strumento" di cui disponevo eseguii brillantemente la mia operazione. Sarò stato il più giovane sverginatore della storia?

Periodo 15-18 anni (prima della patente di guida):

1) quando, quindicenne, conobbi la sorella, anch'essa quindicenne e bellissima, della vicina di casa. Qualcuno ha presente la differenza tra un quindicenne maschio e una quindicenne femmina? La differenza la spiega la battuta, che mi rivolsero alcuni operai di un cantiere edile vicino al quale io e lei ci trovammo a passare: "lasciala stare, non è per te: è troppo grande!" Infatti non osavo flirtare con lei, se non con i soli occhi; questo fino al giorno in cui ci ritrovammo con le famiglie in una baita. A fine pranzo mi alzai e, da bravo ometto, chiesi ai genitori: "ci possiamo alzare Irene e io?" La scena

seguente ci vide: lei, distesa su un divano e io accanto che le espiravo il fumo della sigaretta (furtiva) in viso; lei fece: "non sugli occhi" e io, da seduttore navigato: "allora sulla bocca" e la baciai. Fu sublime! Da quel giorno mi sentii un vero uomo. Ricordo pure che, quando ero in strada, non camminavo, volavo, e ai coetanei che incrociavo domandavo con lo sguardo "ma tu che ne sai della vita?" L'emozione ebbe fine il giorno in cui, accettato il suo pressante invito, mi recai a casa sua dove teneva una festicciola. Al termine di alcuni balli tête-à-tête, un giovanotto di circa vent'anni mi avvicinò e mi chiese in che rapporti fossi con lei, candidamente risposi: "è la mia ragazza" ma lui mi stoppò subito: "guarda che noi due siamo fidanzati da anni!" Qualche giorno dopo il fatto e aver provocato l'inevitabile litigio tra i due, lei mi accusò di essermi comportato da ragazzino. <u>Questa prima esperienza mi introdusse nel misterioso mondo femminile!</u>

2) quando, mentre passeggiavo assieme a un amico lungo la via principale del paese dei nonni, unico svago a quel tempo, fui bloccato da un bambino, che mi consegnò un biglietto, da parte di una ragazza, con su scritto "quando bevi il caffè e ti bruci la lingua pensa a me". Si trattava della sorella di una ragazza a cui in quel periodo impartivo lezioni di matematica a titolo gratuito e che, un paio di giorni prima, mentre mi guardava rapita (o annichilita) dalle mie spiegazioni, mi aveva improvvisamente baciato. Ricordo che aveva il sapore di uovo! Credo l'anno successivo, io e mio cugino iniziammo un flirt con le due sorelle. La cosa più buffa che ricordo fu quando organizzammo a casa del cugino una "grande festa" da ballo, finalizzata a conoscerci meglio. Presenti alla festa: ballerini quattro, noi; spettatori(sorveglianti) due, mio zio e il padre delle ragazze. Non so perché, ma ricordo che per tutto il tempo fummo più in imbarazzo noi cugini che le sorelle. <u>La circostanza contribuì a implementare la mia esperienza sulle femmine.</u>

3) quando, diciottenne, mi ritrovai casualmente con cinque fidanzate: T. abitava al mare e ci stavo assieme nel periodo estivo; con M. andavo al cinema per limonare, ma la mia mano non riuscì mai ad andare oltre dieci centimetri al di sopra del suo ginocchio per timore, diceva, che ci vedessero. Un giorno eravamo gli unici nella sala deserta, ma la musica non cambiò, finché, esasperato, le regalai l'occasione di rimanere unica spettatrice! G. mi telefonava appena

sua mamma usciva di casa per fare la spesa. Il tempo disponibile era sempre di 50/60 minuti, ma era sufficiente perché eravamo dirimpettai. R. era quasi mia coetanea, la più donna, anche molto avvenente, ma era fidanzata in casa, quindi durò poco. C. fu il vero primo amore (Irene la grande infatuazione). Lei tredicenne bellissima, io gelosissimo (alle feste, ad esempio, nessuno si permetteva di invitarla). Le feste mi fanno sovvenire un altro momento. Nel corso di una festa, mentre ballavamo, disperata, lei mi disse di essere costretta a lasciarmi nonostante mi amasse. Perché? Perché non sopportava la sofferenza della sua più cara cugina, che le aveva confessato di essersi innamorata di me, e per questo lei si sarebbe fatta da parte! La cosa avrebbe inorgoglito chiunque, non certo me che non ci pensavo lontanamente. Infatti il problema rientrò subito. Ma, oltre a essere gelosissimo ero anche stronzissimo. Sicuro infatti dei suoi sentimenti, a giorni alterni la lasciavo con i motivi più banali; solo per sentirla piangere e pregare al telefono. Poi però, appena era sola a casa, correvo a trovarla per godermi il momento più bello, quello della riconciliazione. Dopo due anni, logorata dal mio comportamento immaturo, mi lasciò. Quel giorno fummo in due a piangere e quel giorno fu anche il primo di alcune sconfitte che avrei subito. Soddisfazione lieve fu quando, qualche tempo dopo, suonarono alla porta, aprii e me la ritrovai di fronte come venditrice porta a porta di prodotti imprecisati; era più donna ma un po' sbiadita, senza la freschezza che mi ricordavo e non accusai tuffi al cuore.

4) l'episodio presuppone la narrazione di una storiella che girava allora tra gli amici, ambientata attorno agli anni '50 in Sicilia. (**S**) Peppe, come di consueto, va a trovare la fidanzata Maria a casa sua; qui viene accolto dalla famiglia al completo, poi fatto accomodare in salotto, convenevoli vari, quindi la famiglia si ritira discretamente in cucina lasciando la coppietta da sola. Confidando sulla comprensione inaspettata dei futuri suoceri, Peppe in un lampo si sbottona i pantaloni, "se lo esce fuori" e lo consegna a Maria, la quale, immantinente, lo comincia a *segare*. Dopo due minuti Maria dice a Peppe: "Tesoro, mi sono stancata" e allora lui la esorta: "Cambia mano"; e così per altre quattro/cinque volte ancora, finché dalla cucina non giunge una voce stentorea che dice "Cambiati la minchia!" Spesso organizzavo delle riunioni a casa mia, generalmente costituite da tre coppie, ci chiudevamo a chiave in salone, un po' di musica, un po' di whisky, un po' di buio quasi pesto e fingevamo di ballare; invece

ci scatenavamo col sesso più sfrenato che, in quel contesto, non andava oltre la *sega* (per me che ero quello più "progressista"!). Mentre la mia amica si stava adoperando da un po', mi fece sottovoce: "Mi si è stancata la mano!", al che risposi ancora più sottovoce: "Non mollare ora tesoro, cambia mano!". È inutile dire che la cosa si ripeté ancora finché uno degli amici ad alta voce sbottò: "Cambiati la minchia!" Tutti erano a conoscenza della barzelletta e così finì a tarallucci e vino.

5) quello del primo bacio. Avevo 13/14 anni, lei 17/18; mi prese e mi baciò senza che me l'aspettassi, però fui lesto a recuperare e a infilarle la lingua. Non l'avessi mai fatto. Infatti fu un problema tirarla fuori: lei succhiò così forte che mi mancò l'aria, da svenire quasi, ma non potevo fare una figura del genere, allora mi staccai a forza e con una mossa da manuale presi due piccioni. Le posai il braccio attorno al collo e la condussi al vicino divano con il risultato di non cadere a terra e di mostrarmi sicuro e pronto a fare sesso.

6) quando, un sabato alle 5 di mattina, avevamo concordato di andare in montagna a mangiare il pane integrale appena sfornato, con olio, sale, origano e peperoncino. Pino rubò a suo padre la Fiat 600 elaborata 750, io seduto accanto, Carlo e Sandro dietro: tutti diciassettenni. Quella mattina una pioggerellina rendeva l'asfalto pericolosamente viscido, ma noi lo ignoravamo e poi Pino era in gamba; ogni curva era uno stridio di pneumatici e relativa sbandatina. Al rientro in discesa, mentre iniziava una curva a destra, Sandro mi chiese di fargli accendere la sigaretta, mi voltai per porgere l'accendino mentre la curva, lo stridio e la sbandata sembravano non finire mai, fino al botto, quasi 50 metri di ribaltamento: tutti illesi, Carlo sembrava un pazzo con i capelli drizzati in aria, Sandro come se niente fosse accaduto, io un dito rotto, Pino mi chiese se mi fossi fatto male; lo rassicurai e presi atto che era proprio un duro. Aveva un taglio profondissimo sulla guancia destra causatogli dallo specchietto retrovisore, che più tardi i medici suturarono con 50 punti! La soddisfazione? Di essermela cavata benissimo (a quel tempo non si conoscevano le cinture di sicurezza), merito del particolare della sigaretta. E viene immancabilmente in mente il film − Sliding Doors − o la circostanza che la madre di Hitler, pur avendo in mente di abortire, non lo fece, che ricordano inevitabilmente come <u>una qualsiasi nostra decisione/azione in ogni istante eseguita possa cambiare la vita</u>!

7)	quando con la mia lei, dalle gambe lunghissime, essendo impossibilitato ad *operare* in orizzontale per la presenza di un'altra coppia puritana nell'appartamento, ma volendo comunque agire, "me la sedetti in braccio" e, con l'intento di masturbarla, posi la mano tra le sue cosce risalendo per tutta l'altezza prevista. La sua reazione? Non gratificante: si scherniva con un risolino enigmatico. Solo dopo parecchi minuti presi coscienza che mancavano ancora dieci centimetri buoni dall'obbiettivo! Mi mancò il terreno sotto i piedi, ma, non potendo fare come lo struzzo, <u>tentai di trasformare la gaffe attribuendo alla manovra il significato di preliminare.</u>

Termino con mini-ricordi. La mia colazione nel periodo del liceo era esclusivamente a base proteica, con i resti della cena della sera precedente e cioè pasta al forno, sformati, frittate, spezzatino, ecc., a volte, per cambiare, amavo immergere fette di pane spalmate di formaggino in una tazza di latte o di spremuta d'arancia! Prima di andare a letto, obbligatorio mezzo litro di latte intero freddo. Quando rientravo a piedi da scuola, circa 5 km, la fame mi obbligava a divorare un iris caldo al cioccolato! Poi facevo un paio di partite a calcio balilla in coppia con Pino, sezione inglese, contro Carlo e Sandro, sezione francese. Una delle strade del ritorno, pur trovandosi al centro città, ospitava qualche casa a un solo piano abitata da puttane. Ebbene un giorno, mentre rientravo con Pino, avvenne un fatto inquietante; un ragazzo un po' più grande di noi ci fermò e chiese a me se mi sarebbe piaciuto fare il magnaccia; seppur sconcertato cercai di darmi un contegno chiedendo con forzata nonchalance cosa ci avrei guadagnato, mi rispose: "Centocinquanta mila lire al mese", promisi di dargli la risposta il giorno seguente. Naturalmente ripassai da quella via dopo qualche mese. Con Pino non riuscimmo mai a darci una risposta!

Periodo 18-23 anni:

1)	quando a una festa conobbi una ragazza, capelli lunghi e occhi azzurri; il giorno dopo, primo appuntamento, si presentò una ragazza, capelli corti, occhi castani e occhiali, che si fece riconoscere, era la stessa della sera prima, senza toupet e senza lenti a contatto: delusione. Ma scoprii in poco tempo che era intelligente, molto dolce e innamorata e allora mi concessi. Quella fu la prima volta per lei e la prima esperienza del genere per me. <u>Lezione di vita: non soffermarsi alle apparenze.</u>

2) quando due fidanzati amici mi presentarono una ragazza per trascorrere qualche ora insieme. Appena la vidi dissi tra me e me che mi ero rovinato la serata: lei non era per niente bella e in più i miei amici ci lasciarono pure soli per andare a fare le loro cose. Dopo un paio di ore gli amici fecero ritorno e noi due eravamo... già fidanzati. Una ragazza intelligentissima (era iscritta in medicina), simpaticissima (piangemmo dalle risate per le storielle che ci scambiammo), solare e priva di boria (la famiglia era molto ricca). Dopo qualche giorno scoprii pure che era splendida anche sessualmente. Ricordo il momento perché fu una grande lezione di vita per me: quella di <u>non soffermarsi mai alle sole apparenze o all'aspetto prima di giudicare qualcuno.</u>

3) quando andavo a prendere a scuola la mia fidanzatina: Laura, piccoletta, ma bella, bionda e occhi azzurri. Ci andavo con la macchina di mamma, una "bianchina", auto prettamente femminile, con cui mi vergognavo parecchio a uscire, ma la mia prima auto l'avrei ricevuta da lì a poco, appena superato il biennio universitario. Spesso davamo un passaggio in auto alla sua migliore amica: Ester, capelli corvini lunghissimi, occhi neri, sensuale, irraggiungibile, con un corteggiatore, un bel ragazzo biondo con la MG Spider! Lei si sedeva dietro e, non capivo perché anche se naturalmente mi gratificava, mi metteva le braccia attorno al collo e mi scompigliava i capelli. Dopo un paio di mesi non resistetti e... cambiai partner senza pentimenti. Lei mi piaceva così tanto che un giorno, passando in macchina sotto casa sua, per ricambiare il suo saluto e bacio mi estraniai proprio dal mondo e così tamponai l'auto davanti a me. Da questa scese un omone doppiamente incazzato, perché era in compagnia della moglie incinta! Forse perché lei mi osservava dal balcone tra il preoccupato e il compiaciuto, affrontai l'energumeno con imprevedibile calma (tenuto anche conto che allora non disponevo ancora della patente), e me la cavai bene: lo invitai senza esitazione a seguirmi fino al carrozziere sotto casa mia per fargli sistemare l'auto. Con Ester fu una relazione sofferta, perché i genitori erano molto rigidi e, per vederci, eravamo sempre costretti a sopportarci la compagnia fissa del fratellino piccolo e ogni volta mi costava un giocattolo nuovo. Ma, al di là della soddisfazione in sé, ricevetti un'altra lezione: quella di <u>non arrendersi di fronte a situazioni che ci danno per perdenti.</u> (Ester aveva deciso di stare con me, persona senza alcuna qualità apparente, definibile mediocre, da sei meno, dai più

buoni addolcito come "un tipo", anziché con un giovane aitante e benestante). Questa lezione si collega strettamente a quella dell'episodio precedente.

4) quando mia cugina Agrippina mi invitò a una sfilata di moda a cui anche lei partecipava. Alla fine della sfilata si andò a cena e quindi a ballare. Poiché ammiravo le sue colleghe, lei mi chiese chi mi piacesse, io risposi che tutte erano carine, ma chissà *chi ci sarebbe stata?* La cugina mi disse di aspettarla perché doveva vedere qualcosa: dopo pochi minuti tornò e mi indicò quattro ragazze a cui ero piaciuto. Scelsi quella che somigliava molto a Patty Pravo cantante sex symbol e mio idolo del momento, e ebbi con lei una relazione. Mi ricordo anzi la scena buffissima della prima volta. Ci spogliammo al buio senza sfiorarci, ci mettemmo a letto, io, eccitato, mi misi sopra di lei per un po' di petting, senza penetrarla, infilai le mani sotto le sue natiche. Purtroppo solo in quel preciso momento, che doveva essere il momento clou, il mio cervello realizzò che le natiche si trovavano sotto la mediana del corpo, ovvero: aveva il culo basso. Fu il "crollo". Fortuna volle che, contemporaneamente, lei fingesse una debolissima resistenza, così, colta la palla al balzo, dissi: "Ok, rimandiamo se non te la senti". Evitai una brutta figura, impensabile a quell'età. <u>Ma il fatto mi insegnò una cosa importante.</u> Io, da figlio unico, senza fratelli maggiori o sorelle che mi guidassero o mi dessero le dritte, ero costretto ad agire sempre da solo, provando e riprovando, rischiando, sbagliando spesso. Era stato sufficiente uscire un giorno con mia cugina (ma poteva anche essere una cara amica) per ricevere in regalo, non solo un giorno diverso dal solito, ma soprattutto la consapevolezza che *tutto* era più sicuro e veloce da realizzare!

5) mi richiama con intensità ed emozione la grande generosità e sensibilità dei miei genitori: ero poco più che ventenne e stavo ancora in famiglia; vicini di casa, Fulvio, impiegato della Philips, e la moglie. Fulvio, consapevole del fascino che esercitavano su di me le novità tecnologiche, mi mostrava sempre i nuovi cataloghi dell'azienda; un giorno rimasi incantato dal prezzo, basso rispetto a prodotti simili professionali e con la scontistica applicata a lui, di un registratore multi traccia, cosa che mi avrebbe consentito di creare delle composizioni musicali complete di voce solista, cori, chitarra e tastiera! Uno sballo, ma il prezzo rimaneva comunque proibitivo per le mie

tasche, né mi balenava l'idea di chiedere soldi ai miei, quindi la cosa era destinata a rimanere un sogno. Dopo un po' di tempo, non ricordo se in coincidenza del mio compleanno, al rientro a casa dall'università, aperta la porta della mia stanza trovai a terra un pacco enorme, chiesi a mamma cosa fosse e mi rispose di non sapere, l'aveva lasciato il corriere. Era il registratore! Non credo di cadere in errore se affermo che l'emozione che provo nel momento in cui scrivo, è pari a quella di allora. <u>Vorrei che fosse così anche per tutti coloro che trovano naturale dimenticare, sottostimare o non apprezzare, come meriterebbero, i propri cari.</u>

6) solo una rapida menzione per ricordare la scoperta e assaporamento della ninfomania che possedeva l'amica degli incontri settimanali (rigorosamente in auto). Come dimenticare che ogni volta mi chiedeva cosa desiderassi che lei facesse e come volessi raggiungere l'orgasmo? <u>Nel tempo avrei imparato che ogni donna è un essere a sé.</u>

<u>Periodo laurea:</u>

1) quando per completare gli studi mi ero trasferito da un mese a Torino, dove abitavo assieme a tre colleghi; dal balcone del palazzo di fronte al nostro si affacciava spesso una ragazza dalla quale noi facevamo di tutto per farci notare. Da lontano sembrava bella e sorrideva pure, ma verso chi di noi quattro? Avendo a che fare con dei dilettanti, per distinguermi, mi affacciavo quando loro rientravano e viceversa, finché un giorno, uno dei tre mi chiamò e mi disse, quasi sfidandomi, che la ragazza era scesa in strada e se fossi capace di… Accettai la sfida, scesi di corsa giù e la fermai: ci piacemmo, dopo qualche giorno ci fidanzammo, ci amammo, ci sposammo e generammo una bellissima bambina che già dopo poche ore essere venuta alla luce dimostrò di odiare la banalità e di desiderare essere diversa, come il papà: tutti gli altri coetanei della nursery calvi, solo lei con folta criniera; quando gli altri neonati dormivano lei piangeva, quando tutti a piangevano… solo lei a dormiva! Ero già orgoglioso di lei; dopo quattro anni di amore intenso lei mi lasciò. Fu il secondo trauma sentimentale. Mi rifiutavo di credere: lei mi aveva sempre amato, era stata sempre così gelosa di me da suscitare spesso i sorrisini dei miei colleghi, eppure! Collegato inevitabilmente al primo trauma, giunsi alla medesima conclusione che: <u>nessun sentimento, per grande che sia, dà garanzia o certezza di durare.</u>

2) quando, ancora sposato, appena laureato e in attesa di trovare una sistemazione con più garanzie, la mattina insegnavo alle quarte e quinte classi tecniche di un istituto privato, il pomeriggio facevo il progettista presso un'azienda, non contrattualizzato, ma con un simbolico compenso di 100.000 lire! Impartivo le lezioni a modo mio; mi sedevo all'ultimo banco assieme alle ragazze, da dove interrogavo qualcuno alla lavagna: tutti sapevano che, chi sbagliava, era sotto il potenziale lancio della mia spugnetta; però allo studio alternavo spesso il racconto di barzellette. Il risultato: incassai i complimenti del preside/padrone perché secondo lui sarei stato l'unico insegnante a fare studiare quella classe e ottenerne rispetto. Ricordo lo stupore quando sul treno Torino-Milano, presente una scolaresca, assistetti alla scena di un allievo che così si rivolse al professore: "Ma professore, è possibile ragionare sempre con la tua testa di culo?" senza che lo stesso reagisse assolutamente! Manifestai io la reazione, invitando il giovane a vergognarsi e chiedere scusa. Il fatto è da ricollegare al successivo argomento "Scuola e Famiglia", in relazione all'indispensabile preparazione psico-comportamentale preinsegnamento dei docenti. Ebbi un'altra soddisfazione quando, all'uscita dalla lezione, una ragazza mi chiese se fossi libero nel pomeriggio, perché mi avrebbe mostrato con piacere il suo appartamentino. Ero il suo professore, la ragazza non mi faceva impazzire, e poi ero innamorato di mia moglie. Declinai delicatamente l'invito. Un'altra soddisfazione fu quando il proprietario, che mi stimava e preso in simpatia, mi offrì l'incarico di fare il preside dell'istituto parificato di 800 ragazzi che di lì a poco avrebbe acquisito. Anche allora declinai l'incarico.

<u>Periodo ventennio</u>: non si tratta né di quello fascista, né di quello berlusconiano perciò può essere letto anche dai *compagni*; si riferisce all'intervallo di tempo tra due matrimoni.

1) quando lei, primitiva, selvaggia, libera venne a trovarmi la mattina. Più tardi ci saremmo rivisti al suo matrimonio.

2) quando lei, pelle vellutata, tipo DO3 (vedere alla voce sesso) veniva a trovarmi quasi tutti i giorni, di primissima mattina prima di andare al lavoro. Le bastavano pochi minuti per soddisfarsi. Stupendo.

3) quando lei, vergine, cosce "watussiche" e senza ombra di peli,

decise che dovevo essere io il primo. Non ebbi motivo di negarmi ciò che chiunque mi avrebbe invidiato, perciò acconsentii; ma l'odore delle sue ascelle mi stordì.

4) quando lei mi fece conoscere, per la prima volta e per diverso tempo, la diversità dell'organo femminile (Kegel) e mi aprì un nuovo mondo.

5) quando in estate accompagnavo i miei in una nota località termale, facendo da chauffeur. Venti giorni di cure per loro e venti giorni di "scialo" per me. Conoscendo Aldo, il proprietario dell'hotel, avevo la strada privilegiata per le conquiste. Ogni anno me ne accadeva qualcuna; tra le più significative: quando conobbi una signora molto dolce ma infelice, seppur con marito superdotato (<u>particolare appositamente riportato perché nell'immaginario maschile forse di sempre, è sinonimo di garanzia di prevalenza sugli altri attributi: errato!</u>), con cui ebbi una lunga relazione nonostante la distanza. Forse poteva essere la compagna giusta per me, ma...

6) quando nella medesima località la bella cameriera A., mentre ci serviva, mi chiese cosa avrei fatto dopo cena. Risposi che sarei andato a ballare con amici e la invitai; a risposta positiva decidemmo di vederci dopo un'ora in una piscina esterna. Dopo cena mi incontrai con la signora che mi attendeva per uscire. Mi riservai di metterla davanti al fatto compiuto dopo aver parlato con A. Perciò, giunto l'orario dell'appuntamento, chiesi permesso, perché sarei tornato da lì a poco. In piscina le cose si complicarono, perché, quando informai A. della presenza della mia compagna, mi diede l'aut aut: o noi due soli o niente. A quel punto ripercorsi tutta la mia vita e mi rividi: sempre perfettino, sempre rispettoso, sempre tutto positivo e mi chiesi: "Perché devo essere sempre così, non ho già tanti rimpianti?". Allora mi ribellai, non pensai più alla mia compagna, presi A. e insieme sgattaiolammo a ballare. Al rientro in hotel la piscina esterna ci vide assieme dalle 2 alle 4 circa. Uno sballo. Lei mi chiamava "il mio bel siculo". Mi confessò di avere scoperto il suo primo orgasmo. Soddisfazione per lei, figurarsi per me. Poi subito a nanna perché verso le 10 con la famiglia si lasciava l'hotel. Mi rividi con lei, ma anche con la mia signora. <u>Lezione di vita: meglio rimorsi che rimpianti</u>.

7) quando nella medesima località, arrivato in hotel la sera di ferragosto c'era la festa in piscina e Aldo ballava con una biondona con un vestito dallo spacco laterale vertiginoso. Ci salutammo, me la presentò, in privato mi confidò che era ricchissima; il giorno dopo flirtavamo, il successivo ci incontrammo da lei: fu un grosso insuccesso! Ci eravamo incontrati un UO3UD2 con una DO2DD1 (o forse DO1DD1)! (Leggere i particolari alla voce "Sesso") Anche di questa tipologia ho avuto conoscenza per circa il 5% del totale. Forse sarà stata una coincidenza che si sia trattato sempre di mamme, personalmente tendo a considerare cause possibili, sia la conformazione naturale (non dissimile dal sesso maschile), sia la "manutenzione" dell'organo (nei casi ad esempio di prolassi, o rilassatezze muscolari post gravidanza, o assenza di rapporti). Non mi vergogno a confessare che, anche nei casi di estrema disponibilità delle donne (cosa che apprezzo tantissimo, tanto da dirmi sempre che nutro un debole per le donne arrendevoli), le eventuali differenze dimensionali e l'assenza di sentimenti personali non mi hanno mai consentito di apprezzare il rapporto, inducendomi a limitarlo al quotidiano e non perpetuarlo, anche per non dare adito ad illusioni. Un elogio alle compagne che in quei casi hanno anteposto il sentimento all'atto sessuale in sé, immagino insoddisfacente anche per loro.

Il giorno seguente, dopo cena, Aldo mi presentò una new entry molto carina. Non persi tempo e la invitai a fare un giro in città, lei accettò. Passeggiammo fino all'una di notte mano nella mano, raccontandoci di noi, come a volte capita con chi sai che poi non rivedrai più, ridemmo a crepapelle, poi al rientro le chiesi se le andava di stare insieme, mi rispose che la cosa le sembrava troppo affrettata; rilanciai dicendole ciò che veramente pensavo in quel momento, che mi sembrava di conoscerla da sempre, allora lei così rispose: "È vero anche a me; però andiamo da te perché stanotte dovrebbe venire il mio fidanzato. Sai che tra una settimana mi sposo?" Pensai che tutte le volte che mi ritenevo convinto di conoscere le donne sbagliavo; sbalordito, ma comunque compiaciuto, non commentai e così salimmo da me; ma la serata non era ancora conclusa, perché, prima che lei andasse via, quasi le 3, ricevetti una telefonata. Era la bionda che così mi apostrofò: "Sei uno stronzo!" e mise giù. La cosa ebbe un seguito grottesco la mattina seguente. Infatti, appeno sceso per la colazione attraversai la hall, piena di gente, incrociai la bionda: lei, appena mi scorse, ebbe uno scatto di nervi, si strappò la collana di perle che indossava (non so che ci facesse con la collana di mattina!); queste caddero tutte rimbalzando nella hall, tra lo sguardo curioso e divertito dei presenti. Io ero paonazzo e credo di essermi vergognato come un ladro. Non rividi più nessuna delle due.

8) quando, assieme ad altra famiglia, facemmo un giretto che mi consentì di visitare posti nuovi e rivederne altri: Parigi, Londra, Olanda, Belgio, Lussemburgo, Svizzera. Ma fu Londra che mi interessò maggiormente, sia per il fascino che emanava, sia perché lì mi sarei incontrato con la fidanzata del momento. M. era laureata in lingue e in quel periodo faceva una vacanza studio a Londra. Del primo giorno a Londra ricordo due cose. Quando mi recai a Piccadilly, la prima parola in assoluto che mi giunse da un gruppetto di ragazzi fu "minchia". E poi ricordo che, per arrivare da M. (15 km in piena città, guida a destra, senza navigatore!) mi ci vollero quasi due ore; il secondo giorno 20 minuti. Me la sono sempre cavata con l'auto, molto meglio che con le lingue. Infatti anche l'ultimo giorno, quello dell'abbandono di Londra, mi ricordano due cose. La prima quando persi completamente orientamento nel corso della ricerca del negozio dove facevano, avevo letto, i migliori croissant del mondo. Chiesi la strada del mio hotel a quattro o cinque persone, ma non capii un accidente delle loro risposte, solo quando ebbi la fortuna di incrociare un sir con la bombetta, finalmente il suo inglese tradizionale mi orientò. L'altra accadde non appena rientrato in hotel. Mentre ero in strada mi fermarono dei ragazzi a bordo di un'auto che, con inequivocabile accento catanese mi chiesero: "Plis, uer is brompton road?"; a costo di sbagliare risposi subito in perfetto catanese: "Stocca a prima vanedda a destra" ovvero "gira alla prima traversa a destra". Il ragazzo mi guardò attonito e gridò: "Catania?" "Catania" risposi; "Ehi, paesano" e giù a festeggiare. Ritornando a M., devo dire che ci amammo intensamente per due anni, era la donna giusta per me e certamente l'avrei sposata se... non mi avesse lasciato. Mi lasciò con grande dolore per entrambi. Ma forse aveva ragione. Mi ero sempre comportato da egoista con lei e l'avevo fatta molto soffrire. Lei partì quasi subito per Madrid, dove si sposò ed ebbe una bella bambina. La soddisfazione? Dopo tre anni circa mi chiamò dicendomi di essersi separata e di non avermi mai dimenticato! Andai una settimana da lei; ritentai, ma, vuoi perché in fondo

non le avevo mai perdonato di avermi fatto soffrire lasciandomi,
vuoi perché non mi sentivo maturo per crescere una figlia non mia,
il secondo abbandono fu forse più straziante del primo.

9) quando, passeggiando con un amico, incontrammo due ragazze,
una era lei: bella! Il mio amico le conosceva, me le presentò; il
giorno appresso era la Festa della Donna e io mi precipitai al ristorante che avevano prenotato e mi interposi tra lei e le sue amiche:
era allegra e simpatica e lei capì subito che mi sarei innamorato.
Nonostante soffrisse ancora per la recente separazione dal marito,
ricchissimo (e non capisco cosa l'avesse attratta di me) permise che
accadesse; si lasciò andare, aveva bisogno di riacquistare autostima
e fiducia nella vita. E io contribuii in questo. Incassai presto la stima
e la fiducia dei suoi, ma non fu sufficiente a convincerla ai passi più
importanti che le chiedevo e di cui sentivo di avere necessità. Così
ebbi il coraggio di allontanarmi: il mio cuore aveva fretta di ritrovare
una compagna di vita. Due anni dopo trovai il mio ultimo amore,
che sposai.

10) quando al ristorante mi fecero pagare l'ananas nonostante facessi
educatamente presente di non averlo potuto consumare perché ec-
cessivamente acerbo, mi risposero che loro non avevano colpa perché l'avevano comprato così! Da allora mi armai di buona pazienza
e, nell'arco di quattro mesi, feci in modo di far mancare loro incassi
per circa 500 euro. La reazione sarebbe da piccolo uomo se solo
avesse rappresentato una piccola vendetta, in realtà l'obbiettivo era
più nobile tendendo a dimostrare che la furbizia e l'incapacità non
pagano e doveva rappresentare uno stimolo per quegli operatori
economici, che mirano a rimanere improvvisatori a vita, che è sempre preferibile tendere al miglioramento e aspirare a diventare professionisti. La stessa tecnica che applico ogni volta in cui un risto-
ratore non sa fare il proprio mestiere. Pago senza contestare, che
ritengo inutile. Al contrario mi metto a discutere con i titolari dei
locali, dove mi piace ritornare, che riconoscono di avere sbagliato
e che accettano i buoni consigli. In fondo avevo personalmente acquisito un po' di esperienza in materia anch'io, qualche anno prima.
Il concetto comunque non è limitato solo ai ristoranti.

Come dimenticare poi quando lei (con cui mi frequentavo perché si
era proprio fissata con me, nonostante non facessi nulla per alimentare

il rapporto, ma era sempre disponibile e ottima cuoca, anche se logor-roica), mi telefonò non appena rientrato in casa. Le dissi che da lì a poco sarei dovuto uscire per un appuntamento (con una new entry) ma lei continuò a chiacchierare imperterrita e, mentre intercalavo qualche "sì", riuscii a farmi la barba, la doccia, a lavare i capelli e asciugarli, a rivestirmi e quindi, a un'ora esatta dall'inizio della telefonata, a notificarle che purtroppo dovevamo proseguire la (sua) conversazione in un altro momento.

Come dimenticare quando lei, che avevo conosciuto pochi giorni prima, mi invitò a cenare a casa sua. Quando giunsi da lei rimasi allibito: mi accolse con addosso una sorta di kimono, ostentando un trucco esotico, le luci erano soffuse ed equilibrate, la musica orientaleggiante. Ma la cosa più imbarazzante fu quando, chiestomi il permesso di andare in cucina, la vidi poco dopo tornare, strisciando sulle ginocchia con le prime portate; mi alzai di scatto per farla desistere, ma con dolce inflessibilità mi pregò di permetterle di servire "il suo signore"! "'Azz!" pensai io e, tra impaccio e degustazione della nuova esperienza, la lasciai fare. Purtroppo il sesso che ne seguì, e che avevo presagito fantastico, non si dimostrò all'altezza della prima parte della serata.

Come dimenticare quando lei mi regalò quel momento di cui non vado orgoglioso. Era morbosamente rapita, pur consapevole di non essere ricambiata nel sentimento, anche se non potevo non volerle bene: per la sua bontà d'animo, per la sua totale disponibilità, per la sua splendida cucina. Avevamo litigato, le avevo rinfacciato di non avere rispettato per l'ennesima volta la nostra privacy a cui, lei già sapeva, tenevo molto. Da diversi giorni mi negavo spesso anche al telefono, poi, dopo le sue scuse e le forti insistenze per vederci, la sfidai dicendole che, per convincermi a crederle, lei sarebbe dovuta venire da me, entrare in casa, inginocchiarsi, fare ciò che sapeva, rialzarsi e andare via, il tutto nel più assoluto silenzio. Eseguì alla lettera le istruzioni, io feci una fatica immensa a non impedirglielo, ma da allora lei capì. L'episodio, di cui non vado certamente fiero (al contrario di altri che lo ricorderebbero come un trofeo), in quanto da sempre contrario ad ogni forma di violenza o malversazione, soprattutto nei confronti delle donne e di chi è più debole in genere, lascia tuttavia spazio a una riflessione. È innegabile che esistono donne più deboli, più predisposte a essere sottomesse, comandate e, spesso, anche picchiate (al limite del masochismo) e che preferiscono l'uomo forte a quello delicato. Negli anni ne ho conosciuta qualche altra e ho sperimentato che tutte le volte sono stato costretto a inventarmi un temperamento più fermo, più deciso, più maschio, più nervoso, per farmi ascoltare o rispettare o amare! Inevitabilmente mi vengono in mente le femministe e le loro manifestazioni di piazza contro ogni forma di violenza e prevaricazione nei loro confronti. In linea di principio non condivido le manifestazioni di piazza, ritenendole totalmente inutili: il violento o il prevaricatore dovrebbero convertirsi? E le donne poi non sanno o fingono di non sapere che tante di loro, purtroppo, non la pensano così e che non è raro che si accoppino con uomini immeritevoli, non equilibrati, incapaci di valorizzare ciò che possiedono, abusando e sentendosi maschi solo picchiando? O si proporrebbero di sensibilizzare i politici perché producano leggi più severe? E contro chi? Gli uomini troppo duri o le donne troppo molli?

Come dimenticare quando in un pomeriggio con la mia ragazza ci recammo fuori stagione sulla spiaggia semideserta (i gruppetti di bagnanti più vicini stavano a non meno di cento metri), nascondendoci dietro una barca parcheggiata capovolta. Una volta in costume cominciammo le prime scaramucce amorose, ma lei respingeva con dolcezza le mie avances più spinte per paura che ci scorgessero. Io proponevo una sveltina sotto il telo di mare, lei alternative varie; la scena durò non poco, finché a un certo punto si sentì una voce provenire da sotto la barca: "Gentilmente decidetevi cosa fare così posso riprendere a dormire!"

Altri momenti, che ovviamente poggiano sempre sull'egoismo, non sono volutamente riportati.

AFORISMI

- I beni conservati nel forziere saranno sempre meno preziosi dei ricordi custoditi nell'archivio delle emozioni.

- Sono l'azionista di maggioranza della mia mente, del mio corpo, della mia vita, perciò mi corteggio spesso.

- Passioni, emozioni, entusiasmi che riusciamo a trasmettere anche agli altri rappresentano il mix vincente per una vita esaltante.

- I sensi. L'udito è inestimabile bene nel farci prima scoprire voci e suoni, poi sublimare per la musica o le parole d'amore, infine evitare punture di insetti. La vista è ricchezza unica nel farci prima conoscere chi ci ha dato la vita, poi incantare dalle meraviglie della natura, infine immaginare un mondo migliore. Il tatto è immenso patrimonio nel farci prima stringere il dito del nonno, poi dosare il tocco al resto del mondo, infine palpare sederi immaginari. Il gusto è stupenda risorsa nel farci prima godere il primo ciuccio, poi esaltare per i baci d'amore e assaporare il dolce della vita, infine accettare le amarezze della vita. L'olfatto è strumento essenziale nel farci prima testare il latte materno, poi apprezzare i profumi della natura, infine sostituire il pannolone.

FAMIGLIA E SCUOLA

Dalla lettura dell'art. 34 della Costituzione traspare chiaramente la concezione dell'istruzione come servizio pubblico essenziale per assicurare il pieno sviluppo delle persone, concetto che viene ulteriormente ribadito dall'art.26 della Dichiarazione universale dei diritti umani, laddove si dice che ogni individuo ha diritto all'istruzione e che l'istruzione elementare deve essere obbligatoria (8 anni). Senza entrare nel merito a chi vadano attribuite competenze e governance (Stato, Regioni, Enti Locali, Istituti Privati), si è dell'opinione che il processo educativo della scuola, come finora concepito, vada rimodulato e ripensato per superare l'attuale limite della semplice istruzione generale, anche in considerazione dell'escalation di violenze, di pericoli in generale, di turbamenti, innescati principalmente dalle droghe, che più facilmente possono colpire la parte più fragile della società: i nostri figli.

Anche se tale superiore impegno dovesse suggerire di elevare l'obbligo scolastico di un altro anno. Si è del parere che la scuola non abbia solo il compito di istruire, ma, prima ancora, quello di educare gli studenti a essere cittadini e formarli come persone, sollecitando un più impegnativo e attivo coinvolgimento delle famiglie. Quella dei professori, compresi i maestri elementari, prima di una professione è una missione, al pari di quella degli operatori sanitari e dei giudici. Il loro lavoro dovrebbe andare molto oltre la semplice istruzione, comunque profusa sempre senza evidenziare simpatie destrorse o sinistrorse, soprattutto nelle materie sensibili di storia e filosofia. Occorrerebbe sperimentare percorsi di crescita atti, tra l'altro, ad assecondare e potenziare le naturali inclinazioni dei singoli, ma soprattutto a sensibilizzare i giovani sulla pericolosità delle droghe, scardinando la loro naturale tendenza a non seguire i consigli dei più grandi o mediante diretti contatti con i loro coetanei resuscitati (vedi San Patrignano, ecc.). Anche se da qualche parte tale attività fosse già svolta, i fatti quotidiani ci dimostrano senza alcun dubbio che l'intento è fallito, forse perché deficitario il metodo, forse perché non operato in sinergia con i genitori. Infatti, ancor prima della scuola, fondamentale è il contributo della famiglia! Non si può non rimarcare l'evidenza che una corposa percentuale di coppie, assecondando la naturale aspirazione, mette al mondo dei figli, senza possedere una preparazione dedicata, se non quella di base, ricevuta dai genitori, circa le modalità sul cambio del pannolino e via dicendo!

I genitori non possono sempre e comunque prendere a modello di riferimento quello dei loro genitori, imponendo un modello educativo che va da quello di acconsentire a qualsivoglia richiesta dei figli, a quello, al contrario, di tiranneggiarli. Oserei dire che il genitore nasce col figlio; oltre all'educazione di base indispensabile per vivere nella società, il genitore dovrebbe adattare la propria personalità a quella del figlio.

In genere i genitori non conoscono l'importanza **insostituibile** dell'educazione da fornire nei primissimi anni di vita al bambino, facendo rientrare nel termine educazione, anche e soprattutto il proprio comportamento. Si rischia di passare per radicali se si ipotizza di multare le famiglie ogni volta che i figli, sfuggendo al loro controllo (mancato), si macchiano di crimini vari, limitandoci ad esempio ai piccoli reati, per i quali i minori non risultano perseguibili e che producono, nelle ipotesi migliori, un costo per lo Stato, e quindi per la società? Certo, ma è il caso di riflettere sul fatto che l'unione delle forze scuola-famiglia, seriamente attuata, produrrebbe mutamenti oggi inimmaginabili, in termini di qualità della vita e di risparmi erariali.

Non può non prendersi atto che oggi la situazione è totalmente cambiata rispetto a poche decine di anni addietro. Ieri, solo per citarne alcuni, i casi di criminalità erano relegati al furto, gli stranieri erano rappresentati esclusivamente da lavoratori, i casi di suicidio si contavano appena, lo spinello, subito al di sopra dell'alcol, rappresentava il massimo della modernità e della trasgressione, ecc.

Non è esagerato asserire che violenza, aggressività e odio sono esponenzialmente aumentati (quasi al seguito della tecnologia!) in ogni ambito: casa, lavoro, scuola, strada, locali pubblici. Oggi, come è dimostrato da alcune ricerche, nella stragrande maggioranza dei giovani, in particolare quelli di età inferiore ai vent'anni, esiste un irresistibile desiderio di autoaffermazione ad ogni costo, si fa di tutto per essere accettati nei gruppi, nei branchi, alcol e droghe rappresentano quasi sempre il collante. Si trova più facile aggregarsi a una comunità, alla massa, mimetizzarsi tra altri e non si trova il coraggio di esporsi come singolo individuo. Perché? Ricordiamoci che i giovani ci guardano, ci ascoltano, ci osservano e soprattutto ci imitano. Ma, mentre ieri i modelli di riferimento che contribuiscono allo sviluppo emotivo, sociale e intellettivo dei giovani, erano la famiglia, ben più radicata, solida e stabile di oggi, e la scuola più rigorosa ed educativa, oggi, a causa del veloce evolversi della società, mentre la famiglia è troppo affaccendata a fronteggiare una pluralità di esigenze tale da non consentire di dedicare il giusto spazio alla corretta formazione dei figli, la scuola si è trovata a dover affrontare una maggiore scolarizzazione e specializzazione, inevitabilmente trascurando anch'essa la formazione di base. I nuovi pericoli delle droghe e infine la parte più deteriore dei media (la spettacolarizzazione e lo scoop ad ogni costo) ha contribuito a "colmare" il vuoto venutosi a creare. Oggi sia essere genitori che essere figli è molto più difficile di ieri. Ai genitori è richiesta una maggiore attenzione all'educazione e tutela dei figli, fragili e disorientati, impegnandosi su nuovi modelli educativi, necessari anche a strutturare la personalità, ad allenare la capacità di controllo degli istinti, a rispettare gli altri.

Alle famiglie e alla scuola il compito rilevantissimo di colmare il gap educativo! Ce la faranno? Appare il caso rammentare comunque che la Corte di Cassazione (Sez. Civ. Sez. III n. 1251/2000) ha sentenziato la responsabilità non alternativa, ma solidale di famiglia e scuola circa la culpa in educando e in vigilando. Il C.C. lo prevede all'art. 2048. Il genitore deve non solo dimostrare di impartire ai figli l'educazione idonea, ma deve anche accertarsi che il minore abbia assimilato l'educazione ricevuta.

Un notevole contributo negativo a questa emergenza l'ha certamente fornito la demenza digitale. Alcune ricerche hanno evidenziato che l'era digitale, mentre da un lato ha permesso di sollecitare reazioni più veloci e automatiche del cervello, dall'altro abbia ridotto sensibilmente la capacità mentale, la quale notoriamente dipende dall'allenamento che consente di mettere in moto pensieri, emozioni, comportamenti sociali. Si è dimostrato che un testo viene appreso meglio se letto su carta che su schermo, mentre la risonanza magnetica ha messo in evidenza che i bambini memorizzano più facilmente le parole se sono scritte a mano che con la tastiera. Recentemente il New York Times ha rivelato che i grandi capi del web, Google, Yahoo, Apple, ecc. vietano ai loro figli l'uso delle nuove tecnologie, iscrivendoli in scuole tradizionali proprio per evitare narcisismo, ansia, aggressività, dipendenza, causati dall'abuso di social network, ecc. I social network, dove da una parte si esalta il narcisismo, dall'altra i gruppi diventano branchi, deresponsabilizzando i singoli e innescando un'escalation di minacce, intimidazioni, ecc.

Si coglie l'occasione per un inciso, che ritroveremo utile in seguito, rammentando che l'art. 34 della Costituzione precisa che "i capaci ed i meritevoli, anche se privi di mezzi, hanno diritto di raggiungere i gradi più alti degli studi". Si traduce per come si capisce: lo Stato riconosce la meritocrazia e quindi, investendo su chi è più meritevole, ancorché privo di mezzi, gli consente la possibilità futura di procurarsi maggiore ricchezza, visto il maggiore livello di istruzione acquisito.

Anche qui non si sfugge alla legge universale (in tutte le sue gradualità). È egoista il genitore allorquando all'educazione della prole antepone la carriera o altri impegni personalmente più gratificanti; ma è egoista, in senso buono, il genitore anche in caso contrario, perché, preferendo di dedicarsi ai figli, mette a tacere la coscienza. È egoista il ragazzo ove non si impegni adeguatamente sullo studio, preferendo a questo le frequentazioni amicali, gli svaghi, ecc., ma lo è anche se studia, perché calma la coscienza o perché preferisce emergere sui compagni, o semplicemente per ambizione. È egoista il professore se non svolge adeguatamente il suo incarico, non riuscendo per incapacità, per superficialità o perché …sottopagato (sic), ma lo è altrettanto se è esattamente all'opposto, allorquando la gratificazione per le stime e gli apprezzamenti che riceve rappresentino per lui elementi non contrattabili.

L'acronimo: SFA, ovvero Scuola-Famiglia-Ambiente, racchiude, subito dopo il DNA, la formula di garanzia circa la positività della formazione definitiva di un ragazzo.

<u>Basta riflettere sulla presenza di anche una sola delle seguenti circostanze: famiglia costituita da sbandati, alcolizzati, drogati — scuola non frequentata — l'ambiente che trascini in traffici illeciti, per garantire la scorretta formazione del giovane; la presenza di tutte le circostanze non può che garantire il totale fallimento!</u>

FELICITÀ

Ritenendola significativa (se si pensa che ci riferiamo ad oltre duemila anni fa!), si riporta in formato ridotto la lettera inviata da Epicuro ad un certo Meneceo :(**A**)

"Meneceo,

Non si è mai troppo giovani o troppo vecchi per la conoscenza della felicità. A qualsiasi età è bello occuparsi del benessere dell'anima. Chi sostiene che non è ancora giunto il momento di dedicarsi alla conoscenza di essa, o che ormai è troppo tardi, è come se andasse dicendo che non è ancora il momento di essere felice, o che ormai è passata l'età. Da giovani come da vecchi è giusto che noi ci dedichiamo a conoscere la felicità. Per sentirci sempre giovani quando saremo avanti con gli anni in virtù del grato ricordo della felicità avuta in passato, e da giovani, irrobustiti in essa, per prepararci a non temere l'avvenire. Cerchiamo di conoscere allora le cose che fanno la felicità, perché quando essa c'è tutto abbiamo, altrimenti tutto facciamo per averla…Poi abituati a pensare che la morte non costituisce nulla per noi, dal momento che il godere e il soffrire sono entrambi nel sentire, e la morte altro non è che la sua assenza. L'esatta coscienza che la morte non significa nulla per noi rende godibile la mortalità della vita, togliendo l'ingannevole desiderio dell'immortalità…

Non esiste nulla di terribile nella vita per chi davvero sappia che nulla c'è da temere nel non vivere più. Perciò è sciocco chi sostiene di aver paura della morte, non tanto perché il suo arrivo lo farà soffrire, ma in quanto l'affligge la sua continua attesa. Ciò che una volta presente non ci turba, stoltamente atteso ci fa impazzire. La morte, il più atroce dunque di tutti i mali, non esiste per noi. Quando noi viviamo la morte non c'è, quando c'è lei non ci siamo noi. Non è nulla né per i vivi né per i morti. Per i vivi non c'è, i morti non sono più. Invece la gente ora fugge la morte come il peggior male, ora la invoca come requie ai mali che vive.

Il vero saggio, come non gli dispiace vivere, così non teme di non vivere più. La vita per lui non è un male, né è un male il non vivere. Ma come dei cibi sceglie i migliori, non la quantità, così non il tempo più lungo si gode, ma il più dolce. Chi ammonisce poi il giovane a vivere bene e il vecchio a ben morire è stolto non solo per la dolcezza che c'è sempre nella vita, anche da vecchi, ma perché una sola è l'arte del ben vivere e del ben morire. Ancora peggio chi va dicendo: bello non essere mai nato, ma, nato, al più presto varcare la porta dell'Ade. Ricordiamoci poi che il futuro non è del tutto nostro, ma neanche del tutto non nostro. Solo così possiamo non aspettarci che assolutamente s'avveri, né allo stesso modo disperare del contrario. Così pure teniamo presente che per quanto riguarda i desideri, solo alcuni sono naturali, altri sono inutili, e fra i naturali solo alcuni quelli proprio necessari, altri naturali soltanto. Ma fra i necessari certi sono fondamentali per la felicità, altri per il benessere fisico, altri per la stessa vita.

Una ferma conoscenza dei desideri fa ricondurre ogni scelta o rifiuto al benessere del corpo e alla perfetta serenità dell'animo, perché questo è il compito della vita felice, a questo noi indirizziamo ogni nostra azione, al fine di allontanarci dalla sofferenza e dall'ansia. Una volta raggiunto questo stato ogni bufera interna cessa, perché il nostro organismo vitale non è più bisognoso di alcuna cosa, altro non deve cercare per il bene dell'animo e del corpo. Infatti proviamo bisogno del piacere quando soffriamo per la mancanza di esso. Quando invece non soffriamo non ne abbiamo bisogno.

Per questo noi riteniamo il piacere principio e fine della vita felice, perché lo abbiamo riconosciuto bene primo e a noi congenito. Ad esso ci ispiriamo per ogni atto di scelta o di rifiuto, e scegliamo ogni bene in base al sentimento del piacere e del dolore. È bene primario e naturale per noi, per questo non scegliamo ogni piacere. Talvolta conviene tralasciarne alcuni da cui può venirci più male che bene, e giudicare alcune sofferenze preferibili ai piaceri stessi se un piacere più grande possiamo provare dopo averle sopportate a lungo. Ogni piacere dunque è bene per sua intima natura, ma noi non li scegliamo tutti. Allo stesso modo ogni dolore è male, ma non tutti sono sempre da fuggire.

Bisogna giudicare gli uni e gli altri in base alla considerazione degli utili e dei danni. Certe volte sperimentiamo che il bene si rivela per noi un male, invece il male un bene. Consideriamo inoltre una gran cosa l'indipendenza dai bisogni non perché sempre ci si debba accontentare del poco, ma per godere anche di questo poco se ci capita di non avere molto, convinti come siamo che l'abbondanza si gode con più dolcezza se meno da essa dipendiamo. In fondo ciò che veramente serve non è difficile a trovarsi, l'inutile è difficile.

I sapori semplici danno lo stesso piacere dei più raffinati, l'acqua e un pezzo di pane fanno il piacere più pieno a chi ne manca. Saper vivere di poco non solo porta salute e ci fa privi d'apprensione verso i bisogni della vita ma anche, quando ad intervalli ci capita di menare un'esistenza ricca, ci fa apprezzare meglio questa condizione e indifferenti verso gli scherzi della sorte. Quando dunque diciamo che il bene è il piacere, non intendiamo il semplice piacere dei goderecci, come credono coloro che ignorano il nostro pensiero, o lo avversano, o lo interpretano male, ma quanto aiuta il corpo a non soffrire e l'animo a essere sereno.

Perché non sono di per se stessi i banchetti, le feste, il godersi fanciulli e donne, i buoni pesci e tutto quanto può offrire una ricca tavola che fanno la dolcezza della vita felice, ma il lucido esame delle cause di ogni scelta o rifiuto, al fine di respingere i falsi condizionamenti che sono per l'animo causa di immensa sofferenza. Di tutto questo, principio e bene supremo è la saggezza, perciò questa è anche più apprezzabile della stessa filosofia, è madre di tutte le altre virtù. Essa ci aiuta a comprendere che non si dà vita felice senza che sia saggia, bella e giusta, né vita saggia, bella e giusta priva di felicità, perché le virtù sono connaturate alla felicità e da questa inseparabili. Chi suscita più ammirazione di colui che ha un'opinione corretta e reverente riguardo agli dei, nessun timore della morte, chiara coscienza del senso della natura, che tutti i beni che realmente servono sono facilmente procacciabili, che i mali se affliggono duramente affliggono per poco, altrimenti se lo fanno a lungo vuol dire che si possono sopportare? Questo genere d'uomo sa anche che è vana opinione credere il fato padrone di tutto, come fanno alcuni, perché le cose accadono o per necessità, o per arbitrio della fortuna, o per arbitrio nostro. La necessità è irresponsabile, la fortuna instabile, invece il nostro arbitrio è libero, per questo può meritarsi biasimo o lode. Piuttosto che essere schiavi del destino dei fisici, era meglio allora credere ai racconti degli dei, che almeno offrono la speranza di placarli con le preghiere, invece dell'atroce, inflessibile necessità. La fortuna per il saggio non è una divinità come per la massa - la divinità non fa nulla a caso - e neppure qualcosa priva di consistenza. Non crede che essa dia agli uomini alcun bene o male determinante per la vita felice, ma sa che può offrire l'avvio a grandi beni o mali. Però è meglio essere senza fortuna ma saggi che fortunati e stolti, e nella pratica è preferibile che un bel progetto non vada in porto piuttosto che abbia successo un progetto dissennato. Medita giorno e notte tutte queste cose e altre congeneri, con te stesso e con chi ti è simile, e mai sarai preda dell'ansia. Vivrai invece come un dio fra gli uomini. Non sembra più nemmeno mortale l'uomo che vive fra beni immortali."

La felicità: termine di assoluta relatività, nel senso che il concetto è strettamente personale. Se si chiede a più persone la propria definizione di felicità, facilmente si otterranno altrettante risposte. In relazione al campione che si sarà scelto, alcune risposte presenteranno elementi in comune, altre appariranno subito decisamente superficiali. Molto in generale quali risposte attendersi?

Dai quindicenni e +: Essere più belli- Essere sempre alla moda-Essere indipendenti-Trovare il principe azzurro;

Dai venticinquenni e +: Trovare una sistemazione lavorativa- Possedere una bella auto- Potersi creare una famiglia- Potere comprare la casa;

Dai trentacinquenni e +: Incrementare le possibilità di guadagno mettendosi in proprio o assumendo incarichi importanti- Sognare la scalata nella società- Acquistare auto e beni prestigiosi- Acquisire potere o prestigio o successo;

Dai sessantenni e +: Avere la possibilità di ritirarsi dal lavoro- Stare bene in salute- Stare bene con se stessi- Vedere i figli stare bene e realizzati e godersi i nipotini; Dagli ultra ottantenni: Non essere di peso ad alcuno- Vedersi circondati da affetto sincero- Non avere rimorsi- Potere morire serenamente.

Evidentemente ognuno, in relazione all'età, allo status sociale, all'ambiente, al proprio bagaglio da DNA, ma anche al contesto temporale ha sogni, aspirazioni, speranze ed anche la sua ricetta o la formula della felicità. Può stupire quanto si vuole, ma i tantissimi minus habentes, handicappati psichici e menomati fisici che, con una forza e tenacia senza pari, sono riusciti a compiere dei veri miracoli raggiungendo traguardi incredibili per esempio in campo artistico ed in quello sportivo, non possono non insegnarci che con la volontà si riescono a fare prodigi e si può raggiungere la personale felicità! E per gli stupidi e gli ignoranti: lungi dal pensare che non siano felici. È un'enorme bestialità! Proprio in forza del loro status, sia stupidi che ignoranti hanno la loro idea di felicità! Quale è? Chiedetegliela.

Comunque la voglia definire "a freddo" chi non l'avesse ancora conseguita, è da valutare cosa sarebbe disponibile a fare perché ciò avvenisse (sempre che l'obbiettivo sia realmente perseguibile: un nano non può certo sperare di diventare un asso del basket o un centometrista, sarebbe preferibile che aspirasse a diventare un fantino fenomenale). La felicità infatti non è un regalo che viene donato a chi è più fortunato, ma è qualcosa di più complesso ed anche più semplice. La felicità è uno stato d'animo, permanente, è armonia, è autostima, è realizzazione, è pace interiore, è amore. Ma è sempre immateriale. E la si deve conquistare, guadagnare, costruire con cura. Sarà felice solo chi lo vorrà fortemente.

Chi identifica la felicità con il benessere personale può rivedersi quanto espresso al paragrafo "DNA".

E comunque, nel rispetto del sentimento originario, l'egoismo, in tanti ritengono che la felicità sia assimilabile al benessere materiale, tanti altri perseguiranno quello spirituale, alcuni staranno bene a fare bene, altri a fare male, alcuni saranno felici della loro ricchezza o intelligenza o cultura o bellezza, altri si soddisferanno con l'invidia. Non esisterà mai una formula universale finché l'uomo non diventerà automa.

Non bisogna confondere, però, la felicità con la felicità temporanea, o succedaneo della felicità! Anzi è più facile non raggiungere mai la felicità permanente ed avere invece la possibilità di godere di quegli attimi deliziosi che rendono la vita più frizzante e che lasciano traccia nel proprio archivio emozionale: i piaceri. Tra questi attimi non occorre sforzarsi di inserire necessariamente quelli esaltanti, quelli gioiosi, quelli eccitanti o semplicemente positivi, ma anche quelli non negativi. Pochi esempi per tutti: quando si è costretti a subire un intervento chirurgico da cui non si sa se si uscirà vivi e quando qualche giorno dopo si apprende la notizia che è tutto andato bene e la vita tornerà come prima;

quando, immobilizzati a letto con seri problemi e con l'incertezza del domani, si ha bisogno di cure, ma non c'è nessuno che comprenda, che conforti, che aiuti, e invece improvvisamente appaiono gli angeli: parenti, amici, anche persone che non si immaginava, che allontanando lo spettro della terribile solitudine, fanno ritornare il sorriso.

Da ricerche effettuate da studiosi sul cervello sarebbe emersa l'esistenza di sei stili emozionali: 1) la capacità di ripresa da eventi traumatici; 2) la capacità di mantenere uno stato di ottimismo; 3) la capacità di capire in anticipo i pensieri e le intenzioni del prossimo; 4) la reazione a eventi esterni in relazione al contesto; 5) l'autoconsapevolezza; 6) la capacità di concentrazione. L'armonioso equilibrio di tutti gli stili porterebbe alla felicità, mentre un eccesso in più o in meno anche di un solo stile creerebbe problemi. È facile ipotizzare che la felicità derivi in parte dal patrimonio genetico di cui ognuno dispone (secondo alcuni studi influirebbe per il 50%), in parte dalle condizioni socioeconomiche, culturali, ambientali, religiose.

Uno studio inglese, ad esempio, ha messo in evidenza la stressa connessione tra ottimismo e felicità; secondo cui metà della felicità deriva dal DNA, metà dallo stile di vita e da relazioni socio economiche.

Uno studio americano ha messo in rilievo il concetto contrario, cioè che essere felici può modificare il DNA.

La ricerca scientifica più completa (avviata nel 1938 e tuttora in corso!) ha posto in rilievo invece i diversi meccanismi di difesa umana dinanzi alle difficoltà presenti o pregresse. I meccanismi positivi sono: il primo basato sull'empatia con cui avviamo i rapporti con gli altri, il secondo è invece indifferente. Il primo si dimostra funzionare sempre. I meccanismi che non funzionano sono l'aggressività, la tendenza a incolpare gli altri, l'abitudine a lamentarsi, la tendenza a costruirsi immagini di fantasia delle persone.

Il quadro finale che personalmente ne ho tratto è quello di attribuire ottime chances alla predisposizione all'ottimismo e all'affetto ricevuto nei primi anni di vita.

Per quanto riguarda il collegamento con l'egoismo: anche in questo caso non è difficile dimostrare che è egoista sia chi è felice sia chi non lo è. È umano che il felice sia egoista, forse la felicità gli sarà piovuta dal cielo, forse l'ha conquistata con sacrifici e perseveranza: di certo non ci rinuncerà. Chi felice non è, o ritiene di non esserlo, nel suo status di attesa o di ricerca, si consolerà tentando di conseguire più felicità temporanee che lo gratifichino, e ove non riconoscesse neanche queste, nel suo status di disperazione, starebbe bene autocommiserandosi.

AFORISMI

- Tra chi ha, chi è e chi crede di essere, forse solo quest'ultimo vincerebbe il concorso della felicità.

- Apprezzare la vita è: ascoltare attentamente - mangiare lentamente - parlare scientemente - respirare profondamente - ridere gioiosamente.

- Per fare grandi cose bastano piccole cose: con un pezzo di pane si può sfamare un bimbo; con un respiro si può salvare un moribondo; con un bacio si può regalare la felicità.

GIOVENTÙ

Sinonimo di primi approcci amicali e sentimentali, di confronti, esperienze, entusiasmi e delusioni, ma anche di tanta stupidità che si traduce e concretizza quasi sempre in presunzione, in ignorante e spocchiosa arroganza.

La situazione più micidiale si palesa, a mio vedere, quando il soggetto è dominato da un mix squilibrato di esuberanza e di onnipotenza, il che conduce inevitabilmente a commettere… cavolate.

Non è raro osservare che molti pensano di poter o dover arricchirsi subito, senza problemi, senza sacrifici, insomma automaticamente, come fosse un diritto; quando si accorgono che la realtà è diversa cadono in depressione, se va bene, altrimenti se la prendono con la società, col sistema, con chi ricco e potente lo è già, con la inevitabile conseguenza di invidie sociali, contestazioni, violenze, ecc.

Da uno studio dell'università della California, ad esempio, è emerso che l'uso eccessivo dei social network è connesso a diversi problemi psichiatrici tra cui depressione, schizofrenia, disturbo ossessivo compulsivo, voyerismo. L'uso costante del selfie è segno evidente di poca maturità e perdita di identità. La tendenza di giovani ladri improvvisati di postare sulla rete le foto di abiti e oggetti rubati, oltre ai consigli su come non venire scoperti (shoplift), o il cyberbullismo, (bombing e sexting), si commentano da soli. La risposta di psicanalisti e psicologi tratta l'esistenza di profonda solitudine, di noia, di abbandono a se stessi. Tanti giovani sono convinti di essere forti, invincibili, onnipotenti, in realtà sono fragili e vulnerabili. Oppure, al contrario, rischiano di essere a rischio Hikikomori, fenomeno che vede non pochi giovani prevalentemente maschi sempre più chiusi, in una spirale di solitudine ed abbandono che cercano di superare, ma con effetti controproducenti, con il ricorso spasmodico al web, l'unico modo nel quale ritengono di relazionarsi e realizzarsi.

I social sono senz'altro uno strumento potente di comunicazione;

purtroppo, come in ogni dove, si annida il male: nella fattispecie rappresentato da tutti gli imbecilli che hanno acquisito immeritatamente facoltà di parola, con la conseguenza che l'ambiente è costantemente sommerso da mitragliate di minchiate, non sempre in forma anonima infatti, spesso, le esternazioni sono propinate come sublimi assiomi! Oggi, proprio perché viviamo in un'epoca spenta e senza ideali, è più che mai compito primario della famiglia, dello Stato e della società, dedicare loro le attenzioni più idonee. Bisogna coinvolgere i giovani perché assimilino profondamente un forte senso civico, bisogna incoraggiarli a provare esperienze artistiche, musicali, culturali, sulle discipline innovative. Il tema è approfondito alla voce "Famiglia e Scuola".

A proposito della stupidità di cui sopra, occorre fare delle precisazioni. Gli ex giovani sanno riconoscere che da giovani si è tutti inevitabilmente stupidi, nel senso buono del termine. La stupidità si concretizza nel momento in cui ritengono che "i grandi" non siano in grado di capire. Ma questo avrebbe solida giustificazione solo nel caso di scarsa ricettività dei grandi alle inevitabili innovazioni, oppure nelle situazioni, esigenti cultura o intelligenza superiore di cui i medesimi non dovessero disporre, non certo dell'esperienza. Solo in questi casi i giovani hanno ragione: quando cioè i genitori siano totalmente refrattari a cogliere e accettare le novità nei vari campi, di fatto contrastando la naturale inclinazione giovanile e quando i genitori siano ignoranti, ottusi e ciecamente radicati dentro schemi arcaici.

Altro aspetto degno di nota è quello della socializzazione. Questa è naturalmente auspicabile, va invogliata e curata attesa la sua importanza per la crescita della personalità ed il miglioramento dei rapporti umani, quindi non deve condurre all'omogeneizzazione, all'annullamento della personalità. Occorre fare attenzione a mantenere la propria unicità, rispetto non solo alla massa in genere, ma anche agli stessi membri di club, associazioni, ecc., frequentati. E poi è il caso di ricordare sempre che ESSE QUAM VIDERI: ESSERE è MEGLIO CHE SEMBRARE.

I giovani sono egoisti?

GUERRA E PACE

Si vis pacem para bellum (se vuoi la pace prepara la guerra) è una locuzione tratta da un'opera latina che, in sostanza, sostiene la tesi di un'inevitabile armamento da parte del singolo e degli Stati, come deterrente ai conflitti con terzi. Non si può non condividere l'idea di pace fornita dallo Spinoza, quando dichiara che "... la pace non è assenza di guerra: è una virtù, uno stato d'animo, una disposizione alla benevolenza, alla fiducia, alla giustizia". Su questa opinione si è certi di essere in buona compagnia di tantissimi altri "fanatici" della pace esistenti in ogni angolo della terra.

Ma le guerre a ogni livello, avviate anche senza motivo (ove mai ne esistano di giustificabili), sono la prova più tangibile che non tutto il genere umano ha la identica idea sul tema. È proprio la secolare comprovata esistenza del male in ogni dove che giustifica una più radicale ed estrema difesa della pace con ogni mezzo.

La mia radicalità sul pacifismo, sul rispetto umano, ma anche inflessibilità verso ogni forma di violenza? Assoluta.

Quei film che narrano di reazioni difensive spropositate, quando non vendicative, di gente pacifica e onesta che è stata privata delle persone più care, non fa altro che tradurre e assecondare i sentimenti umani, tant'è che il pubblico esce soddisfatto dalla sala!

Nel discorso della montagna Gesù disse: "Non resistete a chi è malvagio; ma a chi ti schiaffeggia sulla guancia destra, porgi anche l'altra", con ciò intendendo, non già di non difendersi in caso di aggressione, ma di evitare di reagire in caso di semplice provocazione. Tuttavia un'interpretazione farebbe pensare che il suo discorso si sia reso necessario per limitare il desiderio di vendetta che spesso veniva posto in essere da tanti che avevano strumentalizzato la frase biblica "occhio per occhio dente per dente" (così detta legge del taglione). Parrebbe assennato condividere entrambe le locuzioni, che non sono per niente antitetiche.

Sull'argomento guerra vale la pena di citare una certa scuola di pensiero, secondo la quale si attribuirebbe alla guerra la funzione di valvola di sfogo di tutte le angosce psicotiche, le manie di persecuzione, le depressioni, i complessi vari, e quant'altro ricavabile dai manuali psichiatrici, onde per cui "gli ammalati" singoli e di gruppo possano consumare e scaricare sul nemico di turno i propri complessi. La guerra sarebbe insomma una medicina collettiva!

Si traduce per come si capisce: in parole povere, questi psicopatici si inventano una guerra, se la perdono ne intraprendono un'altra, e così via, se la vincono, raggiunta una tregua o la pace, se ne inventano altre... solo per curarsi. È una teoria. Ma la sostanza rimane: le guerre ci sono sempre state, ci sono oggi, ci saranno domani indipendentemente dai motivi: siano essi religiosi, politici, di potere, personali, ecc. E quando un singolo, una comunità, un gruppo etnico, uno Stato è attaccato, se vuole evitare di soccombere, di essere sottomesso, di estinguersi, naturalmente è costretto a difendersi o a chiedere aiuto! Poco importa quali siano i motivi per cui, ad esempio, l'Isis decapita, crocifigge, lapida, violenta donne, massacra bambini e tratta schiavi, o se il jihadista di turno posta in rete orgogliosamente la foto del proprio figlioletto di pochi anni che regge la testa mozzata di qualcuno. Importa solo intervenire. In casi particolari si può essere pacifisti intransigenti, ma è gioco forza rispondere con altrettanto estremismo.

La tecnica di mostrare l'altra guancia è meravigliosa, ma vale solo nei rapporti umani, non tra uomo e bestia.

La bestia non ha niente da perdere, l'uomo sì. Se l'uomo vuole difendersi e rendere inoffensiva la bestia, ha una sola possibilità: disorientarla, dimostrare di essere decisamente più forte e, se non basta, terrorizzarla, mostrarle di essere crudele e disumano quanto e più di lei, distruggendola o rendendola inoffensiva definitivamente!

A termine dell'argomento si propone un altro punto di vista. Il motivo delle guerre e di tutte le storture umane in genere, oltre che ai disagi sociali, sono attribuibili esclusivamente all'imperfezione umana. La soluzione ai problemi andrebbe ricercata operando su tre fronti: 1) la stabilizzazione del cervello o condizionamento cerebrale (leggere l'argomento relativo al cervello); 2) la scolarizzazione mirata all'insegnamento uniformato dei principi elementari di convivenza civile e pacifica tra le genti, del rispetto, dell'amore, del reciproco scambio (leggere l'argomento relativo a scuola); 3) questo punto, evasi i primi due, in teoria non sarebbe necessario. Ad ogni modo, tratta dell'avvio di politiche serie, finalizzate all'eliminazione degli sprechi e della spesa pubblica inutile, per eliminare la disoccupazione e la sottoccupazione, oltre che il debito pubblico (leggere l'argomento relativo alla politica). Tralascio volutamente l'ulteriore fronte: quello della religione, perché ci porterebbe lontano.

Relativamente all'egoismo: evidentemente egoista è chi vuole la guerra, gli armaioli, i guerrafondai, gli espansionisti, gli estremisti religiosi, e quanti altri per i motivi più disparati, inconcepibili a menti normali. Egoista è il pacifista convinto, chi disdegna la sola idea della guerra qualsiasi sia il motivo, anche il più nobile, chi rifiuta le morti e tutti i problemi e le conseguenze delle guerre.

INTELLIGENZA

L'intelligenza è valutata da alcuni studiosi come geneticamente determinata, da altri invece come condizionata dall'ambiente, nella sua più ampia accezione. Si è concordi con la prima ipotesi, anche se convinti che la stessa, entro certi limiti, possa essere sviluppata con l'esercizio. Se, per esemplificare, distinguiamo solo tre livelli di **intelligenza, bassa(I1), media(I2), alta(I3)**, la logica porterebbe a pensare, né credo esistano prove che confutino tale tesi, che: a) un individuo nato con un dato livello intellettivo e cresciuto nelle condizioni più ostili (senza educazione familiare, né studi e lontano dalla civiltà), idoneamente educato, potrà recuperare e raggiungere il massimo ammissibile del suo livello, quello cioè che avrebbe espresso se cresciuto in ambiente ottimale; b) un individuo di un determinato livello e cresciuto in condizioni ottimali potrà anche superare l'individuo di livello superiore cresciuto in condizioni opposte. A maggior ragione si dovrebbe pensare lo stesso per due gemelli, monozigoti o no.

Come per l'egoismo, anche per l'intelligenza, costituzione genetica e ambiente sono determinanti.

Recenti ricerche hanno messo in rilievo che non esiste una sola intelligenza. Tempo addietro si era soliti valutare il grado di intelligenza con il famoso Q.I.; oggi si tende a distinguere diversi tipi di intelligenza. A mio vedere se ne possono individuare cinque: teorica/astratta o problem solving, che misura il livello di intuizione per dare risposta a quesiti generici; pratica/operativa che misura la predisposizione alla risoluzione pratica di un problema; artistica, che misura l'estro creativo e l'inventiva nell'arte; la linguistica, da cui deriva la predisposizione e la facilità per il soggetto interessato a parlare e scrivere correttamente più lingue straniere; matematica/logica. L'intelligenza professionale, che misura la sensibilità nel proprio campo lavorativo (si pensi al magistrato, all'avvocato, al medico e a tutti quelli che esercitano professioni che coinvolgono particolarmente la serenità, la salute, la sensibilità dei soggetti coinvolti), potrebbe essere compresa nell'intelligenza pratica/operativa. Naturalmente non può escludersi la contemporanea presenza di più tipi di intelligenze specifiche in capo al medesimo soggetto.

La concisa catalogazione di cui sopra è personale; sul web si trova di tutto e di più, ma, comunque venga ipotizzata e suddivisa, è certo che l'intelligenza varia nel tempo: non è unicamente ereditaria, ma è legata all'apprendimento e alla esposizione degli stimoli all'ambiente.

Ora ci si augura di riuscire a far riflettere su quanto sia importante l'intelligenza. Riferiamoci per semplicità all'intelligenza generale, non a quelle tipiche. Soffermiamoci nello specifico all'I1. Chi è dotato di intelligenza medio-alta non ha certi problemi. L'I1 è purtroppo condannato a non comprendere tantissime cose che avvengono attorno a lui. Ricordo quella volta che dovetti parcheggiare temporaneamente l'auto, quasi attaccata alla parete esterna di una caserma dei carabinieri, dal lato guida, e quindi costretto a scendere dal lato opposto. Dieci secondi dopo un carabiniere mi si avvicinò e mi chiese di spostare l'auto? No. Patente e libretto per verbalizzare? No. Mi chiese solamente come avessi fatto ad uscire dall'auto! Giusto un caso simpatico: tanto rispetto per la Benemerita. Ritengo, infatti, che tante barzellette sui carabinieri siano ideate da loro stessi e siano riconducibili alla rigida formazione militare.

Considerazione: Non si condanni chi ha avuto la sfortuna di una intelligenza inferiore; non è opportuno deriderlo, almeno apertamente, né imprecare nei suoi confronti, né litigarci per le inevitabili incomprensioni che possono verificarsi a seguito di un evento spiacevole: l'altro non capirà o sarà convinto che voi non capite niente! Difatti, mentre un I2 e un I3 possono convincersi e cambiare opinione a seguito di fruttuoso confronto, per i I1 vale la pena di riportare l'aforisma di Oscar Wilde secondo cui solo gli stupidi non cambiano mai idea. Piuttosto si deve trovare la forza di relazionarsi con lui alla stessa stregua di come non può non fare il medico con il paziente, il sano con il demente, il sensibile con l'insensibile, il ricco con il povero. Con le maniere dovute, l'altro capirà. Forse.

D'altronde il rapporto continuo o casuale con tipi I1 spingerebbe a credere che esista un livello intellettivo di discrimine, di fondamentale rilevanza, al di sotto del quale gli individui non possiedono la percezione, né la consapevolezza del proprio status, con la conseguenza di negare evidenze e realtà e con impossibilità di relazionarsi con gli altri.

Al contrario, gli individui che si trovano al di sopra di tale livello, possedendo tale consapevolezza, si lasciano guidare da coloro che riconoscono più intellettivamente dotati. O forse è il contrario!?

Tempo addietro ho avuto l'audacia di leggere Il cigno nero: l'avevo acquistato per la curiosità del titolo, e poi perché definito da Fortune come uno dei libri più intelligenti di tutti i tempi. Si tratta di un volume di ben 380 pagine fittissime (di cui quasi 40 di bibliografia!) che, ad una prima lettura, velocissima perché non si vede l'ora di terminarlo, appare come il classico mattone, poi però fa parecchio riflettere su numerosi argomenti, uno dei quali è quello di non dare per scontato che l'esperto abbia sempre ragione sull'ignorante.

Così ho svelato il motivo che mi ha incoraggiato a scrivere!

Tuttavia non può escludersi che un individuo dall'intelligenza superiore sia anche un insensibile e un egoista tipo 2, né tantomeno un presuntuoso; ciò comporterà verosimilmente l'eventualità di essere incapace di comprendere una persona molto sensibile e/o egoista. Sembrerà impossibile, ma è proprio così: un I3 EGO2 S1, che non ha problemi di soldi, di salute o altri, quasi certamente non comprenderà chi presenta i citati problemi! E se è anche presuntuoso?

C'è da fare attenzione: non bisogna confondere intelligenza con sensibilità ed egoismo. Una persona molto intelligente può essere (purtroppo) insensibile, egoista, presuntuosa, a tal punto da non avere consapevolezza di propri limiti o errori! Ho aggiunto "purtroppo" giacché tali limiti ne azzererebbero la qualità. Capitolo a parte merita la furbizia. Non la confonderei né con l'intelligenza nella sua accezione più classica, né con l'astuzia. Sono propenso a ritenerla una sottospecie dell'intelligenza, nel senso di non potere escludere che una persona molto furba sia al contempo anche molto stupida, cosa che non mi sentirei di dire per una molto intelligente. Un genio come Einstein sarà piuttosto uno sbadato, un ingenuo, ma non un imbecille. Assimilerei la furbizia anche alla poca cultura, mentre l'astuzia la sento più vicina sia all'intelligenza che alla cultura. La distinzione vera, per attribuire o meno positività a furbizia e astuzia, è il fine del suo uso, in relazione alle circostanze, cioè se si utilizza per fini (sempre egoistici ovviamente) senza nuocere al prossimo o meno. Nei casi peggiori, infatti, i danni arrecati dai furbi, dai lestofanti, ecc., non sono limitati alle gesta operate, ma vanno ben oltre, si estendono, facendo da eco, con la concreta conseguenza di bloccare o svilire iniziative umanitarie lodevoli. A chi non è successo, ad esempio, di aver versato contributi a onlus e simili, o operato adozioni a distanza, per scoprire in seguito che le associazioni erano scatole vuote e i responsabili solo degli squallidi profittatori?

Fino a poco tempo fa mi illudevo che la I1 (o imbecillità) rappresentasse una porzione infinitesima della popolazione, finché la verità non è stata posta in luce da Facebook e social vari!

Concludo asserendo che, in una ipotetica competizione, il super intelligente l'avrebbe vinta sull'intelligente, il super stupido sullo stupido.

Egoista è l'intelligente che utilizza, giustamente, le capacità che possiede per i propri fini, ma anche quando si finge cretino, cosa che fa sempre per motivi opportunistici.

AFORISMI

- Gli uomini possono dividersi in due categorie: quelli aperti, detti acuti e quelli chiusi, chiamati ottusi. Gli angoli hanno preferito chiamarsi al contrario.

- Nel mondo dei numeri esistono i multipli e i sottomultipli. Nel mondo della produzione esistono i pezzi fatti a mano, quelli di serie da catena di montaggio e quelli sottodimensionati purtroppo non riciclabili. Anche nel mondo umano.

- Nelle discussioni chi è a corto di argomenti ha due strade: l'intelligente ha il silenzio e l'ignorante l'offesa.

- Nella vita più fai lo stupido più conosci il prossimo.

- Meglio stupidi e sinceri che finti e falsi.

- Fra i tanti treni che ci passano davanti si confondono quelli speciali, assegnati a ciascuno nella vita. Lo sveglio sa riconoscerli e se li prende al volo, lo stupido no, e se la prende con la sfortuna.

- È divertente beffare chi ha tentato invano di farlo con noi. È arduo competere con chi è più intelligente e colto. È eroico superare chi è più stupido e ignorante.

INVIDIA

A pari merito dell'odio e della vendetta, reputo l'invidia il sentimento anti nobiltà per eccellenza, perciò è stato estrapolato dal capitolo "piccolezze umane".Ma, nel rispetto del primo principio della vita (vedi "Egoismo"), il fatto che lo si nutri e alimenti, non può che certificare una forma di soddisfacimento del proprio io nella maggior parte di noi. Tale vile sentire è così diffuso tra gli esseri umani che non si percepisce più come tale. Non ci si stupisce più di tanto di casi di invidia riguardanti non solo il potere economico, che rimane incontrastato al primo posto, ma anche quello politico o quello finanziario, l'eccellenza nei più svariati campi, l'intelligenza, la cultura, la bellezza, la prestanza fisica, ecc. Sull'argomento sono diffusi i discorsi più disparati e dispersivi, utili solo a ingannare il tempo con gli amici; tutti accompagnati spesso dalle considerazioni su cosa si farebbe al posto del "fortunato" di turno: "guarda quello là, con tutto il denaro che possiede, è di un'avarizia infinita, gira su un'auto di trent'anni fa", oppure "quello sarà bello però si veste come uno straccione, non ha stile, sembra un villico" e altre amenità del genere, volte a valorizzare il proprio ego.

Come detto, l'elemento più invidiato è certamente il denaro. Tutti conoscono l'importanza del denaro, ma non tutti sono consapevoli che possedere denaro non equivale a possedere né il benessere, né la felicità. Il valore di un uomo non si desume dal suo patrimonio: è più semplicemente la sommatoria di tutte le sue doti, il patrimonio può essere solo un gustoso contorno. Non v'è dubbio infatti che una persona ricca, ma resa infelice da un handicap, pagherebbe qualsiasi somma pur di diventare normale; se fosse repellente lo farebbe per beneficiare di un viso umano o affascinante; se soggetta a malattie che le condizionano l'esistenza, per una sempre sana; se stupidissima e ignorantissima, ove capace di intendere e decidere, per una diametralmente opposta; se ipodotata e dall'orgasmo flash, per una normo o superdotata e resistente, ecc., Ma le doti non si possono né comprare né rubare, i soldi si possono fare e si possono rubare! Ecco svelata la ragione dell'importanza assegnata al **denaro**.

Tuttavia, per rispetto al primo principio sull'egoismo, l'invidioso tenderà spesso a stemperare questo sublime sentimento, con considerazioni antalgiche, del genere "preferisco rimanere come sono piuttosto che avere la faccia (o il corpo o l'ignoranza o la stupidità) di quello".

Preso atto della indiscussa centralità di tale elemento nella vita degli esseri umani, delle differenze anche sostanziali circa il valore che ognuno di noi gli assegna e l'uso a cui lo destina, se non sacro e inviolabile, parrebbe logico a mente logica, per rimanere sull'invidia al denaro, il rispetto della proprietà. Ci sarà sempre chi muore su una montagna di denaro, forse guadagnato onestamente o forse rubato, denaro che finirà allo Stato, alla Chiesa, a chi arriva prima o andrà perduto; chi muore povero in canna per avere dilapidato una fortuna; chi nasce e muore povero; chi vive per fare soldi, chi fa soldi per vivere; chi si gode la vita a modo suo. Va bene così, perché si rispetterebbe un principio. Invece no, su questo non sono d'accordo né i ladri di professione, né il ladro travestito: lo Stato, che decide motu proprio, quanto sottrarre a ciascuno e la destinazione del bottino! Personalmente, da non ricco, ho la fortuna di non nutrire invidia per i ricchi. Li considero al contrario un bene per la società: sono (o dovrebbero essere) di esempio e di incentivo ai meno abbienti, contribuiscono sostanzialmente alla crescita economica, creano posti di lavoro e quindi benessere. Se i ricchi si permettono determinati lussi come jet privati, panfili, case sontuose, ecc., non fanno che aiutare l'economia, la cui filiera termina con i lavoratori! È lapalissiano; tuttavia questo superiore sentimento e l'idea dello stato comunista blocca ogni ragione. Che poi tra i ricchi ci sia chi evade, chi specula, chi imbroglia non c' è da meravigliarsi; siamo tutti così sicuri di cosa faremmo noi al loro posto?

Ma guardiamola sotto un altro punto di vista: quello della giustizia, sia umana che divina.

Di quella umana sappiamo tutto: davanti all'evidenza delle continue disuguaglianze cui quotidianamente assistiamo o di cui veniamo a conoscenza, la giustizia la percepiamo talmente sporadica da colpevolizzarci spesso come illusi. Se così non fosse non faremmo salti di gioia quelle volte che la incontriamo, mentre, con l'aiuto dell'invidia, è come se sperassimo di riequilibrare le differenze, le diseguaglianze, le prevaricazioni ecc.

Di quella divina possiamo dire che idealmente sarebbe giusto che fossimo ricchi, intelligenti, belli, sani e forti, coraggiosi, famosi, colti ecc., quanto almeno quelli oggetto della nostra attenzione: regola che dovrebbe valere per tutti; che sarebbe giusto non accadessero eventi distruttivi indipendenti dall'uomo come terremoti, uragani, ecc.

Chi può vantarsi di non essere mai stato invidioso dell'amico o conoscente o personaggio pubblico, più bello o più prestante o più ricco o più altolocato?

Da essere umano ho nutrito anch'io le mie invidie, naturalmente variabili con l'età ma, tutto sommato, modeste e innocenti: possedere una voce tanto suadente quanto stentorea, utile per meglio esprimere e/o trasmettere le mie idee in particolare nel campo professionale e indispensabile supporto alla passione per la musica, e quante volte è stato umano dire, sospirando tra me e me, "che peccato", per esempio di fronte a persone dotate di bella voce, ma inservibile alle loro attività (spesso anche totalmente stonate) o peggio utilizzata ad alto volume per volgarità o stupidità; disporre di una superiore perseveranza per il raggiungimento di obbiettivi come l'apprendimento delle lingue, o disporre di migliore memoria, e quante volte prendere atto del loro possesso da parte di chi non aveva utilità né interesse a conoscere più lingue o a tenere a mente grandi quantità di nozioni e informazioni.

Eppure, non essere invidiosi dà diritto ad essere fieri! Le volte che dovesse accadere, l'oggetto non sia il denaro, né la notorietà, né le doti esteriori, bando quindi all'invidia nei confronti di chi possiede di più, auspicata invece verso chi sia più tollerante o più forte interiormente o più intelligente o più coraggioso di noi: sia concessa insomma nella misura in cui sia di stimolo al miglioramento e ci faccia progredire, oppure provi un'invidia innocente, per rimanere in tema, individuabile come ego1 o ego4 (vedi cap. sull'egoismo). L'ego1, ad esempio, non invidia lo straricco perché potrebbe anche lui volare col jet privato a Dubai per la colazione e, quindi, completare la giornata presenziando a una cena in costa Smeralda, ma, piuttosto, per poter essere protagonista di iniziative filantropiche. L'ego4 non desidera ricchezze materiali, ma maggiori opportunità per il suo benessere: invidierà ad esempio chi ha voce, udito, vista in abbondanza da poterne donare una parte anche a lui, che ne necessita per lavoro o per poter godere di una lettura o un'opera d'arte, ecc.

Nel calderone degli scherzi del destino, ognuno di noi è autorizzato a inserire tutto ciò che ritiene ne debba far parte: dal venale "è giusto che io, giovane e intelligente, non ho niente e quello là, grasso, vecchio e zotico, ha la Ferrari e quella strafiga accanto?", al più impegnativo "è giusto che io sensibile, altruista e generoso, non ho niente e non posso fare tanto per gli altri e quell'insensibile, egoista e ricco, ma avaro, non fa niente neanche per la madre?" al più profondo "è giusto che io onesto, religioso e rispettoso di tutti e delle leggi, debba subire le pene dell'inferno per malattie invalidanti e sia pure perseguitato ingiustamente dal fisco e che invece quel delinquente abituale, che vive alle spalle di pantalone, non sia mai entrato in ospedale?" E ancora: Perché tante ingiustizie sulla terra? Digeriamo guerre, violenza, povertà, perché quasi sempre colpa dell'uomo, ma perché le calamità naturali? Una per tutte: perché Haiti, che annovera una popolazione di cui l'80% è sotto la soglia di povertà, ha subito nel 2004 un uragano e nel 2010 un terremoto devastante? Ma è bene fermarci qui; procedendo oltre si entra nel campo dell'inspiegabile, dell'imponderabile, di tutti gli infiniti, perché non essendo umanamente possibile rispondere basandosi sulla giustizia e sulla logica, unici elementi razionali disponibili, ci si deve aiutare con la religione, sola risorsa a cui l'uomo, che si accontenta, è costretto a fare ricorso.

L'invidioso è egoista quando trova ingiusto che altri possiedano ciò che a lui non è dato avere; quando ha la convinzione di essere più meritevole e che lui avrebbe fatto di tutto e di più.

L'invidioso è il classico egoista 2 allorché considera giusto, più che normale, il mal comune mezzo gaudio, cioè meglio tutti poveri che qualche ricco e qualche povero.

Esiste una invidia positiva? Certo, quella che scatta quando il sentimento innesca nel cervello una specie di reazione positiva, uno stimolo alla competizione tale da sovvertire la iniziale inerzia, critica sterile e desiderio di conformismo ed egualitarismo.

Chi non prova invidia è pervaso indubbiamente da sentimenti superiori, ma è anch'egli egoista per lo stato di superiorità nel quale si sente collocato.

Vorrei chiudere l'argomento con una vecchia storiella, che in parte richiama l'invidia.

(**S**) Ai tempi dell'avv. Agnelli, alla Fiat lavorava un operaio, che si distingueva nettamente dagli altri per il modo di vestire ma, soprattutto, perché non nascondeva il suo amore per Ferrari e Porsche, con le quali spesso arrivava in fabbrica. Tanto si mormorava di lui, che un giorno la notizia giunse alle orecchie dell'Avvocato, il quale, costatato di persona il fatto, curioso, lo fece chiamare nei suoi uffici; si complimentò con lui e poi gli chiese come potesse permettersi quei lussi. L'operaio rispose: "Avvocato sa, a me piace scommettere con amici su tante cose e quasi sempre vinco; anzi, se posso permettermi, scommetterei che lei soffre di emorroidi". Agnelli, sicuro dei fatti suoi, gli disse che si sbagliava, allora l'operaio rilanciò dicendo: "Allora se vuole possiamo scommettere anche 20 milioni, può chiamare il suo medico e se lui certifica che non li ha io le do 20 milioni". L'Avvocato, provocato, ma, allo stesso tempo divertito, fece immediatamente chiamare un medico, che lo sottopose al sondaggio necessario da cui non risultò l'esistenza di emorroidi. A questo punto l'operaio, apparentemente contrariato, chiese all'avvocato di volere verificare personalmente e Agnelli, a quel punto, non poté che concederglielo. Alla fine del secondo esame l'operaio diede ragione all'avvocato e gli firmò un assegno per la somma pattuita. Agnelli allora gli chiese: "E ora che hai perso, come recuperi la somma?" "Vede Avvocato, non è un problema per me perché avevo già scommesso 30 milioni con amici che sarei riuscito a mettergli un dito in culo!"

MEDICINA

Per il motivo, certo non marginale, di interessare punti particolarmente sensibili della vita dell'uomo, come la salute e la libertà, e quindi il nostro futuro, viene spontaneo considerare particolarmente nobile l'attività degli operatori della sanità, così come di quelli della magistratura. È impossibile che qualcuno si auguri di imbattersi, nell'arco della sua esistenza, in medici superficiali o impreparati, che contravvengano al giuramento di Ippocrate e non operino in modo umano e nel pieno rispetto delle regole. Non dispiace ripetere in talune occasioni una banalità: è meglio non avere mai a che fare con medici, giudici e avvocati: in caso contrario significa avere problemi di salute o giudiziari! Non si conosce nessuno che sia stato baciato da questa fortuna, tuttavia si è certi che, oltre agli eremiti e a pochi "prescelti", è possibile trovarne tra la gente che per scelta di vita o per necessità, vive nella modestia, nella semplicità, nella solitudine e…. nella fortuna.

Ma, se il primo grado di fortuna è saltato occorre augurarsi almeno, come premio di consolazione, la concessione del secondo grado: potersi avvalere, se non altro in questi campi, di gente seria e professionale. Ci guadagna la salute e il portafoglio! Chi ha vissuto esperienze in prima persona o è stato a conoscenza di incidenti accaduti ad amici o parenti o ha semplicemente letto qualcosa sull'argomento, sa perfettamente che un'indagine o un intervento errato possono cambiare, se non togliere, la vita a una persona e spesso anche alla sua famiglia. Senza sommare le non rare vertenze di richiesta di risarcimenti che ci si può trovare costretti a intraprendere, con i problemi conseguenti alle stesse legate (spese legali, tecniche, burocratiche, lungaggini, stress…).

Un'altra ovvietà è che, a fronte della fortuna di ricevere un'assistenza sanitaria praticamente gratuita da parte dello Stato, non tutti i cittadini possono fruire dei servizi di eccellenza, come le consulenze, le cure e gli interventi da parte dei professori della medicina, se non si hanno le giuste conoscenze e non si dispone delle adeguate risorse economiche. Ma qui si entra in un campo ben più vasto che si riferisce alle lobby in generale. Non si hanno particolari pregiudizi sulle lobby; ognuno terrà le proprie opinioni, ma, specificamente nel campo medico, si apprezzerebbe che lo Stato si facesse carico di assicurarsi la disponibilità delle eccellenze da offrire alla popolazione bisognosa, previa stipula di appositi contratti con compagnie assicurative. Se infatti si pretendono consulenze eccellenti nei diversi ambiti, ingegneristico, architettonico, finanziario, fiscale, tributario, ecc., ognuno si adopera secondo le proprie possibilità e volontà; il campo medico no, è un'altra cosa e la sanità ha una valenza etica enorme.

Ora, premesso che si ritiene assolutamente normale che il medico che, per disponibilità economiche, per volontà, per capacità intellettuali, abbia avuto la possibilità di acquisire specializzazioni specifiche ed esperienze eccezionali, sia riuscito a conquistare cariche universitarie, primariati, presidenze e quant'altro, ha pieno titolo di guadagnare tanto, così come è normale la sua discrezionalità a divulgare o meno il proprio sapere. Ma per tutte le centinaia di malattie più o meno comuni, è inimmaginabile un'ignoranza a livello globale. Il medico di base, nostro primo interlocutore in caso di problemi di salute, in genere non sarà a conoscenza delle ultimissime novità in un campo particolare, ma, attraverso l'anamnesi, azzarderà una diagnosi e in relazione al protocollo, ci assegnerà tipo di farmaco e dosi. Se la diagnosi non sarà azzeccata tenterà un'altra strada e, in caso di resa, ci inviterà a rivolgerci a specialisti. Sappiamo che le cose vanno così, ancora oggi e, credo, con tutti i medici. Infatti i medici di base generalmente tengono molti pazienti (fino a 3000), sono praticamente impegnati per il 90% del tempo dal lavoro routinario, di rilascio ricette di farmaci e impegnative per accertamenti clinici vari per cui, solo in casi eccezionali, come ad esempio nei piccoli centri, pochi pazienti hanno la fortuna di essere seguiti nel prosieguo di malattie, diversamente è alta la probabilità che gli stessi cadano nel dannoso fai da te o le trascurino, con conseguenze gravi.

È corretto evidenziare che in Italia disponiamo di un'assistenza sanitaria tra le più evolute e garantite, tuttavia, nei casi di disturbi non risolti dal proprio medico, ripetuti, fastidiosi ma non gravi da giustificare il ricorso all'ospedale, non avendo parenti o amici medici, solo chi possiede risorse economiche può optare per il ricovero presso strutture sanitarie private o rivolgersi a specialisti. Se tutto va bene, imbattendosi nelle persone giuste, riuscirà a risolvere il problema in tempi ragionevoli. In caso contrario? L'auspicato intervento pubblico per consentire a tutti di fruire di consulenze specialistiche e accertamenti diagnostici in tempi accettabili, a quando? Nel campo interventistico? La situazione si replica. È noto infatti che, in condizioni di urgenza, chiunque viene sottoposto a ricovero e a interventi chirurgici, operati dall'equipe disponibile, con il contributo più o meno importante di specializzandi e si spera che tutto vada bene. In caso sia assente l'urgenza, un intervento sarà programmato nel tempo e, non di rado, supererà l'anno solare, mentre, se eseguito in regime di libera professione (dallo specialista/primario), nell'arco di pochi giorni. È lapalissiana la disuguaglianza di trattamento. Per una società più giusta, non sarebbe più corretto, ad esempio, assicurare nei casi urgenti la presenza di un primario e pretendere nei casi non urgenti il pagamento di somme più alla portata del cittadino medio che voglia operarsi prima? Il buco per le casse sarebbe coperto da quei 6 miliardi di euro dovute a corruzione e a frodi nel campo della sanità, scoperte dalla guardia di finanza o, se piace, alla medesima cifra dedicata dallo Stato alla gestione del fenomeno migranti!

Mi viene alla mente anche una situazione risalente a oltre trent'anni fa. (**S**) Era recente la commercializzazione dei primi computer domestici e mi dilettavo a compilare programmi di calcolo ingegneristico. Con il mio medico di base, molto preparato, nonché amico, dissertavamo sulla possibilità di creare un enorme database che contenesse tutte le informazioni possibili sulle malattie più ricorrenti e sulle probabilità di individuarle in base ai sintomi riferiti dai pazienti. Per quanto mi riguardasse, ciò era possibile con l'utilizzo di linguaggio elementare e mediante semplici istruzioni del tipo IF, THEN, ELSE, GOTO, mentre, per quanto di sua competenza mi garantiva, entusiasticamente, che non esistevano problemi. Poi, purtroppo, il tempo tiranno non ci consentì di attuare il progetto. La domanda che mi sono sempre posto da allora: perché non è stato realizzato, né da multinazionali del software, né da equipe mediche interdisciplinari, un siffatto programma? Ma mi spingo oltre.

Oggi mi aspetterei anche che il programma di cui dotare tutti i medici di base, fosse integrato da data base specifici e dalla possibilità di interfacciarsi in tempo reale con ospedali e centri specialistici. Mi aspetterei che ogni paziente disponesse di una card personale contenente, oltre ai propri dati personali, tutti i suoi trascorsi sanitari (interventi subiti, allergie, cure farmacologiche pregresse e in corso, ecc.). Mi aspetterei un più proporzionato numero di medici di base, meglio preparati e attrezzati, a garanzia di più accurate diagnosi per un più ristretto numero di assistiti. Non solo. Il maggior costo sarebbe ampiamente coperto dalla minore spesa (ingente) delle tante indagini, che superficialmente e distrattamente, la maggioranza dei medici prescrive. Solo di recente ho saputo di un software evoluto elaborato da un super computer, che supporterebbe gli operatori della medicina mettendo loro a disposizione migliaia di dati in tempo reale.

Terminiamo con una vecchia storiella sull'argomento. Esame universitario di anatomia: l'esaminanda va malino, ma il professore è in giornata sì, così decide di farle un'ultima domanda e regalarle il 18. "Signorina mi spieghi cos'è il pene"; lei felicissima: "Professore questa la so: è un osso"; "Cosa? Dove l'ha letto sta cosa, chi glielo ha detto"; "Ma si professore, ogni volta che sto insieme al mio ragazzo lui mi dice: Toh, spolpati quest'osso".

MUSICA

La musica è musica per le orecchie. La musica è una delle più meravigliose invenzioni che ci siano. La musica può esaltare, stordire, intenerire, addolcire, fare innamorare, rendere allegri e tristi, regalare emozioni intense, può fare miracoli. Dico "può" perché ci sono sempre i refrattari o insensibili, non solo alla musica, ma spesso a tutte le arti. Solo rarissime persone risultano insensibili al suo piacere e, in quanto tali, purtroppo non sanno cosa si perdono. Ma non è colpa loro; come al solito ritengo che la carenza vada attribuita a fattori biochimici, a qualche deficienza neurale.

Come le altre forme d'arte, la musica ha diversi generi con relativi estimatori. Nella pittura c'è chi predilige l'astrattismo, chi l'impressionismo, chi il realismo piuttosto che la pop; c'è chi si estasia e chi è disponibile a spendere cifre considerevoli per l'acquisto di opere, anche se spesso solo per investimento, per speculazione o per valorizzare le abitazioni. Nella lettura c'è chi predilige la narrativa, chi è attratto dalla saggistica, chi dalla poesia. Ma, a differenza delle altre arti, la musica è universale, non necessita di traduzione, è compagna di vita quotidiana, diffusa ad ogni latitudine; volentieri o no, ce la ritroviamo in radio e autoradio, in tv, sul web, negli smartphone, nei lettori, nei locali pubblici, in ogni dove. E, proprio per questa sua costante presenza, spesso ci piacerebbe condividerla con altri, in particolare con i migliori amici o con fidanzati e sposi. Desiderio spesso non esaudito! Infatti, a esclusione di alcune bande di ragazzini che apprezzano praticamente quasi tutta la musica leggera, conoscono tutti i testi, anche quelli inglesi, conoscono ogni gossip sugli artisti, non è raro scambiarsi delusioni.

A chi non è mai accaduto di impazzire per un brano, che non si stanca di ascoltare, che gli fa venire la pelle d'oca, che vorrebbe divenisse la canzone della coppia e invece…? E stiamo parlando di musica leggera, figurarsi se uno dei due stravede per la disco music, garage e simile, pompata a 150 decibel, si droga di nottate di unz unz da discoteca, mentre l'altro si estranea dal resto del mondo solo ascoltando musica jazz, da camera o dodecafonica! E poi ancora c'è da mettere d'accordo i fautori dei testi e quelli delle musiche. C'è infatti chi conosce a memoria tutti i testi, spesso abbinati a musiche anonime, musiche che a volte non avrebbero neanche titolo di essere chiamate tali. È vero che la storia della musica ci ha regalato dei classici, perfetto abbinamento di testi e musica, ma a mio parere si tratta di rarità. A tutti quelli che prediligono i testi alle musiche dico: la musica è quella che si ascolta prima, quella che si comprende, qualsiasi lingua sia il testo, quella che rimane in memoria e nell'anima se piace tanto, e poi, superata positivamente la prima fase, si spera di ritrovare un testo all'altezza.

Nel Nessun dorma della Turandot le parole finali "tramontate stelle, all'alba vincerò" sono decisamente marginali rispetto alla musica. Se proprio si desidera ascoltare parole toccanti, si preferisca abbandonarsi all'ascolto della voce profonda del bravo attore che recita poesie di Lorca su delicato sfondo musicale, piuttosto che tentare di decifrare le simpatiche farneticazioni ricche di dislalie e disfasie del rapper del momento. De gustibus…

Quello che affermiamo è amplificato, se si conosce la musica; non necessariamente occorre essere in grado di leggerla e scriverla, è sufficiente saperla interpretare. Chi sa suonare uno strumento sa bene di cosa parlo. Agli altri, per farmi capire, posso dire che, se dovessero chiedermi cosa vorrei preservare di personale se domani bruciasse la città, risponderei senza esitare: i miei strumenti musicali!

Non è follia. Qualsiasi artista, nelle condizioni estreme, vorrebbe con sé il proprio strumento: la chitarra, il pennello, lo scalpello, carta e penne, ecc., l'unica cosa che gli consentirebbe di nutrire lo spirito e quindi vivere; gli altri che non avessero la stessa fortuna? Vivrebbero ugualmente, ma con inevitabile aridità mi verrebbe da rispondere, ma non ci giurerei. Forse Paperone si terrebbe con sé un letto di banconote, il patito delle auto la macchina preferita, il vanesio il beauty case, il palestrato qualche attrezzo, il gay qualche altro attrezzo!

(**P**) Ad abundantiam aggiungerei una vicenda personale. Negli anni sessanta mi dilettavo a suonare la "batteria", allora costituita da una scrivania (la gran cassa), uno scatolone di cartone (il rullante) e una lampada da tavolo (il piatto); periodicamente con un amico chitarrista facevamo dei concertini familiari, finché un giorno fummo fulminati dall'esplosione di novità musicale ad opera di quelli che, a mio parere, cambiarono i canoni della musica leggera e sono rimasti tra i più geniali musicisti della storia: i Beatles. (Non ho mai compreso l'accostamento tra loro e i Rolling Stones, rilevo che solo i Beatles hanno creato musica nuova e, non elemento secondario, hanno scritto loro stessi le proprie canzoni, e infine, le loro musiche sono state riproposte in cinquant'anni da migliaia di famosi interpreti. Hanno una serie di primati diversi. McCartney è stato giudicato il compositore ed esecutore di maggior numero di dischi d'oro della storia del rock! De gustibus.). Da lì a poco, acquistati strumenti più acconci e unitici ad altri tre musicisti, ci mettemmo a suonare nelle balere e nei night club, allora organizzati diversamente da oggi. A volte si facevano le prove a casa mia, con conseguente disappunto dei vicini di casa, i quali, un giorno, chiamarono i carabinieri. Al loro arrivo mia madre li accolse, offrì loro dolcetti di casa e caffè e li fece accomodare nel salone. I militari rimasero un po', apprezzarono vivamente le nostre interpretazioni, ringraziarono e quindi si accomiatarono pregandoci di fare un po' più piano. Dolcissimi! In seguito il chitarrista e io ci ritirammo per continuare gli studi universitari, mentre gli altri componenti proseguirono a livello professionale. Poi le nostre famiglie, per cambio di domicilio, si separarono e io, in assenza di emozioni che certamente non potevo ricavare dall'uso della batteria in casa, appresi la chitarra e la tastiera, da autodidatta.

Ricordo con affetto, e sempre con stupore, il fatto seguente, avvenuto un paio di anni dopo. Con il mio caro amico Carlo, ci avventurammo a Roma, per fare una "improvvisata" a due amiche, ma rimanemmo fregati perché loro non si trovavano in sede, così fummo costretti ad arrangiarci per rimediare nuove ragazze. Nei giorni a seguire ci si vedeva frequentemente nel miglior posto, dove le straniere arrivavano senza soluzione di continuità, a vagonate: la stazione Termini. Le aiutavamo a portare i bagagli e poi, con il nostro inglese stentato, avviavamo l'approccio. In uno dei tanti frangenti si verificò la svolta positiva che cambiò il proseguo della nostra vacanza romana, allorquando facemmo amicizia con un giovane, la cui famiglia gestiva un piccolo albergo incentro, albergo che lo stesso giorno avrebbe ospitato una compagnia di ragazze inglesi.

La sera mi vide al centro dell'interesse della comitiva, chitarra in mano a cantare le canzoni del gruppo inglese nei testi originali, cosa che mi fece ricordare le medesime scene viste in quel periodo più volte in tv in occasione delle esibizioni del gruppo musicale inglese: isteria, lacrime, capelli strappati delle teenager. È inutile negare che la cosa mi fece enorme piacere, non facilmente percepibile da chi non ha vissuto da protagonista la scena, piacere che toccò il top quando, giorni dopo, arrivò il momento del nostro forzato rientro a casa. Cantata l'ultima "And I love her",

https://www.youtube.com/watch?v=WrtJMwKqrpI,

una scena comica: una ragazza stupenda, occhi azzurri, capelli rossi, lentiggini, era a terra che, piangendo, mi tratteneva per un braccio, mentre il mio amico mi tirava dall'altro, urlandomi che avremmo perso il treno se non muovevo il sedere.

L'egoismo qui: se si gode all'ascolto della musica, alla sua esecuzione, alla sua condivisione con le persone care, e così per ogni altra arte: si dimostra il possesso di un egoismo nobile, quello di tipo 4.

OTTIMISMO E PESSIMISMO

Il significato dei termini lo conosciamo. Immaginiamo pure che il mondo potrebbe idealmente dividersi in due parti, senza distinzione di nazionalità, di lingua, cultura, colore della pelle, politica e religione.

Ma viene naturale porsi una prima domanda: ottimisti o pessimisti si nasce o si diventa? E poi una seconda altrettanto naturale: è meglio essere l'uno o l'altro? E ancora una terza: si può cambiare nel corso della vita? La risposta che troviamo naturale alla prima e terza domanda è che sia il prodotto di un mix di DNA e situazione socioeconomica, in pratica subordinata alla "dotazione originaria", e pertanto già predefinita e condizionata da questo insieme, ma anche mutabile nel tempo, in conseguenza di variazioni della dotazione iniziale e delle vicissitudini della vita. Per quanto riguarda la seconda domanda, la risposta non potrà che tenere conto della propria dotazione ed esperienza di vita personali. Qualcuno forse avrebbe difficoltà a definirsi, essendo dotato di un nucleo di ottimismo, rivestito da pessimismo. Non è eccezionale. È verosimile che, essendo sensibile e conseguentemente consapevole della propria vulnerabilità, trovi più congeniale assumere un atteggiamento accortamente negativo prima di ricevere un determinato risultato o esito, così facendo si evita la delusione, si elude la sofferenza nel caso l'esito atteso sia negativo. Tuttavia nell'intimo spererà fermamente sulla positività dell'esito. Ecco giustificata l'ambiguità. La scienza ci insegna la positività per la mente ed il corpo di mantenere atteggiamenti positivi. Infatti, oltre all'ottimista a tutto tondo, c'è anche il caso opposto: cuore pessimista, crosta ottimista. È verosimile che l'apparenza sia una struttura imposta perché proficuamente sperimentata nei più svariati ambiti. D'altra parte, se è evidente che viviamo in un'epoca governata dalla globalizzazione finanziaria che arricchisce ed impoverisce repentinamente popoli e nazioni, in cui imperano migrazioni, inquinamenti, guerre intestine, fame nel mondo, è altrettanto vero che eventi epocali negativi sono sempre avvenuti e sono stati superati. Basta ricordare, per rimanere a quest'ultimo secolo, le due guerre mondiali, il Vietnam, il muro di Berlino, la caduta dell'URRS, la guerra del Golfo, ecc.

Il miglior strumento empatico che suggerisco è comunque il seguente. In una qualsiasi situazione normale o straordinaria, in cui siamo protagonisti noi medesimi e altri (ma noi per abituarci facciamo le prime prove anche in assenza di terzi), cerchiamo di estrapolarci dalla scena pensando di volare e collocarci al di sopra della scena, a mo' di osservatori esterni o, se ci è più congeniale, fingiamo di recitare la parte di un film. La parte la decidiamo noi! Ciò ci consentirà intanto di giudicare step by step, ed eventualmente correggere il nostro operato. Dopo di che, se la situazione prendesse una brutta piega, cioè tendesse a degenerare, non dovremo affrontare scrupoli di coscienza.

PICCOLEZZE UMANE

Scorrere i dizionari alla ricerca di quante e quali voci avrebbero titolo per rientrare nello speciale elenco delle piccolezze umane porterebbe via tanto tempo. Naturalmente non è nostro intendimento apprestare questo elenco, né soffermarci ad approfondire quelli ritenuti più ricorrenti, come invidia - sciopero (della serie: mancanza di rispetto) - odio - rancore- vendetta- ritorsione – violenza - ricatto- minacce- prepotenza - inganno, tutti ovviamente non discendenti dall'accoppiata egoismo 1 e sensibilità 3, ma tutti naturalmente soggetti all'egoismo.

Quello che si vuole, invece, porre in evidenza, è l'amara constatazione di quanto, spesso, un uomo grande (aggettivo), è ben lungi dall'essere un Grande (sostantivo) Uomo, nell'accezione personale che un Grande non è scalfito da tutte quelle meschinità che distinguono in negativo l'uomo, non dall'animale, ma dalla bestia, che in quei casi dimostra perfino superiorità rispetto all'uomo piccolo. (Non nascondiamolo, non dimentichiamolo: la superiorità evolutiva dell'uomo opera sia sul lato positivo che su quello negativo cosicché l'uomo è capace di compiere cose impossibili per l'animale... su entrambe i lati: andare sulla luna, esprimere genialità in ogni campo, ma anche criticare, invidiare, ricattare, uccidere in nome di una ideologia o di un presunto dio). Né l'uomo piccolo è in grado di riconoscere le sue piccolezze, sia quando è incolto o ignorante, sia quando circondato da tanti altri suoi simili, che contribuiscono a normalizzare l'ambiente frequentato. Basta soffermarci su cosa ci offre la quotidianità: pettegolezzi, dicerie, o il più elegante gossip. C'è un detto che così recita: gli amici sono come i fagioli, parlano dietro. È positivo il ridere di persone e fatti che riguardino le stesse in termini affettuosi e parlarne bene vantandone le qualità fa grandi. Parlare male o ridere sarcasticamente di qualcuno, se non si ha il coraggio di farlo pure davanti, fa tanto piccoli. Far valere le proprie ragioni, i punti di vista, le idee politiche o religiose alzando il tono di voce, minacciando o ricorrendo anche alla violenza estrema soddisferà la miseria (che identifico nel micidiale mix di ignoranza e stupidità piuttosto che attribuirle il significato classico di indigenza) dell'uomo piccolo.

**Purtroppo gli innumerevoli esempi di miseria che quotidiana-
mente si palesano a chi possiede un minimo di sensibilità, assur-
gono a normalità per i più, cosicché gli sputtanamenti, gli insulti
e le offese nei social, in politica e persino in ambito religioso, non
solo hanno vita facile, ma sempre più frequentemente sono gli
unici raccoglitori di attenzione, condivisione e plauso: segno inequivocabile di degrado e cambiamento epocale.**

L'esperienza porta a trarre questa conclusione: **Le piccolezze umane
non appartengono mai ai Grandi uomini. L'intelligenza, la cultura e le altre qualità positive non appartengono sempre ai
Grandi uomini.**

La dottrina morale cattolica, come è noto, elenca sette vizi come peccati capitali: accidia, avarizia, gola, invidia, ira, lussuria, superbia. Non
ho il minimo dubbio nel ritenere che tutti siano ascrivibili a fattori biochimici, anche solo temporanei come la gola e l'ira, ma che unicamente
quest'ultima, ove estrema, possa nuocere anche al prossimo oltre che
al portatore del "peccato". A mio vedere la più nefanda, oltre che ricorrente, rimane sempre l'invidia, accompagnata dalla cattiveria fine a
sé stessa e dall'egoismo negativo, forse perché più di altri implicano
necessariamente, sempre e comunque, il coinvolgimento di terze persone, ma anche perché richiamano sentimenti decisamente piccoli: ri-
sentimento, odio, rancore.

Dove trovare il Grande uomo? Difficile! Per il mio modo di vedere **il
Grande uomo è grande di suo: non acquista grandezza svilendo
il suo nemico, tantomeno l'amico, né in pubblico né in privato -
non teme il giudizio altrui nel riconoscere i propri errori - soprattutto se è famoso e personaggio pubblico (statisti, papi, illustri
in specifici campi), non si esprime su concetti rilevanti in modo
da influire sull'opinione pubblica.**

È superfluo dimostrare l'egoismo becero in cui ricadono i piccoli.

A completamento dell'argomento accenniamo al "valore di una persona" non dal punto di vista del peso nella società, ma piuttosto da
quello umano. Negli argomenti iniziali si sono elencate le caratteristiche che determinano un individuo, ovvero le dotazioni del DNA

filtrate dal contesto socio economico, che in breve rammentiamo: egoismo, sensibilità, intelligenza, cultura, aspetto e fisicità. Ma, mentre ci sentiamo di affermare che il valore, come peso in società, è fondamentalmente determinato da tutte le caratteristiche, a esclusione delle prime due, il valore umano, al contrario, è generato dal tipo di egoismo e dal grado di sensibilità, risultando pressoché ininfluenti gli altri parametri.

Un consiglio e un augurio: imparando ad evitare le bassezze e piccolezze umane percorreremo la vita sollevati dal suolo e saremo superiori.

AFORISMI

- Le piccolezze umane non appartengono mai ai Grandi uomini. L'intelligenza, la cultura e le altre qualità positive non appartengono sempre ai Grandi uomini.

- Se in vita tua non hai mai confessato di avere sbagliato, puoi rimediare: premi il tasto reset, se il problema persiste formatta, se la cosa non si risolve entra delicatamente nel water, tira fuori il braccino, saluta tutti e tira l'acqua.

POLITICA

Premetto di non essere mai stato iscritto ad alcun partito/movimento politico, non certo per disinteresse verso la politica in sé. I motivi sono molteplici, ma tutti comunque sintetizzabili nel modo di intenderla e di coltivarla, difficilmente riscontrato nel politico di professione. Il mio carattere non mi avrebbe mai consentito opacità, imbrogli, interessi, compromessi, ruberie, scambi, tradimenti, ecc., di cui, fin da giovane, venivo a conoscenza, né avrei potuto mai essere servo di un partito con tutto il proprio pacchetto di ideali che lo stesso mi avrebbe imposto, in cambio di tutto il pacchetto di convenienze che mi avrebbe garantito. Non avrei potuto rispettare in toto le mie idee. L'unica soluzione sarebbe stata quella di creare un partito mio e di trovare collaboratori scelti solo da me. Utopia. Così sono rimasto un non classificabile politicamente e un perenne deluso nella scomoda e antipatica posizione di critico!

Della politica si può dare la definizione: l'arte del governo dello Stato, difatti il termine deriva dal greco polis ovvero città. Pertanto essa possiede una nobiltà sconfinata ma, come è noto, c'è chi raramente la esercita bene, con tatto, con lealtà e dedizione per la propria gente, con l'equilibrio necessario, tanto da rimanere nella storia del paese come illustre statista. C'è chi, al contrario, sarà ricordato a causa dei propri errori, tornaconti, ruberie. La stragrande maggioranza si colloca in mezzo. La politica affascina, per il potere, per il denaro, per le amicizie.

La politica è arte del tutto possibile, l'arte nell'addossare colpe e responsabilità agli altri, nel trasformare in meriti i propri errori, ma anche nell'infarcire i propri discorsi su temi sensibili, di quella retorica che fa presa e ipnotizza le masse più superficiali (leggi populismo, termine che non mi entusiasma, ma che riporto perché compreso dai più), nel promettere cose che si sa, o non si sa, se si potranno mantenere, l'arte del compromesso, di parlare a propria insaputa, ma è anche l'arte della diplomazia e dell'equilibrio. I più attenti apolitici, la potrebbero definire: connubio tra retorica e demagogia. Ci si può entrare per aspirazione, per "eredità", per opportunismo o per sete di potere. Di certo non è una scienza, né tantomeno esatta.

Per spiegare meglio come la vedo, facciamo un passo indietro e ricolleghiamoci ai capitoli "DNA" ed "Egoismo". Il bambino, con il suo bagaglio di DNA, mixato con il contesto ambientale, diventa uomo. Trova una collocazione nella società, diventa medico, ingegnere, operaio… politico. Ma prima di tutto rimane uomo, con i suoi pregi e difetti, carattere e personalità che non possono essere avulsi con un clic, nei momenti in cui esplica qualsiasi sua attività, compresa quella lavorativa. Chi fa politica (per eredità/tradizione familiare, perché è impregnato di forti ideologie, perché può contare su un discreto bacino elettorale, perché ritiene di possedere le caratteristiche giuste, per caso, per convenienza, ecc.) è sempre un uomo, quindi la sua scelta sarà compiuta sulla base del suo egoismo e della sua sensibilità. Se è un ego di tipo 1 ed è dotato di sensibilità 3, verosimilmente agirà nell'interesse degli elettori e in ossequio al suo mandato, rendiconterà costantemente sul suo operato, rispetterà gli avversari politici; e ciò indipendentemente dalla collocazione politica: caso rarissimo! In caso di ego2 e sensibilità1? Opportunismo, presunzione, potere, denaro, amicizie incolleranno inevitabilmente il nostro alla sedia conquistata e, finché non vi sarà obbligo di vincolo di mandato, lo vedremo sfarfallare da un partito a quello opposto pur di ottenerne vantaggi! Purtroppo l'impressione che si ricava dai comportamenti di tanti parlamentari e dalle loro esternazioni ai media sono tutt'altro che edificanti: offese, ingiurie, colpevolizzazioni, dispetti tra persone che è eufemistico definire poco cresciute, sputtanamenti, doppiogiochismi (quando in pubblico si dichiara una cosa e sotto banco se ne decide un'altra), dichiarazioni che, perché palesemente demagogiche, suonerebbero offensive alle persone normali, ma non ai fan con paraocchi e paraorecchie, ai creduloni, agli ignoranti e agli intellettualmente disattenti. La lotta politica dovrebbe essere fair, corretta, rispettosa degli avversari anche e soprattutto dopo una vittoria!

Siamo consapevoli che la politica, si voglia o no, è sempre presente nella realtà quotidiana. La storia e le esperienze personali di ognuno non possono non indurre comunque ad alcune puntualizzazioni, divenute personalmente convinzioni consolidate.

Entrando in politica, anche la persona più integra e più sinceramente convinta di volersi sacrificare per il bene del suo paese, sarà inevitabilmente fagocitata dal sistema, non potrà non farsi coinvolgere in situazioni più o meno rischiose, in affari, compromessi o scambi, spesso poco edificanti. Generalizzerò, ma tutti i professionisti seri da me conosciuti, che si sono dati alla politica per vera convinzione di poter contribuire al miglioramento del sistema, l'hanno ben presto abbandonata ritornando alla propria attività. Fanno naturalmente eccezione coloro che ne sono rimasti letteralmente drogati!

È pure certo che fare politica seria, onesta, retta e consapevole non è per nulla semplice. Implica, oltre alla dedizione totale, anche alte doti di equilibrio, di equilibrismo oltre che di conoscenza a 360° della macchina legislativa e burocratica e naturalmente capacità di non farsi coinvolgere in squallidi compromessi.

Cos'è il sistema? Esso è rappresentato da tutti i soggetti che da sempre operano attorno alla politica: i ministeri, i vecchi politici, gli affaristi, gli imprenditori, gli enti pubblici e privati, gli istituti finanziari e bancari. La persona veramente integra non ha scampo: se vuole rimanere sé stessa o è capace di imporre la propria personalità e cambiare le cose, in meglio, oppure avrebbe una sola scelta, quella di dimettersi. Non si è a conoscenza di siffatti casi. Anzi, mentre in altri paesi, a seguito di sconfitta elettorale o di scandali è facile che l'interessato si dimetta, con dimostrazione di realismo e grande dignità, da noi? Lasciamo perdere. L'amara conclusione che se ne trae è che i politici, **di qualsivoglia orientamento**, pur nel riconoscimento e nel rispetto delle singole personalità, culture, esperienze, integrità morali, ecc., alla fine appaiono tutti uguali ai nostri occhi.

La mancanza di onestà politica di cui si è detto passa inosservata al cittadino ignorante, incurante, incosciente, assuefatto e a quello scafato, mentre quello consapevole e preparato non può che rimanere impotente, seppur nella viva speranza di un cambio generazionale e culturale dei suoi rappresentanti.

Uno Stato serio, che vuole rispetto dai suoi cittadini, deve meritarlo, rispettando i cittadini. Come deve farlo? Evidentemente con la politica e quindi con i provvedimenti che il governo emana. Ma le leggi non sono come quelle divine per i credenti, sono condivisibili o meno, sebbene obbligatorie e quindi da accettare. Questo, naturalmente fintantoché non arrivino alla vessazione, non raggiungano un limite di rottura tale da indurre il popolo alla disobbedienza civile, se non a una rivoluzione vera e propria contro quello che i governanti, consapevolmente o meno, abbiano trasformato in dispotismo. Quindi sarebbe opportuno e logico che ogni legge trovasse accoglimento presso il più ampio strato della popolazione, fosse cioè frutto del più comune sentire. Purtroppo non è così! I motivi: 1) il governo in carica, qualsiasi forma abbia, non può essere mai espressione del 100% della volontà popolare. Non lo è il governo popolare e forte, tanto meno lo è il governo frutto dell'unione di più partiti politici che rappresentano a stento il 50% dell'elettorato; 2) qualsiasi partito, o gruppo espressione di una coalizione, raramente ha una posizione unanime, considerata la coesistenza al suo interno di più anime; 3) tanti provvedimenti sono frutto di scontri ufficiali e non, di compromessi ufficiali e non, di mediazioni forzate e ridicole, per cui alla fine non riescono a rappresentare né soddisfare la totalità dei suoi componenti, figurarsi l'elettorato!

E allora? In passato, nei diversi periodi e nelle situazioni politiche e religiose locali, sono state sperimentate diverse forme di governo. Anche oggi non si scherza: si passa dalla dittatura, alla monarchia, alla democrazia nelle sue declinazioni più note, di tipo presidenziale come in USA, semipresidenziale alla francese e parlamentare di tipo italiano. Ogni forma di governo ha i suoi pro e i suoi contro. In realtà il governo perfetto non esiste. Rousseau diceva che la migliore forma di governo sarebbe la democrazia pura, nella quale il popolo riunito in un'assemblea formula le leggi, le fa eseguire e le interpreta; democrazia che non è mai esistita né potrà mai esistere, perché ci vorrebbe un popolo di dei e non di uomini. È da condividere appieno il punto di vista. Oggi, in realtà, l'assemblea potrebbe essere sostituita dal più veloce web, infatti, operando, almeno a monte del varo dei singoli provvedimenti più significativi, un'idonea informazione sui vari aspetti messi in rilievo da tutti i partiti politici, è chiaro che saremmo di fronte alla massima espressione della democrazia. Ma ricordiamoci che siamo esseri imperfetti! Saremmo sicuri che il voto non sarebbe viziato? Che tutti si interesserebbero alla cosa pubblica? Che anche gli incapaci di intendere e di volere, gli ignoranti, i drogati, gli alcolizzati, ecc., miracolosamente rinsavirebbero o non sarebbero piuttosto manipolati dai soliti portatori di interesse personale (lobby, mafiosi, ecc.)? Che la corposa percentuale di votanti ignorante e/o disinformata sarebbe in grado di capire le situazioni al di là dei lavaggi del cervello propinati da certi media? E poi lo strumento del web, ancora oggi non è diffuso globalmente e rimane sconosciuto a certe età; ove perfezionato e semplificato fornirebbe le garanzie richieste.

Precisiamo. È certo che la persona eletta non esprime "qualitativamente" i suoi elettori, nel senso della frequente assenza di idee. Infatti il medico o chiunque altro possieda un proprio bacino, riceverà la maggior parte delle sue preferenze per meriti personali, per simpatia o stima, non certo per le sue idee. Altri erediteranno i consensi perché figli di ex potentati locali, ecc. Ma gli stessi, votati per convinzione ideologica e per fedeltà al partito, che votano da sempre, non sono rappresentati. È certo, come detto prima, che un governo, formato non da una compagine compatta, seria e motivata, ma da un'accozzaglia di partitini eterogenei, o componenti eterogenee del medesimo partito, ha una probabile rappresentatività, per dirla ottimisticamente in matematica, pari al prodotto delle probabili rappresentatività prese singolarmente (se, ad esempio, le parti fossero due e ciascuno col 50%, la probabilità finale sarebbe del 25%!). E' certo inoltre che il sistema è imperfetto: a) per i privilegi concessi ad ogni livello a politici operativi, politicanti e portaborse; si passerà per radicali o idealisti ma chi ha in animo di governare per un ideale e per il bene del paese dovrebbe farlo quasi totalmente a sue spese, salvo ad agganciarne gli emolumenti ad esempio alla crescita del pil o alla riduzione del debito pubblico prodotti dalle sue manovre! b) perché l'impianto elettorale o i meccanismi delle nomine non sono rappresentativi della volontà e della sovranità popolare; ci si riferisce, ad esempio, a tutte le nomine istituzionali, a cominciare dal presidente della repubblica a finire ai consiglieri di comunità montane e di enti riconducibili alla politica. Alla fine un governo così composto non completerà il proprio mandato o varerà norme e adotterà provvedimenti, a dirlo eufemisticamente, originali, perché frutto di mediazioni esasperate. Ciò indipendentemente dal programma annunciato. La causa discende dalla triste considerazione che la vita del governo sarà condizionata esclusivamente dal buon esito degli scambi tra i singoli componenti o tra i partiti componenti il governo. Governo di qualsivoglia orientamento!

Ma, per quanto espresso, la responsabilità è condivisa da elettori ed eletti!

Io la vedo così. Non è sogno, ma solida realtà, come da pubblicità televisiva. L'operazione è fattibilissima subito, basta volerlo. Hanno cominciato i grillini a richiedere un nuovo tipo di partecipazione democratica, seppur in modo poco professionale. Occorre affinare tale metodologia. Ogni single o famiglia uni residente abbia in dotazione un terminale con cui connettersi via elettrica col governo, mediante il proprio codice fiscale o altro codice identificativo, per esprimere il proprio parere su tematiche esposte attraverso quesiti semplici e non tendenziosi. Le tematiche potrebbero essere ad esempio quelle delle 5 esse (non 5 stelle): sanità, scuola, sicurezza, socialità, soldi, oltre alle infrastrutture locali e i migranti, senza toccare le materie strettamente di pertinenza del governo, come ad esempio la sicurezza interna, la giustizia, la politica estera, gli investimenti, gli incentivi e le agevolazioni, l'industria, ecc. Comunque il governo per i casi ritenuti sensibili, terrebbe una finestra aperta, che il popolo quotidianamente potesse consultare per rendersi conto degli interventi in cantiere e delle spese statali! Se invece il governo fosse espressione di almeno il 90% del popolo, acquisirebbe titolo ad agire direttamente in nome e per conto del popolo (il 10% restante se ne farebbe una ragione); se non lo fosse (se ad esempio rappresentasse il 40%, troverei intollerabile l'imposizione di disposizioni-esempio migranti ed altri- su cui magari il 60% rimanente e forse più fosse contrario), rimarrebbe comunque un MA, grosso quanto una casa. Gli aventi diritto al voto formano il così detto elettorato, ma l'elettorato attivo, quello cioè più impegnato e interessato, spesso non raggiunge il 50%. Di cui una parte è ideologicamente indirizzata, una parte manovrata, una parte voterà con la pancia, una parte è l'aberrante risposta dei social. Di tale mix quanta parte può dirsi veramente consapevole, informata, colta? La domanda è solo apparentemente banale: lo si evince quotidianamente dalle dichiarazioni dei politici, che sistematicamente stimolano a chiedersi se ci sono o ci fanno... e concludo che ci fanno, nel senso che i politici giocano fondamentalmente sull'ignoranza della gente. Il MA può risolversi **esclusivamente** previa massiccia educazione politica e sociale della popolazione, provvedimento che avvierei senza esitare anche per la formazione e abilitazione dei concorrenti alla politica. Non so perché ma politici abilitati e popolo preparato mi danno più garanzie!

Comunque la finestra permanente che consentisse la partecipazione diretta e continua della gente la trovo strategica, sia ai fini dell'avvicinamento del popolo alla politica sia ai fini della maturazione dell'elettorato stesso.

Che avete detto? Troppa democrazia? Ho capito mi avete preso

per matto, lo merito!

Simpaticamente richiamo la frase di Winston Churchill, secondo cui la migliore democrazia si ha quando a governare sono in due, uno dei quali è matto.

Nessun governo, né singolo politico, nemmeno nell'approssimarsi di nuove elezioni, quando, come è noto, è più bravo chi la spara più grossa, con promesse improbabili e non si esime dall'esporre la propria ricetta per salvare la nazione, ha fatto mai riferimento al **vero cancro dello Stato: LA SPESA PUBBLICA,** e quando lo ha fatto, non ha mai spiegato i particolari dell'operazione. Il motivo vero? È cosciente che non può promettere ciò che sa bene non potrà mai mantenere. Bisogna essere consapevoli infatti che rilevantissime sono le spese inutili dello Stato, quelle rappresentate dai mega emolumenti elargiti ai parlamentari e a talune dirigenze statali e parastatali, dalle consulenze milionarie, dalle spese dovute alle amministrazioni doppione, dalla mancata omogeneizzazione della spesa sanitaria, dall'esistenza di una miriade di enti inutili e parassiti (stimata dal Codacons in almeno 500, per un costo annuo di circa 10 miliardi. La RAI, solo ufficialmente ente non pubblico, è tra le più rappresentative: mantiene tanti iscritti ai partiti e, per ringraziarci, la politica ci costringe a pagare un canone dilettandoci con programmi politicizzati e propinandoci pubblicità, altrove gratuita!). Si lascia a chi è interessato ad approfondire e sbigottirsi. Il governo, o se si vuole, il premier più sano e attivo, sa bene che la riduzione di tale immensa spesa non può essere operata in mancanza della quasi unanimità e condivisione del parlamento, ovvero di tutto l'arco politico e delle lobby coinvolte o almeno della maggioranza... cioè MAI. Un premier che avesse il coraggio di farlo, che fosse decisionista, temerario e convincente, da coinvolgere con entusiasmo la maggioranza senza timore di perdere le poltrone... credo proprio di sì.

Se c'è qualcuno così candido che pensa ancora alla realizzabilità di tale intervento e che i politici rinuncerebbero ai propri privilegi, interessi, connivenze, amicizie, comparati, intrecci vari, ecc., mi complimento con lui, ma ne approfitto e lo invito, appena avrà finito di giocare a palla prigioniera, di salutarmi Babbo Natale.

La lettura forzata del Principe di Machiavelli propinata a tutti i politicanti sortirebbe effetti benefici o li farebbe riflettere sulla definizione che la politica non è fatta di ideali ma di fini? Una volta si diceva: il comandare è meglio del fottere; amplierei il concetto con il potere soddisfa più del fottere.

Mi auguro di non essere accusato di geremiade, ma di semplice, umana incapacità di contenere il naturale, inevitabile sfogo di cittadino medio e di essere creduto se cordialmente confesso di odiare i gufi, i menagrami, di dovermi lamentare e soprattutto di dire a posteriori "l'avevo detto", ma provo tanto avvilimento quando penso alle potenzialità che ci rendono unici e che ci consentirebbero di posizionarci stabilmente tra i primi cinque paesi più potenti e industrializzati al mondo e con condizioni di vita ottimali (anziché per alcuni casi tra gli ultimi!). **Se non dovessimo indignarci davanti a queste evidenze** (tra tantissime, ne citiamo solo alcune per non infierire troppo e per non costringerci a scrivere un'enciclopedia; si tratta dei "difetti" della democrazia, tra le migliori forme di governo che conosciamo, che se eliminati o ridotti consentirebbero un ottimale livello di vita):

1) **quando** si legge di politicanti colti con le mani nel sacco o fortemente indagati per corruzione (truffe, associazione a delinquere e via dicendo, molti dei quali tra l'altro riescono pure a farla franca, pecunia non olet dicevano i latini: il denaro non odora);

2) **quando** l'eccessivo e incosciente buonismo di certi governi obbliga di accogliere continuamente migliaia di migranti. Come non indignarsi essendo risaputo che:

a) molti di loro sono portatori di malattie infettive come colera, tbc, sars, ebola, hiv, ecc., senza che dalle autorità preposte vengano attuate idonee misure di prevenzione;

b) costa al nostro paese, con gli attuali flussi, circa 40 milioni di euro al mese e 25.000 euro per ogni rimpatrio; intanto non si trovano i soldi per pagare le indennità accessorie ai nostri marinai che li soccorrono;

c) provoca lo scoppio dei centri di accoglienza, dai quali sistematicamente parecchi fuggono. Nel momento in cui si scrive, dati ministeriali riferiscono che sugli ultimi 170.000 arrivi, ben 100.000 risultano siano andati via, col celato assenso delle guardie poste a presidio delle strutture ospitanti, e abbiano fatto perdere le proprie tracce. Questo, se da una parte può compiacere poiché evita di portare al collasso i centri di accoglienza, dall'altra parte, però, non può non allarmare. Il buon senso infatti induce a ritenere che, esclusa la minima parte della povera gente stanca di attendere i tempi della burocrazia italiana e impaziente di ricongiungersi con parenti e amici residenti in altri paesi dell'unione europea (gran parte della quale tuttavia, una volta partita, viene restituita al primo paese che l'ha accolta!), ci sia una parte che, nell'attesa di una migliore collocazione, trova il tempo di avanzare diritti e pretese, come permettersi di bloccare strade di grande traffico per rifiutare la sistemazione assegnata, esigere il Wi-Fi nelle camere e una cucina diversa da quella italiana (in quale altro paese potrebbero pretendere di più?); ci sia ancora una parte intollerante ad ogni forma di controllo e/o cosciente di potersela cavare autonomamente, che ha preferito andare a delinquere (solo per citare i dati 2009, risulta che in Italia le violenze sessuali sono state poste in essere da stranieri nel 60% dei casi, stranieri che rappresentavano il 7% della popolazione!) o, nel migliore dei casi, andare a incrementare le fila degli anonimi e di chi vive alla giornata solo arrecando un po' di fastidio alla gente; ci sia infine una parte, seppur minima, di individui collegati all'estremismo islamico, che hanno benedetto il nostro governo di turno per avere loro regalato l'opportunità di infiltrarsi tra le masse dei migranti e quindi agevolmente penetrare nel cuore dei paesi che vogliono occupare!

d) perpetua, complice il governo, l'arricchimento di scafisti e di mafie locali che notoriamente si spartiscono i fondi destinati a operazioni come Mare Nostrum e simili. In realtà, mentre diverse inchieste giudiziarie continuano ad accertare che sui libri paga delle svariate cooperative, che si sono accaparrate il business degli immigrati, abbondano tantissimi politici e relativi parenti, si è pure verificato che lo scafismo rappresenti una delle tante forme di autofinanziamento dei terroristi.

e) favorisce l'ulteriore arricchimento delle mafie locali, le quali non si lasciano sfuggire l'occasione per reclutare a basso costo manovalanza varia che non ha nulla da perdere;

f) incoraggia, per l'eccesso di permissivismo e di umanità, sempre più massicci sbarchi;

g) ci rende indirettamente "complici" degli innumerevoli decessi per naufragio;

3) **quando** si consentono scioperi e manifestazioni varie che, se va bene, provocano "solo" la paralisi del traffico stradale, disfunzioni di uffici, ritardi di consegne, quando non atti di vandalismo vario, cariche contro la forza pubblica, feriti e a volte morti. Questo contravviene a uno dei primi requisiti del vivere civile: **il rispetto reciproco**. I danni in termini di sicurezza fisica, materiali, di immagine, valgono mille volte più che il rispetto della (cattiva) democrazia. Ma al danno si aggiunge anche la beffa, se solo rammentiamo come facinorosi, vandali e delinquenti, non subiscano quasi mai condanne e al contrario la polizia patisca un sistematico linciaggio, ove mai provi a difendersi. Chissà chi o cosa impedisca di rimodulare le regole di ingaggio alle forze dell'ordine! Chi o cosa impedisca di regolamentare seriamente ogni manifestazione, nei tempi, nei luoghi, nelle modalità! **Si ovvi** a questo problema evitandolo alla fonte: scioperi e manifestazioni siano consentiti **esclusivamente** sotto forma di sit-in ordinati, tali da non recare disagi alla cittadinanza, e comunque in numero limitato di partecipanti, nei tempi prescritti dalle prefetture e dinanzi all'organismo nei confronti del quale si intende manifestare, oppure esclusivamente nei luoghi assegnati dalle autorità. In caso contrario si attivi il risarcimento forzoso di tutte le spese sopportate dallo Stato, dal comune, da privati cittadini e dagli esercizi pubblici a carico dei manifestanti, una volta individuati e dell'organismo, preventivamente registrato, che ha indetto lo sciopero. **Lo sciopero/la manifestazione sia un diritto, ma regolato seriamente, mai sovraordinato al rispetto della comunità!** Dinnanzi all'evidenza dei vandalismi perpetrati non c'è altro commento da fare se non condannare, senza sé e senza ma, l'operato dei dimostranti black block, centri sociali e quanti altri. L'atto insano o inconsulto di un esagitato o psicopatico, ubriaco o drogato, o uno fortemente irato che "dissente" contro Tav, grandi opere, capitalismo, politica, finanza, disoccupazione, ecc., sfocianti in violenze di ogni genere, non può e non deve MAI essere giustificato. Non esistono motivi di disagio sociale, di stato d'animo, di malessere, ancorché reali e poggianti su basi di validità, sfociati nella violenza, che buonsenso, umanità o religiosità possano giustificare, a meno di non considerare ad ogni effetto i protagonisti degli atti come ammalati, nella più ampia accezione del termine. Ma ciò non

esimerebbe gli organi deputati dall'anticipare le mosse previste, bloccando e isolando i protagonisti. E qui si apre un abisso, soprattutto dopo la condanna della corte di Strasburgo per i fatti alla scuola Diaz di Genova, oltre che per l'incertezza delle leggi e per il decreto svuota carceri. Sindacati e forze dell'ordine sono unanimi nell'ammettere che il modus operandi è totalmente mutato e loro si sentono insofferenti, inutili, timorosi di possibili conseguenze fisiche e giudiziarie! Senza offesa per i sordomuti, penso che questa gentaglia sia sempre incazzata perché, pur possedendo la parola non ha nulla da dire!

4) **quando** si pensa ai sindacati, politicizzati, tornacontisti, carrieristi e rappresentanti di poche e specifiche categorie di lavoratori, il cui potere di condizionamento non è riuscito a essere scalfito da una classe politica inetta. Chissà perché? E se raccontassi a qualche buon sindacalista che in un non recente film russo (sic!) un datore di lavoro, per stimolare un suo operaio che ozia ad alzare le chiappe e darsi una mossa, gli ricorda che lui non è mica un operaio italiano che si permette di scioperare, si indignerebbe o si compiacerebbe? Non ho dubbi a pensare che andrebbe subito a raccontarlo in giro con orgoglio! Il sindacato, come altri organismi, è prevalentemente un intreccio di interessi. Solo apparentemente fa gli interessi dei lavoratori (tra l'altro ormai solo alcune categorie) né tantomeno li supporta dal punto di vista legislativo, tributario, ecc., se così fosse non andrebbe contro gli imprenditori, ma opererebbe con questi fattivamente e non strumentalmente, per la ricerca delle soluzioni, finalizzate sia all'ottimizzazione della redditività dell'impresa sia al miglioramento economico dei suoi rappresentati. Per caso sono gli imprenditori che assumono gli operai? Laddove è stata sperimentata la cogestione sindacale non mi risulta che i risultati siano stati negativi.

In tutti i casi è evidente che il sindacato ha perso contatto con la realtà e non è riuscito a tenere il passo con i tempi, anziché difendere lavoro e lavoratori continua a difendere sempre e comunque anche i non lavoratori.

Vale la pena di citare alcuni brani di un'intervista al proprietario della, forse prima, catena nazionale di supermercati.

Tralasciamo tutta la serie di difficoltà, burocratiche e non, incontrate negli anni per realizzare la sua attività. Il nostro citava tra l'altro la McKinsey, la più grande azienda mondiale di consulenza, la quale è solita riportare nelle conferenze l'esempio dei maestri d'ascia dell'Inghilterra, quelli che costruivano i velieri, i quali, nonostante fosse arrivato il vapore che gli portava via sempre più gli affari, continuavano a costruire velieri sempre a più alberi.

Citava pure il caso di quegli operai, sostenuti dai sindacati (sic!) che avevano trascorso l'inverno sulle torri della stazione centrale di Milano perché loro volevano continuare a fare vagoni letto. E il caso (a proposito di caso sarebbe proprio il caso di fare una buona ricerca, e farci un libro, per riportare tutte le situazioni simili) del Sulcis. Il Sulcis è un territorio sardo dove 440 minatori insistono nel voler estrarre carbone, che forse non servirà mai. Bene, per mantenere questi operai un nostro governo ha trasferito il costo sulla bolletta elettrica fino al 2035! Tutti casi in cui è manifesta l'ottusità, vera o finta, di certi sindacati nel non volere o non essere capaci di individuare quando è giunta l'ora per l'azienda di cambiare e di innovare, prima che la stessa diventi improduttiva. Colgo l'occasione per citare anche le accise sui carburanti per la guerra in Abissinia del 1935, per la crisi di Suez del 1956, per il disastro del Vajont del 1963 e per l'alluvione di Firenze del 1966. Ma la cosa più simpatica è che quanto abbiamo forzatamente e inconsapevolmente versato in circa 50 anni — circa 140 miliardi di euro di accise per la ricostruzione delle zone terremotate di Belice, Irpinia, Marche, Molise, Abruzzo e Romagna — corrisponde al doppio di quanto lo Stato ha destinato effettivamente alle ricostruzioni!

Per non parlare dell'ostinazione sull'illicenziabilità dei lavoratori, siano essi incapaci, siano essi ladri; in questo sono complici anche certi giudici ideologizzati? Per non parlare della perenne opposizione a qualsiasi forma di controllo sui lavoratori voluta dai datori di lavoro, confermando la perenne tendenza del sindacato a difendere i privilegi e non il merito. **Così non si aiuta veramente il lavoratore, quello vero, quello serio!** Facendo casino, organizzando cortei, paralizzando il traffico, creando problemi a molta più gente di quanta si crede di aiutare, provocando danni a terzi, creando pericolo per le forze dell'ordine, spese per lo Stato, ecc., per sensibilizzare governo e opinione pubblica, si ottiene l'obbiettivo voluto e noto a tutti, che lo Stato (debole) si accolli gli oneri.

Sarà stato solo un caso che proprio tutti i dipendenti iscritti ai sindacati, che personalmente ho avuto come collaboratori in tanti anni, erano proprio quelli che non lavoravano? Le tipologie di sindacalisti che ho avuto il dispiacere di avere come collaboratori sono tre: gli incapaci, quelli che avevano un secondo più remunerativo lavoro, quelli capaci, ma che al lavoro preferivano la politica sindacale e non. Tutti accolti o imposti dagli amministratori di turno, di fatto aggravando le esistenti deficienze d'organico.

Si lascia ai più informati l'invito di entrare nel merito dei milioni di euro che i sindacati e loro ramificazioni si vedono stanziati dal governo, cioè dai contribuenti, o direttamente dagli iscritti, per il mantenimento di patronati e altre invenzioni simili, che hanno come unico scopo quello di alimentare la mangiatoia comune. Per inciso rammento che non sembra che i sindacati, segnatamente la Cgil, abbiano mai esibito la propria contabilità.

Inoltre è pure noto che la cassa integrazione non è usata come ammortizzatore sociale temporaneo, ma continuato e i cassaintegrati, finalmente liberati dal dovere sottostare al "padrone", non vedono motivo per non vivere più che bene alle spalle dello Stato, quindi di Pantalone, oltre che con i proventi del lavoro nero (con ulteriore beffa per i soliti fessi)! Qualcuno sa perché i cassaintegrati, in attesa della loro ricollocazione, non vengono ad esempio utilizzati per lo svolgimento di compiti di pubblica utilità o dislocati verso le amministrazioni pubbliche carenti di organico? E infine, da quale sofisticata teoria economica scaturisce l'assunto sindacale per cui la retribuzione dei lavoratori e il posto stesso debbano essere una variabile indipendente dai risultati aziendali?

5) **quando** si pensa a quei magistrati che hanno travisato la loro missione, speriamo pochi, politicizzati, tornacontisti e carrieristi quanto e più di altre categorie professionali, il cui potere è direttamente proporzionale alla incapacità delle istituzioni, a regolamentarne le funzioni, a istituirne la dovuta responsabilità civile, non solo per gli errori commessi, ma anche in relazione alla quantità e qualità del lavoro svolto? A valido supporto dell'argomento si riportano in

virgolettato alcune pregnanti considerazioni di un ex procuratore generale della Cassazione, a seguito dell'ennesima resistenza dei magistrati all'istituzione della responsabilità civile dei magistrati per colpa grave (**A**): "…occorre ribadire che non si tratta di una questione squisitamente politica ma di attuazione dell'art. 28 della Costituzione che prevede la responsabilità diretta dei pubblici funzionari per gli atti compiuti in violazione dei diritti… ma quello che è più sconcertante è che si ignori la sentenza 1968 della Corte costituzionale che.. stabilisce la portata dell'art.28… quello che meraviglia per quanto riguarda i giuristi è che non solo non si tiene conto di quanto prescritto dall'art.28 ma si risponde sempre genericamente senza tenere conto di un referendum e dei gravissimi danni che spesso si causano al cittadino e che la legge 117/88 in oltre un ventennio non ha tutelato…. Modificare la legge su tale delicata e vitale tematica potrebbe essere l'ultima spiaggia se si fa una doverosa trasposizione soggettiva ponendosi dalla parte del cittadino, ricordando che la responsabilità è un valore assoluto".

Chi tra costoro ha operato forzature ai limiti del diritto e acrobazie ai confini del ridicolo sentenziando "creativamente", ha perso i requisiti di obiettività, imparzialità e professionalità che la delicatezza della professione esercitata impone di possedere. Perché mai? I motivi se li chiede chi crede ancora nella giustizia giusta e uguale per tutti, purtroppo non se li chiedono coloro che ritengono normali sentenze di condanna carceraria per eccesso di legittima difesa, se non per tentato omicidio, nei confronti di chi si è "permesso" di difendersi da rapinatori e che è stato pure costretto al risarcimento in denaro. Costoro non si chiedono nemmeno perché mai i magistrati, difesi dalle corporazioni, abbiano sempre rifiutato una loro regolamentazione, vedendo nelle critiche solo una delegittimazione della casta! **Apro una parentesi che non vale solo per le toghe, ma anche per gli operatori sanitari, gli insegnanti, gli assistenti sociali, i poliziotti, le categorie di lavoratori sensibili in genere: una qualsiasi legge di regolamentazione delle rispettive responsabilità non deve essere interpretata come contrapposizione tra opposti corporativismi, né, tantomeno, come delegittimazione degli interessati, ma piuttosto come valorizzazione dell'alto compito loro demandato e a maggior tutela dei cittadini.**

Riporto (non certo perché ce l'abbia con i giudici, mi guardo bene dal generalizzare, ma perché mi hanno colpito e per conoscenza di chi legge, e per dare l'opportunità di fare gli scongiuri in caso di coinvolgimenti giudiziari) alcune sentenze significative: - il tribunale di Milano nel 2001 ha obbligato un'azienda a riassumere un addetto licenziato perché scoperto a fumare hashish; - il tribunale di Bologna nel 2000, ha imposto lo stesso obbligo nei confronti di un dipendente, licenziato perché scoperto a lavorare in una sala giochi, mentre era ufficialmente in malattia; - la corte d'appello di Roma nel 2011 ha imposto la reintegrazione di un lavoratore, licenziato perché con un calcio in faccia aveva rotto la dentiera a un collega; - tribunale di Roma nel 2000, stessa cosa, per un infermiere, licenziato per avere gettato a terra e preso a calci un paziente affetto da insufficienza mentale; -tribunale di Torino nel 2011, lo stesso, per un licenziato ufficialmente in malattia, ma ripreso dalla telecamera mentre prendeva parte a una contestazione contro un leader sindacale; il giudice del lavoro di Milano nel 2003, stessa decisione, per un dipendente della società aeroportuale, licenziato perché filmato a rubare le valigie di passeggeri; - prima il Tar e poi la Procura, con il sequestro del mega impianto di comunicazione e difesa americano in Sicilia, costato svariati miliardi di dollari, passato preventivamente (nove anni) sotto tutti gli interminabili controlli della famigerata burocrazia italiana mentre altri tre impianti simili sono perfettamente operanti negli USA continentali, in Australia e alle Hawaii. Perché? Semplice, per l'ennesimo comitato sorto appositamente. D'altra parte come ammazzerebbero le giornate e avrebbero l'agognata visibilità, tutti gli pseudo pacifisti, ecologisti, paesaggisti, animalisti, sfaccendati, ecc.? E che dire della faccenda del termovalorizzatore di Acerra, riportato come esempio negativo nei testi di diritto americani? Mi chiedo poi perché, nel sentenziare, esordiscono con "nel nome del popolo italiano".

Vale la pena citare due provvedimenti posti in essere negli USA, per ovviare ai ritardi nella emissione delle sentenze delle corti supreme: una legge che dispone che i giudici non saranno pagati in caso di ritardo; un provvedimento delle corti federali con cui si rendono pubblici i rendimenti dei singoli giudici. Il risultato ottenuto: come ci si attenderebbe, positivo per la comunità. Da mettere in luce inoltre i risultati raggiunti negli anni scorsi dai tribunali di Torino e di Marsala attraverso tecniche manageriali, che hanno portato a dimezzare la durata media delle cause. Chiudo l'argomento citando "Io non posso tacere", libro del magistrato Piero Tony, nel quale si ammettono francamente alcune eclatanti deficienze della magistratura; alcune esternazioni del magistrato Raffaele Cantone, tanto reclamizzato dal PD "… il CSM è ormai un centro di potere di cui si fa fatica ad accettare il ruolo… le correnti sono diventate un cancro della magistratura…" e di Giuseppe Di Federico professore emerito di ordinamento giudiziario all'università di Bologna "… negli altri paesi vi sono verifiche più accurate sui magistrati… se sono bravi oppure no non emerge dalle valutazioni perché vengono promossi tutti… quelli dei magistrati è una corporazione, una casta, potente e autoreferenziale". Per non parlare delle esternazioni pubbliche di certi magistrati.

Hanno dimenticato l'esistenza del D. Lgs. 109/2006 che ai primi articoli così recita: 1) il magistrato esercita le funzioni attribuitegli con imparzialità, correttezza, diligenza, laboriosità, riserbo e equilibrio e rispetta la dignità della persona nell'esercizio delle funzioni; 2) il magistrato, anche fuori dall'esercizio delle proprie funzioni, non deve tenere comportamenti, ancorché legittimi, che compromettano la credibilità personale, il prestigio e il decoro del magistrato o il prestigio dell'istituzione giudiziaria; 3) le violazioni dei doveri di cui ai commi 1 e 2 costituiscono illecito disciplinare perseguibile nelle ipotesi previste agli articoli 2, 3 e 4; **E chi deve farle rispettare le leggi?** Che dire infine dell'usanza "all'italiana" di consentire anche ai magistrati prestati ad altre attività di fare carriera, invece che consentirlo esclusivamente ai più meritevoli come di norma? Il magistrato, così come ogni altra categoria, prima di essere tale, è uomo, cioè imperfetto e quindi soggetto a errori. Ma tutte le categorie di lavoratori sensibili, come accennato, ancor prima di sottoporsi all'accertamento delle capacità squisitamente professionali (nello specifico caso la profonda conoscenza del diritto) dovrebbero anche superare tutta una serie di test psicoattitudinali, di irreprensibilità morale, di apoliticità, di conoscenze psicologiche e antropologiche, tutti di fondamentale importanza. Questa carenza è colpa della politica.

6) **quando** si pensa alle carceri dove: a) sono ospitate persone in numero eccedente il massimo consentito, con ciò dovendo subire le pesanti sanzioni milionarie comminate da Bruxelles; b) non si

costruiscono nuovi istituti penitenziari (per esempio con i soldi che si spendono per gli immigrati che poi vanno aa affollare le carceri?), ma si preferisce varare condoni e amnistie, o più maldestramente (o furbescamente per aggirare le prevedibili proteste su nuove proposte di condoni), emanare decreti demandando ai giudici la valutazione della lievità del reato così, tanto per invogliare la malavita extracomunitaria e non, a venire quanto prima dalle nostre parti, visto che non esiste alcuna certezza della pena. Si pensi che sono oltre cento i reati potenzialmente non punibili, dalla corruzione alla violazione di domicilio, alle minacce, all'omicidio colposo, all'adulterazione di prodotti, ecc. Questo oggi. Domani?

7) **quando** si pensa all'abuso operato dai giudici dell'art.275 del codice di procedura penale, riguardante il carcere preventivo o custodia cautelare. Tale articolo dovrebbe essere applicato solo se esiste il pericolo di fuga o di reiterazione del reato o di turbamento delle indagini. Nella realtà le cose vanno diversamente sicché quasi un quinto della popolazione carceraria ne risulta soggetta, cosa che comporta tre ordini di problemi. Il primo circa il mancato riconoscimento della presunzione di innocenza garantito dalla Costituzione; il secondo relativo al conseguente peggioramento delle condizioni dei carcerati, per cui si rimanda al punto precedente; il terzo inerente al costo che comporta il citato sovraffollamento, valutabile in circa 150 euro al giorno a carcerato, per un totale che al momento supera i 40 milioni di euro al mese (oltre alle sanzioni europee)! Nel dubbio, meglio un presunto colpevole libero che un innocente in galera. No al giustizialismo!
E tutto questo che appare ingiusto, diventa ancor più incomprensibile quando leggiamo degli innumerevoli rilasci da parte dei gip di persone poco raccomandabili, colti in flagranza di reati vari.

Per finire, mi domando se non sarebbe più positivo in ogni senso: a) applicare braccialetti elettronici a tutti coloro in attesa di giudizio e a quelli condannati a pene inferiori e comunque non pericolosi; b) pagare qualche cooperativa per la formazione professionale e il reinserimento sociale dei casi meritevoli, con evidenti e considerevoli risparmi milionari!

8) **quando** si pensa che qualsiasi libero cittadino è privato della possibilità di autodifesa e di protezione dei propri beni affettivi e

patrimoniali.

L'Italia è nota internazionalmente per la sua posizione geografica, la ricchezza di beni naturali, monumenti e opere d'arte testimonianza della sua storia, la musica e la genialità di tanti suoi figli, la cucina e la cordialità della gente, la moda, ecc., che ci rendono unici, ma non dimentichiamo che purtroppo è negativamente famosa anche per la burocrazia, la sporcizia, i disservizi, gli scioperi (anche dei vigili urbani), la giustizia, la delinquenza comune, l'eccesso di tolleranza e di buonismo, l'assenza di pene. Fa sorridere amaramente la lettura di una specie di decalogo per proteggersi dai borseggiatori, soprattutto sui mezzi pubblici a Roma: dove nascondere i documenti, dove il denaro, il contegno da tenere, le persone da sospettare e i comportamenti da evitare, come qualsiasi reazione violenta che si ritorcerebbe su se stessi. Insomma, si rappresenta in concreto la drammaticità dell'Italia nel contesto contemporaneo e soprattutto in zone particolari: la difficoltà di poter fruire della libertà individuale in tutte le sue forme del vivere civile, la difficoltà di tutelare l'incolumità propria e dei propri cari, la difficoltà di difendere il patrimonio, con la quasi certezza di aggiungere al danno la beffa.

Non c'è giorno che non si leggano sui quotidiani, soprattutto locali, quanti furti, a mano armata e non, siano operati da gentaglia, soprattutto straniera, a danno dei cittadini. Non fa nemmeno scalpore la notizia della ladra rom minorenne presa con le mani nel sacco oltre 50 volte (su quante centinaia di furti?) e naturalmente rilasciata, o delle mamme rom con relativi pargoletti su carrozzine quotidianamente colte in flagranza di reato e regolarmente rilasciate. Per certi governi rientra nella logica delle cose la sequenza dei fatti descritta, sequenza che non è frutto solo del comune sentire del cittadino, ma è anche tratta da svariate intercettazioni telefoniche di malviventi soprattutto stranieri, che decantano il "paradiso" Italia. Dunque sarebbe normale che il cittadino si faccia rapinare, per la strada o in casa, dal malvivente o dal balordo di turno, senza reagire. Perché? Presto detto. Se il cittadino rinuncia alla reazione, il ladro lo deruberà semplicemente di ciò che possiede, denaro, documenti, gioielli, ecc. Forse, se trova la situazione favorevole, può regalarsi qualche stupro, ma generalmente non infierisce. Risultato: il ladro farà perdere le sue tracce, le forze dell'ordine, non essendo coinvolte, proseguiranno nel loro routinario lavoro, così pure avvocati d'ufficio, giudici, secondini, ecc., con evidente risparmio per lo Stato; il derubato ed eventuali familiari, non importa se prima, poi o mai e a proprie spese, supereranno il trauma subito e non recupereranno quanto loro sottratto.

Se, al contrario, il cittadino osasse reagire, analizziamo quali scenari si aprirebbero. Il ladro potrà: a) essere preso vivo ma senza refurtiva, si attiveranno le procedure di rito, entreranno in campo altri protagonisti tra cui lo Stato, il ladro entrerà in prigione, da cui uscirà subito dopo, per l'assenza di celle o per reato derubricato o altri motivi, le spese permarranno in capo al cittadino mentre quelle dello Stato ricadranno in capo a... al cittadino. Risultato negativo per il cittadino (leggi Pantalone) e per lo Stato; b) essere preso ferito, ma con la refurtiva, analoga procedura del punto precedente, in più il cittadino manterrà i propri beni, ma dovrà difendersi dall'accusa di tentato omicidio. Si deve sapere infatti che nel nostro paese, forse unico, esiste il reato di eccesso colposo di legittima difesa (invenzione dettata da una cultura statalista che vuole l'individuo succube del potere, sempre e comunque). In realtà tutto nasce da una legge risalente al periodo fascista: nella sostanza chi si difende è comunque sottoposto a indagini, ma non è punibile se la sua reazione risulta proporzionale all'offesa che ritiene possa subire, che vi sia pericolo di aggressione, che risulti attuale e non vi sia desistenza da parte dell'intruso! (Invece negli USA, in Francia, in Spagna il proprietario può sparare verso un intruso nella propria abitazione). Risultato? Dipenderà dal cittadino e dalla mole dei beni recuperati durante l'iter giudiziario che il medesimo dovrà sostenere; c) essere preso morto. Tutte prospettive horror per il cittadino "ribelle". La bellezza delle leggi è questa: si fanno a tavolino. Purtroppo, una cosa è regolamentare il diritto di precedenza nelle rotatorie, un'altra cosa il comportamento di un essere umano in condizioni di stress estremo. Di fatto un proprietario che si trovasse un intruso nella propria casa dovrebbe freddamente e rigorosamente osservare la seguente procedura: a) verificare con attenzione se questi sia dotato di un'arma; b) in caso positivo se la stessa sia vera o finta; c) se l'intruso non sembra aggredire, intimargli col sorriso di desistere! Mi chiedo, ad esempio, se davanti a cinque intrusi dotati di coltello, la reazione del proprietario con pistola, si ritiene proporzionata? Oppure, se l'offesa è così repentina da non lasciare il tempo di riflettere, dopo essere stati uccisi, è concesso di uccidere a propria volta? Solo dopo tali accertamenti, preso per buono che i suoi battiti siano rimasti costantemente sui sessanta al minuto, deciderà se sparare, oppure invitare cortesemente l'intruso a desistere. La procedura descritta sarebbe rispettata in toto nel caso in cui il derubato fosse qualcuno che amministra la giustizia? Certo, ma solo se non disponesse di armi! Per terminare è giusto purtroppo prendere atto che lo Stato ha preferito investire, da circa vent'anni (ricordo il ministro Ferri!), per acquisti di autovelox e sicurezza stradale, anziché destinare fondi per la tutela dell'incolumità del cittadino perché più facile e per fare cassa.

9) **quando** si pensa al mancato rispetto degli artt.2 e 3 della Costituzione, su riconoscimento e garanzia dei diritti dell'uomo, che interpreto in senso estensivo. Ad esempio, occorre sapere che se un cittadino ha la sfortuna di essere indagato per un reato che non c'è (strana cosa che in Italia accade in tre casi su quattro) e l'interessato, pur di ottenere giustizia ricorre in tutti i gradi di giudizio, non raramente affrontando spese tali da cambiargli la vita, lo Stato italiano, contrariamente agli altri paesi europei, non gli risarcisce le spese legali! Ci sono tantissimi casi di gente che, pur di far valere i propri diritti si è ridotta sul lastrico, avendo dovuto vendere ogni proprietà, ricorrere a prestiti e a volte perdendo pure il lavoro, oltre alla pace. Figurarsi tutti coloro che non hanno alcuna possibilità, neanche di difendersi adeguatamente! **Avete capito bene: lo Stato prima ti indaga, ti sconvolge la vita, poi, una volta che tu hai vinto la disputa giudiziaria, si ritira senza nemmeno scusarsi.**

10) **quando** si pensa alla burocrazia che paralizza le attività e disincentiva qualsiasi imprenditore estero a investire in Italia, alla stratosferica quantità di leggi esistenti che immobilizza uffici, imprese, professionisti e ciò nonostante le perenni promesse dei politici di snellire e di sburocratizzare. (I costi della burocrazia vengono aggiornati con cadenza annuale dall'associazione commercialisti e da altre sigle: ammonterebbero, nel momento in cui si scrive, a oltre 20 miliardi annui!)

11) **quando** si pensa ai mancati controlli sulla spesa pubblica e sui fondi europei, anche se si finge di volerli attuare mediante nomine ripetitive di commissari ad hoc (finora ne ho contati quattro, tutti dimessi o dimessisi), che producono soltanto altra spesa e qualche

amico in più. In pratica si è preferito evitare di rimuovere i centri di parassitismo e quindi di spesa improduttiva, in cambio del mantenimento del consenso degli interessati! Ambizioni politiche, incollamento alle poltrone e interessi privati vari sovrastano la logica, il raziocinio, il rispetto. Così smetto di chiedermi perché.

Ma il politico serio, quello che fa veramente gli interessi della gente e non solo di pochi, seppur portatori di corposi bacini elettorali o assegnatari di quei posti per scambi e compensazioni politiche, con la decretazione di chiusura della miriade di enti inutili, opportunamente resa pubblica, non sarebbe certo di perseguire il bene pubblico e contemporaneamente acquisire più consensi di quelli persi? Ma il danno e quindi la presa in giro non si fermano lì, infatti la spesa pubblica non solo non viene ridotta o quantomeno tenuta costante, ma, al contrario, aumenta, e poiché tale assurdità apparente è accompagnata da mancato incasso per diversi miliardi di euro da parte del fisco, da inadeguato controllo dell'evasione, da aumento delle tasse e delle entrate tributarie, ma non da grandi investimenti o spese imponenti per il risollevamento dell'economia, **non è né assurdo né misterioso capire dove finisca il denaro!**

12) **quando** si pensa alla più volte distorta interpretazione del già citato art. 3 della Costituzione, oltre che all'art. 22 della Dichiarazione universale dei diritti umani, in tutte quelle situazioni cioè in cui un cittadino si sente ed è leso "legalmente" nei suoi diritti, senza che chi di dovere vi ponga rimedio. Una tra tutte: la diversità di trattamento economico tra pari grado e responsabilità di personale operante presso pubbliche amministrazioni uguali, ma site in regioni diverse. Mi riferisco non certo ai casi in cui la differenza vari del 5%, ma a quelli in cui la differenza arrivi anche al 400%! Ogni riferimento alle regioni a statuto speciale non è casuale. Solo per citare una situazione ben conosciuta, qualcuno trova normale che il dirigente A (non dipendente da regione a statuto speciale) che gestisce milioni di euro di lavori e diverse decine di collaboratori, con evidenti notevoli responsabilità, disponibilità h24, stress, ecc., percepisca uno stipendio pari a quello di un usciere della Regione Sicilia, mentre il dirigente B della medesima regione, forse, ma meglio dire probabilmente, anche con inferiori responsabilità e stress, guadagni quattro volte tanto? Qualcuno trova normale che sempre in Sicilia trovino occupazione un numero di dirigenti (1800) pari a

quello complessivo delle rimanenti regioni, con una spesa annua evitabile non inferiore a 200 milioni?

Non è necessario porre in evidenza altri casi specifici, è sufficiente soffermarsi sui nostri parlamentari, i quali, in barba al pluricitato art. 3, continuano ad accedere al vitalizio dopo trenta mesi di legislatura. Evviva l'Italia e la costituzione più bella del mondo!

13) **quando** si pensa alla inconsistente politica estera italiana ed europea sul terrorismo. Sarà sempre troppo tardi quando il nostro governo, ma anche il resto degli Stati europei oltre all'indispensabile contributo di Usa e Russia, prenderanno atto che ormai terrorismo ed estremismo islamico non sono lontani da noi, anzi sono proprio alle porte. **Ma probabilmente per la sua comprensione vera e perché tali signori ne realizzino la drammaticità, occorrono altri attentati, soprattutto se rivolti a soggetti politici di spessore!**

È proprio così difficile convincersi di quale sia la realtà? A quanto pare sì. Tentiamo di spiegarci meglio.

Come si sa, c'è chi opera nel bene (non dico nel giusto trattandosi di concetto relativo), ovvero l'individuo non è orientato scientemente a danneggiare il prossimo nel senso più ampio del termine. C'è invece chi opera nel male, poco importa se sistematicamente o occasionalmente, comunque non ha remore a ledere gli altri. Il primo rifiuta per forma mentis l'esistenza della malvagità, della cattiveria, dell'inganno, l'eventuale offesa sarebbe solo forma di difesa. Il secondo sfrutta prevalentemente le debolezze del prossimo: l'ingenuità, la timidezza, la correttezza, l'onestà, la generosità, la bontà, la cristianità, ecc., e così ha gioco facile. Appare lampante a una mente razionale che qualsiasi battaglia tra il bene e il male è impari, proprio per le armi disponibili: come si può vincere con la giustizia, con il garantismo, con la democrazia e, aggiungo, con la folle illusione che mostrandosi indulgenti, comprensivi, caritatevoli si ottenga la conversione del malvagio? Questa debolezza rappresenta proprio un'arma in più per il reo. L'unica soluzione è esattamente quella opposta: dimostrare con fermezza che le debolezze della società civile, evoluta, democratica non lasceranno spazio a chiunque, a qualsiasi livello, intenda cancellare secoli di faticoso cammino del progresso e della civiltà. Per quanto attiene alla criminalità, e segnatamente al terrorismo, occorre rivedere in fretta l'attuale visione di pacifismo esasperato dell'Europa (naturalmente legittimo in seguito alle guerre mondiali sopportate), rendendosi conto che siamo in guerra, perché guerra ci è stata dichiarata, e gli Stati hanno il diritto e il dovere di tutelare i propri cittadini.

Ma qualsiasi guerra, ancorché difensiva, non può combattersi ad armi impari e i terroristi, seppur smisuratamente inferiori a livello militare, sono subdoli, non hanno nulla da perdere e si infiltrano facilmente tra noi, ciò che li fa più pericolosi. Purtroppo, se continueranno a mancare veri statisti e nuove visioni e soluzioni in relazione agli attuali problemi mondiali, se si continuerà a ritenere che i terroristi siano un fenomeno passeggero e che non ci colpiranno mai (o che i delinquenti dell'est preferiscano operare da noi solo perché siamo più ricchi, invece che per le nostre leggi permissive e le carceri-albergo) e che sconfiggeremo chiunque a colpi di buonismo, saremo noi gli artefici del nostro declino e di una ineluttabile involuzione storica.

Gli Stati interessati non sono riusciti fino a oggi ad articolare piani di azione apprezzabili, nemmeno a livello di sensibilizzazione delle comunità islamiche residenti, affinché prendessero concrete distanze dagli estremisti, anche mediante collaborazioni fattive. Le comunità islamiche, dal canto loro, hanno finora ignorato l'importanza di prendere posizioni decise, attraverso la voce degli imam più autorevoli o manifestazioni pubbliche, sottovalutando così il fatto che ogni misfatto portato a compimento dagli estremisti non può che alimentare ulteriore diffidenza nei loro stessi confronti, con effetti che preferisco non commentare. L'argomento è più diffusamente trattato in "Buonismo".

Massimo Cacciari, in un suo articolo, non usa mezzi termini e avverte che nel 2050 in Europa la maggioranza della popolazione sarà matematicamente extracomunitaria. O ci si attrezza politicamente, economicamente, giuridicamente ed eticamente a fronteggiare tale situazione o scoppierà una guerra civile, tutta interna all'Europa.

14) **quando** si pensa che nessun governo abbia mai provato ad applicare, come sarebbe corretto, un'unica tassazione per tutti i cittadini

(leggi flat tax), pur essendo dimostrato da diversi studi che il gettito incassato in meno dalle classi più ricche sarebbe abbondantemente coperto dal calo o dall'eliminazione dell'evasione fiscale, né, tantomeno, si è mai sognato di tassare seriamente le eredità. In virtù di quanto espresso sull'art. 53 della Costituzione, da sempre ho avuto la fissazione della tassa unica, appoggiando in pieno, una volta conosciuta l'esistenza, il sistema fiscale non progressivo ideato nel 1956 dal premio Nobel Milton Friedman, oggi adottato da più di quaranta paesi con evidenti benefici economici, sistema che è stato ripreso nel 1981 dall'economista Alvin Rabushka il quale, con riferimento all'Italia, propone addirittura un'aliquota shock del 15% con i seguenti risultati: crescita impetuosa dell'economia, creazione di un milione di posti di lavoro nel breve periodo, emersione dell'evasione fiscale, crescita dei consumi, richiamo di investimenti stranieri. Il tutto non limitandosi alle declamazioni, ma accompagnandolo con numeri ben precisi. Non disponendo dei dati, mi limito a fare qualche esempio, considerando una tassazione, più realistica, al 20%: sia rl=reddito lordo; rn=reddito netto:

rl	rn oggi	rn con flat tax al 20%	differenza in più
20000	15200 (24%)	16000	800
40000	28480 (26%)	32000	3520
60000	40730 (32%)	48000	7270

E ancora riporto, per come leggo, lo stato della tassazione 2015 delle piccole e medie imprese, riferito dall'Osservatorio della confederazione artigiana: Reggio Calabria 75%, Bologna 72,9%, Napoli 71,9%, Roma 71,7%, ecc.

Una certa politica è troppo impegnata a parlare di eguaglianza e ingiustizia sociale e, sarebbe il caso di aggiungere, a infarcire i propri discorsi di quella retorica che tanto fa presa sulla massa più superficiale del suo elettorato, a cui destina i proventi dell'alta tassazione imposta al ceto medio alto. Ricordo ai non informati e agli smemorati, ad esempio, che il 4% dei contribuenti paga il 32% del

Irpef (oltre naturalmente alle tasse locali, a quella sui prodotti, Iva, ecc.), ricevendo in cambio dallo Stato non più servizi, ma più accertamenti.

15) **quando** si pensa agli sputtanamenti che inevitabilmente seguono alle intercettazioni telefoniche rese pubbliche, facendo andare in brodo di giuggiole per motivi diversi che è facile individuare, sputtanatori politici, magistrati e avvocati, media, amanti del gossip e naturalmente chi ci guadagna sopra. Chi non gode, sono esclusivamente le persone coinvolte, a cui spesso viene cambiata la vita. Nonostante sia di tutta evidenza l'urgenza di una severa regolamentazione delle procedure che stiamo trattando, nulla è stato fatto per codardia dei politici, che hanno tutto l'interesse a non scontrarsi con i magistrati. Tuttavia sarebbe sufficiente andarsi a rinfrescare la memoria richiamando gli artt. 114, 329 e 684 del codice penale e l'art. 15 della Costituzione laddove si chiarisce il divieto di pubblicazione di virgolettati provenienti da atti, verbali e intercettazioni e che la libertà e la segretezza di ogni forma di comunicazione sono inviolabili!

16) **quando** si pensa al fisco ingiusto. Per essere precisi, il fisco appare giusto o indifferente a tutti quelli che sono esentati o auto esentati dalle tasse, a tutti coloro che continuano a rimanere inspiegabilmente sconosciuti fiscalmente, pur vivendo un livello di vita elevato e detenendo considerevoli ricchezze, e, infine, a tutti i grandi evasori. Risulta invece vessatorio a quelli che pagano regolarmente e supinamente, a quelli che vengono indagati se si permettono spese oltre le soglie decise da qualche sapiente di turno, nonostante vivano di stipendi e pensioni fissi e dimostrabili. E naturalmente appare ingiusto a tutti quegli "interpreti" per i quali giustizia sociale equivale ad appiattimento salariale o, ciò che è lo stesso, a tassare con un sistema che uniformi i redditi di tutti! E appare ingiusto? Quando si legge, ad esempio, degli abusi compiuti circa sopravvalutazioni di case e terreni senza sopralluoghi, solo per compiacere dirigenti e funzionari.

Come non indignarsi di fronte al dilagare di questo fenomeno, mentre siamo costretti ad assistere con dolore a quanti onesti operatori economici, artigiani, semplici cittadini continuano a togliersi la vita per l'impossibilità di far fronte alle imposizioni fiscali o di reggere alla vergogna di vedersi distrutto lavoro, dignità, famiglia, sogni? (Ogni due giorni e mezzo è avvenuto un suicidio. Se uno solo di questi sventurati avesse avuto la freddezza, la lungimiranza o il buon senso di commettere l'atto in luoghi istituzionali, probabilmente avrebbe risparmiato la vita di tanti dopo di lui!)

Come non indignarsi di fronte all'evidenza che ogni cittadino onesto viene scandagliato fino all'osso, tartassato e perseguitato, mentre i disonesti e i furbi (per esempio gli intestatari di proprietà immobiliari imponenti, sconosciuti al fisco), oltre che i migranti (per esempio quelli intestatari di decine di auto) la fanno franca?

È lampante a chiunque che l'evasione fiscale non è sradicabile e non perché non ci siano mezzi e risorse sufficienti, ma esclusivamente per due motivi: 1) l'eccessivo livello di tassazione e la sua sproporzionalità; 2) le mancate verifiche sui protagonisti (singoli e società) che, "per oscuri motivi", non sono mai stati controllati. Il virgolettato ci sta tutto perché la risposta c'è ed è una sola: se la tecnica di indagine è intelligente ed efficace, ma i controlli non vengono svolti, vuol dire che non si vogliono fare, perché controllare equivale a perdere voti (meglio fare i moralisti, riempirsi la bocca, ma non agire), o non si vogliono fare perché i veri controllandi sono coperti, altrimenti significa che la tecnica è inadeguata e occorre correggerla urgentemente, quindi licenziare tutti gli "specialisti" che l'hanno ideata. Ne avete notizia? E a tutti gli strombazzatori che asseriscono veementemente che, se non ci fosse evasione, le tasse calerebbero, l'unica risposta è la domanda se siano o facciano i giocondi: credono veramente che i governanti abbasserebbero le tasse o piuttosto non girerebbero i nuovi incassi per incrementare i propri interessi?

17) **quando** si pensa al fallimento di Equitalia, che nessun governo è riuscito mai a smantellare, ove l'avesse voluto veramente. Dai dati rilevati risulterebbe infatti che i crediti fiscali non incassati, superano abbondantemente i 700 miliardi di euro, mentre quelli incamerati sarebbero non più del 5%! In altre parole, se tutto si fosse svolto secondo normalità, il debito pubblico sarebbe al pari di altri paesi e il nostro potrebbe vantarsi di essere solido e con tasse più equilibrate.

18) **quando** si pensa alle sparute percentuali di Pil assegnate dal governo alla ricerca e alla difesa rispetto alle altre nazioni europee. Secondo i dati rilevati ci troveremmo all'incirca nella parte centrale della classifica. Ma si sta parlando di due settori essenziali, sia per la crescita e lo sviluppo, sia per contare di più, non solo a parole, a livello europeo.

19) **quando** si pensa alle endemiche carenze di personale insegnante nel campo scolastico, a fronte di un rapporto insegnanti/alunni tra i più alti d'Europa, cosa che garantisce un servizio ben al di sotto della mediocrità;

20) **quando** si pensa al servizio sanitario nazionale, ai suoi sprechi, alla sua disorganizzazione, all'obsolescenza di tante attrezzature, al sovradimensionamento di determinate strutture e alle interminabili liste di attesa in tantissime altre;

21) **quando** si pensa che non viene operata in modo serio la battaglia contro le droghe. Il fenomeno infatti ha talmente pervaso la società da avere acquisito una sorte di tacita consacrazione; i motivi sono rappresentati dall'enorme giro di denaro e di interessi che muovono, per cui si è inevitabilmente indotti a pensar male. Infatti non è nella lista degli obbiettivi, tantomeno delle priorità della politica debellarle, combattere spacciatori e utilizzatori senza se e senza ma, visti gli evidentissimi danni, diretti e non, che provocano;

22) **quando** si viene a conoscenza di operazioni statali a sostegno di iniziative pseudo umanitarie, giuste, sociali, ecc., camuffate, che servono anche (o soprattutto?) per fini o interessi personali, amicali, parentali; e parliamo solo della punta dell'iceberg. **Il tutto avviene ovviamente mediante il totale apporto dei contribuenti.**

E potremmo proseguire all'infinito.

Purtroppo l'indignazione non ha mai fine: non aiuta l'ottimismo, né la speranza del cambiamento. La famosa rottamazione in realtà c'è stata: sono stati fatti fuori tutti i "diversamente pensanti" dal novello Gian Burrasca, o dem/dem (democratico/demagogo), o mirabile affabulatore, o espertissimo incantatore di serpenti. Colui che, con rara intuizione, fruendo del potere del partito che ha poi ringraziato disintegrandolo e della inconsistenza delle forze politiche di opposizione, con spiazzante impudenza e scorrettezza ("Enrico stai sereno"), senza possedere alcuna legittimazione politica e popolare, ha fulmineamente sistemato tutti i suoi amici nei posti chiave del paese, ha cambiato il sistema elettorale a propria convenienza (ricordo che con il nuovo sistema, ove confermato dal referendum, la maggioranza degli eletti non sarebbe eletta dal popolo), quotidianamente offende gli italiani prendendoli per i fondelli con una chiacchiera finissima. Vorrei precisare che ritengo necessarie le operazioni fatte da Renzi, se si vuole governare senza troppe lungaggini e condizionamenti parlamentari, con maggiore fluidità e armonia; ma queste possono farsi a due imprescindibili condizioni: che il premier scaturisca dalle urne con ampia legittimazione popolare (governo presidenziale o semipresidenziale) e che i citati posti chiave siano coperti non da politici, ma da veri e seri esperti di settore, cose che non rientrano nel nostro caso! Ciò che ha fatto e continua a fare Renzi è esattamente il contrario. Non solo ma, quando a suo tempo fu Berlusconi a tentare le riforme costituzionali, Renzi, naturalmente con la sinistra e Napolitano, fu uno dei primi a evocare attentati alla costituzione. A parti inverse oggi avrebbero già organizzato la rivoluzione civile? Nel momento in cui si scrive, gli unici flebili, temporanei dati economici positivi non sono attribuiti dagli specialisti agli interventi governativi, ma alla cura Draghi (quantitative easing; qui occorre aggiungere un particolare di non poco rilievo: il q.e., ovvero la facoltà della Bce di comprare titoli di Stato è limitato ai paesi che vantano un rating non inferiore a BBB, che è proprio quello di cui dispone l'Italia. Ove mai la situazione peggiorasse va da se che il q.e. non sarebbe applicabile!), al favorevole rapporto euro/dollaro, al basso prezzo del petrolio. Poi dichiarazioni ottimistiche, spot, autocelebrazioni a reti unificate, slogan in rima baciata, selfie, tweet, evidenti manifestazioni di ego ipertrofico e sciocchezze sesquipedali, mentre il debito continua a crescere, senza risparmiarsi intemerate nei confronti di politici, media e chicchessia osi avanzare critiche nei suoi confronti: entro l'anno ci ritroveremo con una montagna di nuove tasse, ma non avremo toccato il fondo purtroppo! Speriamo di non dover raccogliere i cocci di questa povera Italia. Lui, più di Monti e Letta messi insieme, mi fanno rimpiangere Berlusconi! Basterebbe pensare solo a una cosa: il primo articolo della Costituzione dice che la sovranità appartiene al popolo. Purtroppo, allo stato attuale, il nostro Parlamento non rappresenta il popolo, sia per la sconsiderata transumanza di parlamentari da un partito a un altro (di cui si parla altrove e che andrebbe assolutamente vietata), sia al fatto che gli ultimi governi sono stati inventati. Se a questo obbrobrio si aggiunge che l'attuale governo così raffazzonato si permette addirittura di cambiare la Costituzione, non attraverso le larghe intese e condivisioni che un governo legittimo avrebbe il dovere di richiedere, ma a colpi di fiducia, di cosa ci si dovrà più stupire?

Esemplari, illuminanti, e, come al solito, professionalmente e simpaticamente commentate, le considerazioni sulla Costituzione di **Davide Giacalone** in una delle sue pubblicazioni.

È utile rammentare che le elezioni del 2013 furono sostanzialmente un equilibrio tra i tre maggiori partiti: il centrosinistra al 29,5% ma con il Pd al 25,4%, il centrodestra al 29,1% e il M5s al 24,5 % e, grazie al famigerato Porcellum, il Pd con pochissimo in più del M5s (circa 300.000 voti!), si vide assegnato un premio di maggioranza esagerato. Subito dopo le lezioni, a conferma dell'assurdità del Porcellum, la Corte Costituzionale ne sentenziò l'incostituzionalità! Ad amplificare l'assurdità del risultato elettorale e quello delle primarie, provvide il presidente della repubblica del tempo, mediante la nomina a premier di Renzi, notoriamente neanche deputato nazionale! Forse era soluzione inevitabile, visto l'appiattimento del livello politico attuale?

Personalmente sono costretto a limitarmi all'indignazione e al massimo porgere un VAFFA all'ennesima potenza a tutti i rei dei citati misfatti. Ma ai giovani, che condividono gran parte delle idee esposte, suggerisco cordialmente di coalizzarsi e far sentire la propria voce nei modi più efficaci e intelligenti, pacifici e civili. Questo significa approcciarsi alla politica con idee chiare e oneste, con la determinata convinzione di cambiare lo status quo, di scatenare una seria battaglia di moralità, sostenendo ad ogni costo la formula del chi sbaglia paga, magari con la veemenza grillina o leghista, ma con il massimo rispetto degli avversari, delle istituzioni, senza ricorso a populismi e con maggior coerenza e chiarezza.

Prima di proseguire devo confessare che, quando Renzi scese in campo, l'istinto mi spinse a diffidare, ma la stramaledetta voglia di cambiamento sbloccò sul nascere i sospetti per lasciare spazio all'ottimismo; a posteriori devo convenire, purtroppo, che il mio fiuto aveva ragione. Ed è un peccato, perché a mio parere i lati positivi li possiede, ha il talento e la parlantina sciolta e convincente, doti che purtroppo disperde nella marea di tratti negativi (egocentrismo, supponenza, populismo, attaccamento alla poltrona visto che gli è mancato il coraggio di eliminare gli sprechi, sforzo di provare empatia con la gente solo in prossimità di elezioni, e simili). Mi corre poi l'obbligo di sgombrare il campo da qualsiasi dubbio circa il mio rispetto verso chiunque creda sinceramente in qualsiasi teoria religiosa, politica e non solo, differente dalla mia. Ma, prima di valutarne la credibilità, verificherò che questa non predichi la violenza e l'odio, non limiti il diritto delle opinioni diverse, non leda gli interessi degli altri!

Se tale assunto è condiviso in toto, possiamo a fare alcune utili considerazioni.

La prima in assoluto prende spunto dal già citato art. 3 della nostra Costituzione, laddove si stabilisce il principio di uguaglianza dei diritti e dei doveri di tutti i cittadini, indipendentemente dall'estrazione sociale, dalla religione o dal sesso di appartenenza. Con il citato articolo, ritenuto a ragione forse il più importante della Costituzione, in sostanza si vuol significare che tutti sono titolari dei medesimi diritti e doveri, in quanto tutti sono uguali davanti alla legge e tutti devono essere in egual misura a essa sottoposti. Data l'evidente rilevanza dell'articolo, pare appropriato riportare alcuni commenti di illustri costituzionalisti e studiosi:

(A) 'La nostra Costituzione non si arresta al riconoscimento dell'uguaglianza formale: essa va oltre assegnando allo Stato il compito di creare azioni positive per rimuovere quelle barriere di ordine naturale, sociale ed economico che non consentirebbero a ciascuno di noi di realizzare pienamente la propria personalità. Questo passaggio concettuale è pregnante, poiché consente di affermare che le differenze di fatto o le posizioni storicamente di svantaggio possono essere rimosse anche con trattamenti di favore che altrimenti sarebbero discriminatori. In Italia, le azioni positive sono state utilizzate soprattutto per le discriminazioni di genere, contro le donne.
Attraverso l'uguaglianza sostanziale, lo Stato e le sue articolazioni si assumono l'impegno di rimuovere gli ostacoli che limitano la libertà e l'uguaglianza dei cittadini: <u>questo non significa che il compito dello Stato sia quello di tendere verso un malinteso egualitarismo, inteso come uguaglianza dei punti d'arrivo, dove l'individuo finirebbe per</u>

essere annichilito, schiacciato dal peso di una società di eguali. Il compito dello Stato è invece quello di agire concretamente per metter tutti nelle stesse condizioni di partenza, dotando ognuno di pari opportunità per sviluppare e realizzare pienamente e liberamente la propria personalità. Il carattere aperto del principio di uguaglianza ha consentito alla giurisprudenza della Corte Costituzionale di adeguare continuamente il quadro dei diritti e dei doveri all'evoluzione economica e sociale del nostro Paese. Il principio di uguaglianza è stato declinato in un generale divieto di discriminazione; si discrimina quando si trattano in maniera uguale situazioni diverse, ovvero quando si trattano in maniera diverse situazioni uguali. La disparità di trattamento è consentita solo quando le differenze sono stabilite dal legislatore in modo ragionevole ed obiettivo. Attraverso il canone della ragionevolezza, vero cuore del principio di uguaglianza, i divieti di discriminazioni sono stati estesi, per via giurisprudenziale, agli orientamenti sessuali, all'appartenenza ad una minoranza, all'handicap, all'età.

Il secondo comma trae ispirazione da un dato oggettivo: la disparità di condizioni economiche e sociali determina diseguaglianze di fatto. Perciò la Repubblica è chiamata a svolgere un ruolo politicamente attivo per promuovere una *uguaglianza sostanziale*, creando le condizioni necessarie per consentire a tutti di sviluppare la propria personalità e di realizzare le proprie aspirazioni: ne deriva che il diritto alla salute (v. art. 32), al lavoro (v. artt. 4 e 38), all'istruzione (v. art. 34) deve essere garantito a tutti, tramite idonei interventi dello Stato, volti ad offrire pari opportunità anche ai soggetti più deboli. Lo strumento predisposto dalla nostra Carta è la creazione dei cd. diritti sociali, atti a promuovere un intervento attivo dello Stato per la loro difesa ed attuazione.

Già il costituente Calamandrei, in un celebre discorso del 1955, affermava che "E' compito dello stato rimuovere gli ostacoli che impediscono il pieno sviluppo della persona umana: quindi dare lavoro a tutti, dare una giusta retribuzione a tutti, dare una scuola a tutti, dare a tutti gli uomini dignità di uomo. Soltanto quando questo sarà raggiunto, si potrà veramente dire che la formula contenuta nell'art. primo- "L'Italia è una Repubblica democratica fondata sul lavoro "- corrisponderà alla realtà. Perché fino a che non c'è questa possibilità per ogni uomo di lavorare e di studiare e di trarre con sicurezza dal proprio lavoro i mezzi per vivere da uomo, non solo la nostra

Repubblica non si potrà chiamare fondata sul lavoro, ma non si potrà chiamare neanche democratica (...)" e proseguiva ritenendo il giudizio della Costituzione "polemico e negativo contro l'ordinamento sociale attuale, che bisogna modificare attraverso questo strumento di legalità, di trasformazione graduale, che la Costituzione ha messo a disposizione dei cittadini italiani."

"A distanza di oltre sessanta anni possiamo senz'altro dire che di progressi verso la piena uguaglianza ce ne sono stati ma che ancora oggi lo spirito guida di questa parte della Costituzione non è del tutto pienamente attuato. Molti sono ancora i cittadini di 'serie B', diversi i diritti non pienamente acquisiti." E ancora "...Il che non vuole certo dire che siamo tutti uguali anzi sulla diversità di ciascuno si basa la realtà della vita di tutti i giorni: esistono ricchi e poveri, maschi e femmine, bianchi e neri, cristiani e mussulmani, italiani e stranieri, marxisti e liberali e chi più ne ha ne metta. Non è pertanto questo il senso della norma, essa piuttosto dice quello che da sempre si legge nelle aule di giustizia, scritto alle spalle del collegio giudicante (con il rischio che proprio i giudici non lo leggano, essendo la scritta posta alle loro spalle). Ciò premesso, vediamo di mettere un po' d'ordine in questo frastagliato dire. Può capitare, anzi capita, che il Parlamento approvi una legge che viola il principio di uguaglianza così come sopra delineato, allora la parte danneggiata, o presunta tale, può chiedere in via incidentale, cioè attraverso un processo cui necessariamente deve rivolgersi, di rilevare l'incostituzionalità della norma da applicare al caso concreto, perché in contrasto con l'art. 3 della Costituzione. Il giudice, se ritiene fondata la questione, rimetterà la decisione sul punto alla Corte Costituzionale. Egli, nell'ambito della causa a lui assegnata, potrà anche di ufficio sollevare questione di costituzionalità per cui deve regolare in maniera uguale situazioni uguali ed in maniera diversa situazioni diverse, con la conseguenza che la disparità di trattamento trova giustificazione nella diversità delle situazioni disciplinate. "Il principio di uguaglianza è violato anche quando la legge, senza un ragionevole motivo, faccia un trattamento diverso ai cittadini che si trovino in eguali situazioni poiché l'art. 3 vieta disparità di trattamento di situazioni simili e discriminazioni irragionevoli. Quindi "si ha violazione dell'art. 3 della Costituzione quando situazioni sostanzialmente identiche siano disciplinate in modo diverso. Prima dell'avvento delle costituzioni moderne le classi privilegiate, come il clero e l'aristocrazia godevano di privilegi economici, politici, legali, non rispondevano davanti alla giustizia e non pagavano le tasse. Attualmente questo articolo è rispettato ma non sempre in modo adeguato; ci sono, infatti, casi di disuguaglianza tra cittadini e, cosa più grave, queste situazioni non sono nascoste agli occhi dello Stato, anzi, capita che coinvolgano gli stessi uomini politici."

Ricordiamoci che nel 1946, quando ebbe avvio l'Assemblea Costituente, l'Italia era reduce dalla seconda guerra mondiale, che aveva parzialmente distrutto il paese, il popolo viveva in una situazione difficile, tra la speranza di una rinascita e la paura di non farcela. I diritti erano davvero pochi, così come le tutele sociali. Si sentiva quindi il bisogno di affermare, nella Costituzione, che un obiettivo primario dello Stato sarebbe stato quello di aiutare i cittadini a raggiungere un regime di vita dignitoso, nel rispetto di tutte le individualità. Questo concetto segna un cambio di rotta rispetto allo Statuto Albertino che garantiva sì l'uguaglianza, ma lasciava al mercato, alla libertà e alla volontà del singolo, e in ultimo alla società, il compito di eliminare gli ostacoli che impedivano in concreto l'effettivo raggiungimento del risultato egualitario. Così veniva a verificarsi il paradosso di una società formalmente egualitaria, ma sostanzialmente diseguale. Soffermiamoci alla disparità più macroscopica, che è quella economica.

È noto che i padri costituenti, nell'aprontare il loro egregio lavoro, hanno voluto e dovuto mediare tra tutte le differenze ideologie politiche esistenti allora, pertanto, al pari dello Statuto Albertino, non si è volutamente specificato come lo Stato dovesse operare al fine di perseguire gli obiettivi dell'art.3., ma è del tutto evidente che l'operatività sia chiaramente demandata ai governi di turno. Di fatto, considerato che nel paese non imperava il capitalismo, fu lo Stato a farsi carico di avviare tutta una serie di programmi di ricostruzione in diversi campi, ciò che garantì per anni posti di lavoro in quantità.

In seguito, come è noto, lo Stato è passato lentamente alla privatizzazione della quasi totalità dei monopoli, la ricostruzione ha avuto termine ma il paese è cresciuto in popolazione, così come sono cresciute le esigenze a vari livelli. L'universo politico ha prodotto nel tempo almeno metà dell'attuale debito pubblico, non si dispone di petrodollari, ma solo dell'italianità con la sua inventiva e genio che ci rende famosi nel mondo. E allora come fare?

ECONOMIA

Sarebbe facile, basterebbe rispettare il già citato art. 3 della Costituzione combinato con l'art. 53 della stessa, che così recita: "Tutti sono tenuti a concorrere alle spese pubbliche in ragione della loro capacità contributiva".

Questa "armonizzazione" in realtà non esiste. Ci si chiede infatti perché i cosiddetti ricchi siano tanto tartassati. Poniamo a 12.000 euro l'anno la paga di un operaio e a 1.200.000 euro l'anno il compenso di un amministratore delegato di società; con un 20% ideale di tassazione, la sola applicazione dell'art.3 (che riguarda l'eguaglianza di tutti i cittadini) vedrebbe sia operaio che dirigente consegnare allo stato 2400 euro; l'applicazione di entrambe gli articoli vedrebbe l'operaio versare 2400 euro e l'a.d. 240.000 euro! In tal caso sarebbero più che soddisfatti (ingiustamente aggiungo, dimostrandosi che l'uguaglianza è solo presunta) entrambi gli articoli citati. Ma, probabilmente perché lo Stato ha idee diverse sul termine giustizia, al momento di questo scritto, le tasse pagate sono rispettivamente 2760 euro (23%) e 541.420 euro (25420+43%)!! Il ricco non solo non riceve trattamenti o servizi migliori dallo Stato (perché si contravverrebbe con ciò ai dettami della Costituzione?), ma per di più viene perseguitato e indagato dal fisco (se gli mancano le giuste amicizie!). L'accanimento contro l'evasione fiscale è la più lampante dimostrazione della inettitudine dello Stato e di ingiustizia nei confronti di un certo ceto. **La sperata, ma utopica, riduzione degli sprechi è l'unica cosa giusta per sanare il bilancio dello Stato e varare i provvedimenti per la crescita, ma comporta un addio ai privilegi dei politici, perciò viene candidamente rimpiazzata dalla super tassazione di determinati ceti.**

Per corretta informazione cito i dati raccolti al 2014. Per un numero di quasi 41 milioni di contribuenti: 10 milioni, cioè 1 su 4, non pagano alcuna tassa; i contribuenti con fascia di reddito fino a 15.000 euro rappresentano il 46% e versano il 5% dell'Irpef totale; i contribuenti con reddito fino a 50.000 euro sono il 49% e versano il 58% dell'Irpef totale, i contribuenti con reddito inferiore a 75.000 euro sono il 4% e versano il 32% dell'Irpef totale!

Non si sa se qualche costituzionalista abbia mai valutato un contrasto tra il citato art. 53 e l'art. 3 della Costituzione richiamata laddove si parla di uguaglianza dei cittadini. Purtroppo si è a conoscenza dell'esistenza di tante situazioni incostituzionali che continuano a operare come se non lo fossero. Originalità italiane! Il medio borghese che vive in un vero stato democratico si sentirà uguali agli altri, nel nostro paese non può, si sentirà piuttosto discriminato se non derubato!

Che poi, diciamola tutta, non c'è nemmeno soddisfazione morale per i più tassati! Il colmo è, infatti, che sottopagati, cassaintegrati e così via, anziché palesare una seppur larvata espressione di riconoscenza nei confronti di chi ha uno status economico più elevato e quindi, attraverso lo Stato, avrà contribuito indirettamente al loro mantenimento, al contrario stentano a celare un'acredine palpabilissima. I discorsi più ricorrenti che, nel corso della mia non breve esistenza, ho avuto modo di ascoltare, seppur fugacemente, tra sfaccendati, cassaintegrati con lavoro in nero, sottoccupati e simili? Sport, gratta e vinci, donne e riferimenti sprezzanti nei confronti dei ceti medio-alti. È verosimile che queste persone smetterebbero di disprezzare solo se fruitori di incassi pari a un dirigente (tanto cosa fanno i dirigenti di speciale?). Questa è la realtà, ma, tutto sommato, non c'è da attendersi altro.

La risposta più ovvia che ci si può dare del perché di questa "diseguaglianza tributaria" posta in essere dai governi non può che essere ricercata nel tentativo di quietare chi ricco non è (o non si sente tale) e quindi finalizzata, da una parte a stemperare le diseguaglianze sociali e patrimoniali, dall'altra a soddisfare il complesso di inferiorità che purtroppo imprigiona tutti quelli che pongono al primo posto assoluto il denaro!

Riporto una battuta sul cittadino medio che circola in Francia: chiunque guadagni un po' più di lui è un ladro, chiunque guadagni molto più di lui è un criminale. Un'altra battuta esplicativa è: il comunismo finirà quando finiranno i soldi degli altri. Io aggiungerei "e anche il buonismo".

La vera, reale democrazia ha come principio liberale quello di tassare i propri cittadini contribuenti in modo giusto, fornendo come contropartita servizi efficienti. I cittadini, e in particolare i super contribuenti, non devono sentirsi schiavi dello Stato, né devono vederlo come un nemico. Se vale il principio della meritocrazia, come peraltro statuito dal primo comma dell'art. 36 della Costituzione che così recita: "Il lavoratore ha diritto ad una retribuzione proporzionale alla quantità del suo lavoro", **allora ad ognuno il suo, cioè chi più merita e quindi in genere chi più ha, non deve vedersi sottrarre di più per distribuirlo ai meno abbienti, ai nullafacenti, né tantomeno per alimentare gli sprechi delle amministrazioni centrale e periferiche.**

Qualsiasi anima bella che dovesse obiettare sulla meritocrazia, si metta una mano sulla coscienza e si chieda se ad esempio preferirebbe per i propri figli l'insegnante preparato e obiettivo, o il semplice assegnatario del posto privo di esperienza e/o fazioso, il giudice imparziale e professionale a quello politicizzato e carrierista che lo giudichi, il chirurgo specializzato ed esperto al generico che lo operi, ecc. Poi si taccia. Non riconoscere meriti, esperienze, valori, fatiche e rischi personali condurrebbe all'inevitabile appiattimento e conseguente rovina del pianeta!

A proposito di meritocrazia, come dimenticare che nel '68 una certa politica auspicava il 6 politico a tutti per evitare discriminazioni? È la medesima classe politica che ha agevolato le promozioni di massa e osteggiato le valutazioni degli insegnanti con i risultati noti a tutti; quella classe che ha sempre protetto i lavoratori incapaci, inetti e ha guardato con sospetto gli imprenditori e tutti quelli che rischiano tutti i giorni per avviare attività e dare occupazione! Ma stiamo parlando della stessa classe politica che, negli anni della ricostruzione, condivise con l'altra classe politica più moderata, più o meno tacitamente, il controllo del paese? Certo: la sinistra. Ad essa, stoltamente per incuria e pigrizia, si lasciò campo libero sull'istruzione e la giustizia, mentre il centro si appropriò del governo politico, degli affari, dei lavori pubblici. I risultati sono sotto gli occhi di tutti: mentre il centro, pensando unicamente al potere e agli interessi, oltre che alla ricostruzione, ha fortemente contribuito a svuotare le casse dello Stato, insegnanti, magistrati ed editoria sono ancora oggi strettamente appannaggio della sinistra, la quale tuttavia si è dimostrata infinitamente superiore e più esperta del centro, avendo conquistato sapientemente anche il potere economico e il controllo delle masse. Sono certo che gli statisti e i fini cervelli del centro allora avranno pur previsto uno scenario del genere, ma si saranno fatti i loro interessi e poi... chi vivrà vedrà. Nonostante tutto la situazione odierna non può che farci rimpiangere i tempi che furono. I politici di una volta avranno pure "mangiato", ma hanno ricostruito l'Italia del dopoguerra.

COSA FARE?

Proprio semplificando al massimo: il mondo si divide in capaci e incapaci, per intenderci tutti coloro impossibilitati psichicamente o fisicamente. Questi ultimi hanno pieno diritto di assistenza e di essere tutelati dallo Stato. I primi hanno il diritto e il dovere di produrre. Lo Stato dovrebbe valorizzare e agevolare in ogni modo e forma le menti eccelse, i geni, tutti quelli più meritevoli e capaci di distinguersi nei vari campi dello scibile umano, gli imprenditori arditi, caparbi, capaci di enormi sacrifici e di rischiare anche in proprio, perché prevedibilmente gli unici in grado di creare, di inventare, di investire, di assumere, di innovare a beneficio, oltre che proprio, della massa (nel senso buono del termine perché preventivamente e opportunamente depurata da chi, usando una metafora, non intende collaborare, non solo da chi ha il vizio della contemplazione del proprio ombelico). Gli imprenditori veri, quelli che si sono fatti da soli, che non fanno ricorso a finanziamenti statali, che se falliscono pagano di tasca propria, che reinvestono per far fronte alle mutazioni dei mercati, che trascurano le famiglie a causa di stress da lavoro eccessivo, sono invece guardati spesso malignamente dai non addetti! Perché sono ricchi!

Il governo non dovrebbe prelevare da chi ha di più (per merito, per capacità, per ambizione, per rischio), ma organizzandosi con i propri mezzi (che oggi sono pagati da noi), facendo per esempio emergere e moltiplicare le tante nostre eccellenze latenti, incentivando la moltitudine dei giovani intraprendenti dalle idee innovative, metterli nelle migliori condizioni di fare nuove start up pubbliche-private con obbiettivi ambiziosi (avviando una moderna agenzia di sviluppo o ricostituendo una sorta di IRI altamente innovativa, che ad esempio coinvolga atenei, centri di ricerca, aziende leader, che richiami i nostri migliori cervelli fuggiti all'estero), che consentano in tempi brevi di ammortizzate le spese, conseguire utili ingenti, da utilizzare per il welfare e permettere inoltre la creazione di decine di migliaia di posti di lavoro. Le enormi fortune di nuovi ideatori come Google, Facebook, Twitter, ecc., è meglio che ricadano su uno Stato che le destini a fini lodevoli e non vadano concentrati nelle mani di singoli, ad alimentare il gruppo dei paperoni. Gli ideatori andrebbero gratificati una tantum, con un super premio, o potrebbero fare i dirigenti dell'attività con compensi annui anche milionari (sempre più meritevoli di quelli destinati a certi dirigenti statali!), fissi o eventualmente legati al numero di posti di lavoro creati. In Italia? Nulla o poco più. Si prenda ad esempio il crowdfunding, da crowd=folla, sistema con il quale sostanzialmente una folla investe su chi fa richiesta di finanziare una propria idea più o meno semplice o rivoluzionaria, che non otterrebbe con le vie tradizionali. Mentre in altri paesi la somma acquisita dal richiedente è vista come donazione, da noi passerebbe come reddito, quindi tassabile. Ma l'ulteriore assurdo sta nel fatto che ciò avverrebbe per il richiedente con basso reddito, mentre per quello a reddito elevato, l'arrivo di denaro passerebbe inosservato o sarebbe ininfluente ai fini della tassazione!

In ogni caso si deve riconoscere che: 1) la stragrande maggioranza dei paesi che ha applicato la flat tax (tassa piatta), ovvero la tariffa unica sul reddito, ha ottenuto aumenti sostanziali di entrate tributarie; 2) più si aumentano le tasse, più si riduce il reddito disponibile per famiglie e imprese, con inevitabile conseguente crollo dei consumi e quindi degli introiti per lo Stato; 3) agevolare il guadagno e gli investimenti produce ricchezza e abbondanza, ciò che rappresenta il modo migliore, se non l'unico, per aiutare chi è povero a uscire prima dal suo status.

Quindi assolutamente NO alla progressività fiscale!

Va pure detto, però, che non ci si può nascondere dinnanzi a una evidenza: la ricchezza, la grande ricchezza, in ogni parte del mondo non solo continua a esserci, ma si concentra sempre maggiormente nelle mani di poche persone. Ciò appare paradossale, ma, se ci si riflette, è consequenziale al fatto che ricchezza genera ricchezza e povertà produce povertà, anche se lo si percepisce come estremamente ingiusto. Da studi autorevoli e simulazioni matematiche serie, si è rilevato che le differenze sociali ed economiche ci sono state, ci sono e ci saranno sempre, con buona pace di chi aspira al mondo appiattito.

La mia ricetta, visionaria se si vuole, di giustizia sociale, è un mix tra liberismo e dirigismo statale, quest'ultimo però di carattere professionale/aziendale, non tale da fare da corista alla battuta di Milton Friedman: "se lo Stato gestisse il deserto del Sahara in cinque anni ci sarebbe carenza di sabbia") e comprende: - la classe 1 dei bisognosi a cui va la totale assistenza e sostentamento statali gratuiti, tenendo ben presente però che nel nostro paese si spende per la previdenza la più alta percentuale (27%) sulla spesa pubblica rispetto al resto d'Europa; ne conseguono necessariamente dei correttivi; - la classe 2 dei lavoratori dalla remunerazione annua netta entro 18.000 euro esentasse; - la classe 3 dei contribuenti dal reddito superiore a 18.000 euro, assoggettati a una tassazione unica onnicomprensiva (sui redditi di lavoro, di impresa, di capitale, ecc.) ricavata dalla seguente formula volutamente esemplificativa: $T = 30\% (R-(X1+X2))$ se $X2 < 50\%R$ e $T = 0$ se $X2 > 50\%R$, dove $X1 =$ spese varie dimostrabili, $X2 =$ spese aziendali. Come si evince al reddito annuo dichiarato R vanno sottratte (quindi non sottoposte alla tassazione fissa, nella formula fissata al 30%, prediligendo pertanto la deducibilità delle spese alla detraibilità delle medesime, notoriamente meno vantaggiosa per il contribuente) la quota X1 per le spese varie, essenziali, voluttuarie, ecc., perché muovono l'economia e comunque sono già tassate a monte, e la quota X2 relativa alle eventuali spese aziendali, per gli imprenditori che assumono lavoratori (nel qual caso, ove le stesse risultassero superiori del 50% del reddito, la tassazione sarebbe nulla!). **Però non sarebbe più a carico dello Stato l'accantonamento per buonuscita e pensione!** La simulazione operata su uno stipendio mensile netto di 3.500 euro e spese dimostrabili di 2.500 euro, su tre casi porta alle seguenti conclusioni: 1) stato attuale: trattenute statali mensili di 1.760 euro (33,29%) e stipendio netto di 3.500 euro; 2) Irpef al 20%: trattenute di 1.060 euro e stipendio netto di 4.247 euro; 3) Irpef secondo la formula sopra indicata: trattenute di 900 euro e stipendio netto di 4.400 euro. Non è un caso che il cuneo, cioè la differenza tra stipendi lordi e netti in Italia, sia la più alta d'Europa: nel 2000 era del 47,1 % a fronte del 36,6% europeo.

Un'altra ipotesi di tassazione? una aliquota unica al 25%, fino a un tetto prestabilito che, indicativamente fisserei in 100 milioni di euro (più che sufficiente per permettersi tanti sfizi, per sottoporsi a trapianti di organi presso i migliori centri mondiali, ecc.), superato il quale il contribuente sarebbe "filtrato", sottoposto cioè a una sorta di pianificazione economica forzata in base alla quale ha solo la facoltà di scegliere il destino della quota eccedente il citato tetto. Una possibilità potrebbe essere quella di assoggettarlo al pagamento di un'aliquota vieppiù crescente, un'altra possibilità quella di imporgli di investire la quota eccedente il tetto in attività imprenditoriali che prevedano l'assunzione di un determinato numero di lavoratori, con l'esenzione dal pagamento dei contributi dei medesimi, oppure di esenzione del pagamento della tassazione sul reddito.

Ad esempio, se un'azienda ha un utile netto di un milione di euro, la sua tassazione sarebbe di 250.000 euro, che potrebbe essere versata oppure scambiata con l'assunzione di un corrispondente numero di persone, in relazione ai piani espansionistici dell'azienda stessa. Nel nostro caso, data la spesa annua totale di un operaio pari a 25.000 euro, l'operazione riguarderebbe 10 persone, un beneficio per l'economia se moltiplicata a migliaia di casi. Le stesse persone, disoccupate, costerebbero alla Stato, tra reddito di cittadinanza o comunque lo si voglia chiamare, assistenza sanitaria, scolastica, ecc., non meno di 15.000/20.000 euro annui, cosa che non muoverebbe certo l'economia! L'idea è ovviamente solo idea, data la necessità di verificare altri parametri economici.

E che si rivoltino pure Marx & Co.

Tale impostazione tributaria dovrebbe necessariamente essere anticipata da fondamentali e drastici provvedimenti quali: 1) sanatoria fiscale e richiamo di capitali esteri; 2) azzeramento o drastica riduzione degli enti inutili (>90%); 3) semplificazione burocratica e agevolazione fiscale anche per le imprese straniere; 4) creazione di start up, come prima descritto; 5) alienazione del demanio statale improduttivo.

È stato facile e naturale per i nostri governanti interpretare invece in modo originale i suddetti articoli. Come? È bastato non aguzzare l'ingegno, cioè scegliere la via più semplice: quella del non pensare. Non si vuole ridurre seriamente la spesa inutile ed eliminare il clientelismo? Non si vuole agevolare l'iniziativa privata, vero motore propulsore? Non si possono avviare certe iniziative perché vietato dall'Europa (dimenticando che tante altre imposizioni positive dell'Europa sulle carceri, la giustizia, la responsabilità dei magistrati, la parità dei diritti del lavoro, ecc., vengono sistematicamente ignorate)?

Nessun problema, nell'obiettivo di tendere all'appiattimento sociale, si continua a operare mediante la super tassazione di determinate classi sociali, a provvedere ad una" equa" ripartizione della ricchezza, cioè foraggiando gli inetti e le sanguisughe, importando immigrati a cui garantire alloggi e assistenza, ma in compenso si acquisteranno voti a iosa e si mette a tacere la propria coscienza. Mentre un governo legalitario e liberale, favorirebbe la libertà economica e il rispetto della proprietà acquisita con il lavoro e, proprio nel rispetto dell'uguaglianza più volte citata, applicherebbe tasse e erogherebbe servizi uguali per tutti. Ove mai tale politica non fosse sufficiente al conseguimento dell'obiettivo, lo Stato, ovvero il governo di turno, dovrebbe provvedere in proprio e non già con il denaro solo di alcuni cittadini o, se mi si perdona il francesismo, non dovrebbe scopare con il culo degli altri. Voglio spingermi oltre. **L'ideale sarebbe la tassazione proporzionale al reddito, accompagnata dalla sua destinazione.** Oggi non esistono impedimenti, né limiti tecnici o economici. Come anticipato a proposito della partecipazione popolare, il software dovrebbe consentire di cambiare modalità, rendendo possibile conoscere anche su pc e smartphone quale destinazione prendono le tasse versate da ogni contribuente! Divertiamoci a pensare (a denti stretti) solo a titolo d'esempio: se nelle casse statali fossero stati esauriti i fondi destinati alle spese "istituzionali", si saprebbe da quale altro capitolo di spesa sarebbero stati stornati gli oltre 150.000 euro che hanno consentito a un nostro premier di assistere alla finale degli US Open di tennis, oppure se tale somma si sarebbe risparmiata (così lui avrebbe avuto pieno titolo di vantarsi di essere andato a spese proprie). Che faccia di cu... e che figura di ca... direbbe qualcuno; invece no, ci sarebbe un motivo recondito. Lo stesso giorno veniva inaugurata la fiera del levante a Bari, che il nostro avrebbe opportunamente disertato con la scusa del tennis, per non dare soddisfazione al presidente della Regione Puglia, con il quale non era notoriamente in rapporti idilliaci! Ma, ritornando al software citato, i cittadini avrebbero ad esempio la consapevolezza in tempo reale della spesa da affrontare per una determinata iniziativa proposta, oltre che dell'importo addebitabile al singolo contribuente, in conseguenza dei quali (idea e spesa), esprimerebbero la propria opinione. Facciamo un esempio banale: il governo vorrebbe accogliere e conseguentemente assistere e integrare quanti più migranti possibili, rifugiati e non, per una spesa presunta annua di circa 8 miliardi; considerati 40 milioni i contribuenti italiani, considerati tutti uguali per Costituzione e tutti in egual misura in diritto di godere di questo dono, l'onere ripartito egualitariamente sarebbe di 200 euro l'anno cadauno. Meglio di così!

Un altro aspetto che attiene all'economia, per niente secondario anzi drammaticamente più serio, è rappresentato dalla finanza, dai mercati, dalla globalizzazione, purtroppo capaci di influire, oggi più che mai, sulla politica e sull'economia dei singoli Stati. Se un paese decide di tassare la finanza, come per incanto i capitali si sono già trasferiti altrove; se si propende per il protezionismo ne patiscono le esportazioni, conseguentemente i posti di lavoro. Il problema sarebbe risolvibile utopisticamente solo attraverso una serie cooperazione tra **tutti** gli Stati!

Questa la chiamo vera democrazia e partecipazione popolare diretta!

Gli interrogativi di cui sopra, compresa la politica economica, sono ovviamente retorici. Ognuno si dia le risposte che più lo soddisfano; una, che contrasta apertamente con chi ha paraocchi e paraorecchie o finge di non rendersi conto, va ricercata sui seguenti punti: 1) inettitudine, semplice mediocrità o mancanza di coraggio, dei politici; 2) la presenza del Vaticano; 3) il governo è costretto a garantire la pace sociale comunque. Se ci si riflette in fondo, l'incapacità dei governanti impedisce la realizzazione di una politica economica e fiscale seria, l'abolizione di tutte le spese inutili e quanto già esposto; la presenza del Papa impone il buonismo a ogni livello; per garantire la pace sociale la via più semplice e immediata rimane quella dell'eccessiva tassazione delle fasce più abbienti.

Si immagini per un attimo il contrario, che il governo e il parlamento, ognuno per le proprie competenze, consapevoli della grave situazione del paese e dando prova di grande responsabilità e coraggio, approvino urgenti provvedimenti finalizzati all'immediata eliminazione degli sprechi prima enunciati, all'eliminazione di enti infruttuosi, all'allineamento delle tasse e al contemporaneo rilancio dell'economia. Tale beneficio ne produrrebbe immediatamente un altro: il cittadino (escludo dal termine lo sfaccendato, la sanguisuga, il neghittoso, il passivo) tornerebbe a credere nella politica, sentirebbe finalmente lo Stato amico, diventerebbe responsabile, cosa che si tradurrebbe anche in una riduzione sensibile dell'evasione fiscale. Un circolo virtuoso.

Io voterei chiunque, di qualunque partito o movimento fosse leader, che presentasse un dettagliato programma di governo (precisandone anche i futuri componenti) e dichiarasse in pubblico che, una volta al potere acquisito con maggioranza assoluta parlamentare e quindi governativa, varerebbe le seguenti misure (con parlamentari da votare a scrutinio palese, onde espellere definitivamente i dissenzienti e oppositori che gli impedissero la realizzazione del programma per cui è stato votato — **NO ALLE TRANSUMANZE TRASFORMISTICHE** — si pensi che nella corrente legislatura circa il 20% dei parlamentari ha cambiato casacca!), nel pieno rispetto dell'art. 3 della Costituzione:

- eliminazione di ogni genere di spreco, comprendente tra l'altro gli enti inutili e i doppioni, i super stipendi e le super consulenze, l'obbligatorietà dei centri di spesa, ecc.;

- allineamento o parificazione degli emolumenti nelle amministrazioni pubbliche a livello nazionale;

- eliminazione dei vitalizi d'oro dei politici (svariati ex politici hanno incassato, e continueranno a farlo, oltre un milione di euro in più dei contributi da loro versati!);

- applicazione della tassazione unica;

- radicale snellimento della burocrazia e semplificazione normativa;

- licenziabilità dei lavoratori ladri, dannosi, incapaci;

- responsabilità dei magistrati, nel rispetto dell'art. 28 della Costituzione che prevede la responsabilità diretta dei pubblici funzionari e della sentenza 2/1968 della Corte Costituzionale che estende l'applicazione del citato articolo anche agli uffici giudiziari; separazione delle carriere e applicazione di sanzioni per gli uffici giudiziari in caso di fughe di notizie; abolizione della carriera automatica; forte diminuzione della possibilità interpretativa mediante la messa a punto delle norme che vi si prestano; eliminazione dell'obbligatorietà dell'azione penale; diminuzione dei tempi di prescrizione; consenso all'appello solo per i condannati e non anche per le procure;

- se si vuole insistere sulla obbligatorietà dell'azione penale da parte delle procure, si introduca in legislazione, nel caso di vittoria da parte dell'indagato, che allo stesso oltre alle spese già riconoscibili, vadano riconosciute tutte le spese legali sopportate;

- riscrittura delle norme sulla difesa personale e sulla certezza delle pene;

- costruzione nuove carceri;

- seria regolamentazione degli scioperi e delle manifestazioni di piazza con applicazioni di significative pene pecuniarie e penali;

- lotta seria all'evasione fiscale (dopo la necessaria riforma);

- blocco e rigorosa regolamentazione dell'emigrazione;

- riorganizzazione strutturale dei comparti Scuola e Sanità;

- riorganizzazione e snellimento del tessuto normativo civile e soprattutto penale, atti alla semplificazione, alla coerenza con le altre norme e alla eliminazione delle interpretazioni;

- revisione di tutte le norme inerenti a tasse, tributi e balzelli iniqui (canone Rai, è sufficiente il possesso di un apparecchio tv, non interessa il suo uso; tassa Rsu - è commisurata alla superficie posseduta non al numero di utenti, ecc.);

- guerra senza frontiere contro le droghe;

Si è capito che ho un'idea utopica della politica e di chi è deputato ad esercitarla.

Mi è impossibile rispettare il politico che non crede sinceramente nella propria idea, che non opera nel pieno rispetto del suo mandato, che non si batte esclusivamente per il raggiungimento dei fini che si è posto (con esclusione di idee e fini elettoralistici), che non rispetta infine i suoi avversari e quanti hanno idee diverse dalle sue. Per quanto riguarda in particolare quest'ultimo punto, anche cercando di forzare la memoria, si fa fatica a ritrovare "signori" nel campo politico che non siano appartenuti alla prima repubblica. Oggi i media non ci stupiscono più nel propinarci quotidianamente sputtanamenti, intercettazioni, falsi moralismi e altre meschinità che danno la dimostrazione lampante dell'imbarbarimento generale. Ci sono partiti e esponenti politici che fanno presa su certe masse, non già per la solidità delle loro idee e sulla determinazione e onestà dimostrata nel portarle avanti, ma, convinti di essere rappresentanti della collera degli umili, degli offesi, dei derelitti, della morale, usano magistralmente il populismo e l'odio (solo per taluni diretti avversari) come unico strumento politico!

Si suggerisce a tutti gli affabulatori di quei partiti o gruppi, che sanno predicare solo l'odio e promettere fantasticherie per attirare le masse, di aprire la mente leggendo a volte o più spesso qualche pubblicazione di segno opposto, per conoscere altre verità di cui non sanno. L'ignoranza è una brutta bestia.

Ma, se farlo produce loro male al cuore, si soffermino almeno a leggere, per quanto attiene alla politica dell'accoglienza, la Fallaci, quando, ad esempio, afferma che dopo l'11 settembre, l'Europa è diventata una cascata del Niagara di un maccartismo con la sola differenza del colore politico. Oggi è la sinistra che vittimizza gli altri, che sevizia chiunque vada contro corrente e brucia gli eretici tentando di tappar loro la bocca, che attraverso i professori e l'indottrinamento quotidiano opera il lavaggio del cervello e, con l'indottrinamento, le marce settarie, i comizi faziosi, gli eccessi fascistoidi; quando afferma che il musulmano moderato è lo stesso che bastona la moglie (o le mogli) o uccide la figlia se si innamora di un cristiano, cane infedele che puzza come le scimmie, i cammelli e i maiali; quando afferma che l'eliminazione delle altre religioni e ogni altro atto operato contro gli altri sono proprio prescritti nel Corano.

Leggano che Sayed Kouachi, l'attentatore a Charlie Hebdo a Parigi, ha spiegato che il mondo si rifiuta per caparbia ignavia di comprendere che lui non è un terrorista; lui è un islamista, un jihadista, che tutti loro non sono assassini, difendono il Profeta, che chi offende il Profeta deve essere eliminato come prevede la sharia (in vigore in una decina di paesi islamici!).

Leggano ad esempio anche: - che in Libia circolano volantini che invitano i clandestini a non rischiare e a telefonare al 1530 della guardia costiera italiana che sicuramente li soccorrerà; - che la polizia lamenta grosse carenze strutturali e si è vista tagliare i fondi per gli straordinari a fronte invece di congrui stanziamenti destinati alle politiche e servizi d'accoglienza, che inoltre vive giornalmente senza difesa e con la sfiducia derivata nella constatazione che di sera ritrovano liberi gli arrestati di giorno; - che, con la "consulenza" di certi sindacati e associazioni varie (quelli cioè che veramente conoscono i rubinetti dello Stato), molti extracomunitari hanno beneficiato di 20.000 euro, resi disponibili dallo Stato per l'avvio di attività, soldi che però gli stessi non hanno utilizzato per tali fini, essendo rientrati di corsa nei propri paesi (ah, dimenticavo di dire che certa politica la chiama "solidarietà"). Tempo addietro amici mi avevano raccontato di avere licenziato fittiziamente, su loro espressa richiesta suggeritagli da sindacalisti, alcuni operai extracomunitari, che così avrebbero fruito di una sorta di risarcimento di 1000 euro dallo Stato; - che, come ha dichiarato tempo fa un importante arcivescovo al seminario della fondazione Migrantes, gli islamici arrivano da noi risoluti a restare sostanzialmente "diversi", in attesa di farci diventare tutti sostanzialmente come loro; che hanno una visione integralista della vita pubblica; - che, per quanto possa apparire paradossale, il solo modo di promuovere il principio di reciprocità sarebbe quello di consentire in Italia, per i musulmani, sul piano delle istituzioni da autorizzare, solo ciò che nei paesi musulmani è effettivamente consentito agli altri; -che gli immigrati che stanno in Italia da almeno dieci anni possono chiamare i genitori over 65, quindi fare scattare il diritto alla pensione sociale di circa 500 euro al mese (nel 2014 i fruitori sono stati circa 56.000 per una spesa statale di 330 milioni di euro), per poi spesso rispedirli dopo poco tempo in patria, continuando a incassare per delega; sapranno, ad esempio, delle utopiche richieste di taluni partiti di istituire un reddito di cittadinanza di quasi 1000 euro per tutti, anche disoccupati con proprietà non denunciate, rifugiati extracomunitari purché abbiano la residenza, quando spesso un operaio e soprattutto molti pensionati che hanno lavorato 40 anni se lo sognano? Hanno scambiato l'Italia per una nazione che vive con i petrodollari? O si saranno detto: che male c'è ad aggiungere spesa alla spesa, tanto la spesa pubblica cresce sempre? Perché chi lavora regolarmente dovrebbe continuare a farlo? Questi sono squallidi populismi (termine che adorano)! E comunque, poiché ho il dovere di credere nella buona fede di chi predica queste cose, suggerisco loro, anche per convincere quelli che non credono: comincino essi stessi a dare il buon esempio, ciascuno si prenda a carico un disagiato sociale oppure avvii delle cooperative che portino avanti dei progetti, così daranno da mangiare a qualcuno.

Leggendo sapranno anche dei problemi seri e veri di quei migranti che creano una infinità di problemi alle finanze dello Stato (cioè a Pantalone) o direttamente ai cittadini allorquando delinquono, drogati o ubriachi che investono e uccidono, rapinatori o assassini seriali, che vengono regolarmente scarcerati. Sapranno che a oggi gli immigrati rappresentano l'8% della popolazione, ma commettono oltre il 31% dei reati, in particolare quasi il 39% per abusi sessuali, il 74% per sfruttamento della prostituzione e che rappresentano il 33% dei detenuti. Sapranno anche che è un luogo comune che gli italiani rifiutino di fare lavori di bassa manovalanza; risulta da una ricerca della UIL infatti che il 65% di tali lavori sia svolto da connazionali. Volutamente mi sono limitato all'argomento immigrati. La lettura non fa mai male, arricchisce sempre!

In passatotutti coloro che volevano collocarmi in un determinato ambito politico non hanno avuto successo; come detto in premessa, in realtà non ero classificabile, né ideologicamente schiavo, a volte apparivo ambidestro a volte controverso, diciamo fuori dagli schemi precostituiti. Comunque non mi ritengo di destra, ma nemmeno di sinistra, tantomeno dell'ultima sinistra, per intenderci quella antiberlusconiana, non per rispetto verso quest'ultimo (pur avendo plaudito il suo ingresso in politica, perché convinto che il suo esempio di imprenditorialità vincente avrebbe giovato alla politica passiva e che il suo status escludesse aspirazioni a ricchezza e potere, al contrario di tanti politicanti e avventurieri), quanto per inconfutabile inconsistenza o confusione di idee, poggiata sostanzialmente sulla crocifissione ed eliminazione di quell'avversario che aveva osato frapporsi tra il loro partito e il potere, che lo stesso partito aveva pregustato di occupare già all'indomani di Mani pulite. È venuto a mancare il rispetto dell'avversario. Uno statista è da ammirare al di là delle proprie idee politiche, che possono anche non condividersi, che lo stesso perora per vera convinzione e non per opportunismo, ma quanto per la correttezza del suo operare e il rispetto degli avversari e della gente.

Deve farsi valere per quello che è e per quello che fa, non deve valere perché non meritano, o cerca di dimostrare che, non meritino gli altri! Per me acquista sommo valore il politico: - che non agisca come una folle banderuola (un giorno giustizialista, un giorno garantista); - che almeno in pubblico non dica male degli avversari; - che abbia la forza di ammettere gli errori commessi; - che abbia il coraggio di apprezzare gli avversari. Berlusconi è stato prestato alla politica, non è cresciuto nei circoli politici, come, ad esempio, quelle tante anime innocenti (e certamente pure invidiose) scandalizzate del suo libertinaggio, che l'hanno messo alla gogna anche per questo. Ritengo di gran lunga più deprecabile il fatto che un politico si permetta di urlare in pubblico che quelli di destra farebbero meglio a ritornare nelle fogne (Marino), ricevendo scroscianti applausi dai suoi fan! O chi considera populisti, se non bestie (Renzi), chi non accetta la solidarietà, comunque e nei confronti di chiunque, voluta dal governo sui migranti. In una certa sinistra traspare così evidente e incontenibile l'astio verso i diversamente pensanti, che non faccio fatica ad accostarla all'estremismo islamico! Non ho avuto modo di approfondire la cosa e me ne duole. Rari mi appaiono i Violante e simili, dai quali non ho mai sentito sprigionare veleni, battute satiriche nei confronti degli avversari e a volte onesti nel confessare propri errori o lacune. Forse un gradino superiore?

Ma sono cosciente di far parte di una minoranza!

Vale la pena ricordare (a chi dimentica o ignora perché lettore solo di Repubblica e simili) tre gravi particolari, su decine: - che B. è stato coinvolto in più di oltre 30 procedimenti penali per una serie infinita di reati (abuso d'ufficio, aggiotaggio, appropriazione indebita, associazione per delinquere e concorso in associazione mafiosa, concorso in strage, concussione, corruzione, peculato, prostituzione minorile, ricettazione, riciclaggio, ecc.), con una sola condanna; - che è stato fatto cadere con complotto organizzato anche a livello internazionale; - che Napolitano, dopo la sentenza definitiva della sua condanna, ha dichiarato "ritengo ed auspico che possano ora aprirsi condizioni più favorevoli per l'esame in Parlamento di quei problemi relativi all'amministrazione della giustizia".

L'argomento mi riporta alla memoria un articolo, letto tempo addietro a proposito di buonismo, umanitarismo e pacifismo, di cui è il caso di riportarne i concetti. Nella sostanza si affermava che non è vero che l'occidente si sia affrancato dall'odio, ritenuto presuntivamente relegato in zone circoscritte del globo; l'odio sarebbe accumulato in una "banca della vendetta", come l'ha chiamata il filosofo tedesco Sloterdijk, il quale sostiene che a dirigerla fosse la classe politica di sinistra, notoriamente depositaria delle istanze dei meno abbienti, odio da utilizzare in tempi e modi opportuni e nei confronti dei simboli riconosciuti come nemici del popolo: per vent'anni Berlusconi, poi Equitalia, le banche, le caste, ecc., bersagli delle procure, delle intercettazioni sbandierate e via dicendo.

Ma, a supporto di tale tesi tratta da studi filosofici e sociologici, si riscontrano recenti ammissioni di doppiopesismo operato nel tempo da una certa sinistra. Ne riporto solo alcuni come promemoria. Enrico Letta: "se l'Italicum l'avesse proposto Berlusconi saremmo scesi in piazza tutti i giorni"; Pier Luigi Bersani: "se la fiducia sulla legge elettorale l'avesse messa Berlusconi, sarebbe stato processato in piazza"; M5S: quando la migrazione dei parlamentari fu a vantaggio di Berlusconi si mobilitarono certi media e politici urlando allo scandalo; oggi che lo è a favore del Pd? Folgorazione? Se tutti i posti chiave dello

Stato fossero stati assegnati a uomini di B. si sarebbe gridato all'attentato alla Costituzione, ecc. Non fanno tenerezza?

Finisco su Berlusconi con un po' di fantapolitica. Per me B. ha commesso un solo errore, ma enorme:non essere sceso in campo con la sinistra! E dire che non gli sarebbero mancati argomenti per farsi accogliere. Si sarebbe gridato allo scandalo? Forse, ma si sarebbe superato. Il risultato: positivo per tutti. I sinistri duri e puri avrebbero formato un'ulteriore sinistra, come presto accadrà, Renzi operante. La vecchia sinistra sarebbe diventata vent'anni prima come sarà a breve, più moderna, liberista, (insomma, una DC + PCI moderni e uniti per il bene del paese), avrebbe acquisito non meno del 50% dell'elettorato divenendo il primo partito europeo, ci sarebbe stata più equità sociale, si sarebbero evitate le sanzioni alla Russia, con cui anzi l'Europa avrebbe formato un asse insieme con gli USA, così ridisegnando nuovi equilibri mondiali. Si sarebbero sedati anzitempo i problemi mediorientali e conseguentemente l'Isis, esodi e morti. InfineB. si sarebbe evitata la miriade di processi, risparmiandosi una montagna di denaro e grattacapi, e oggi passerebbe il testimone al suo delfino Renzi o altri, il quale partirebbe col piede giusto. A me piace sognare non solo su ciò che sarà, ma anche su ciò che poteva essere.

Quando si pensa a decine e decine di altre assurdità esistenti, meritevoli di trattazione separata, allora automaticamente verrebbe da concludere che una strada ci sarebbe, certo non percorribile da tutti, ma da quei tanti che posseggono le giuste motivazioni.

Se puoi, prendi tutto ciò che possiedi o le sole cose importanti e trasferisciti in paesi dove i soldi valgono qualcosa, dove la tassazione è bassissima e ti accolgono a braccia aperte, dove l'assistenza sanitaria è efficiente, dove il clima è mite, dove la gente è cordiale e simpatica, la criminalità bassa, e fai pure il segno dell'ombrello ai nostri politici! Dove? I paesi più gettonati al momento sono Australia, Belize, Canarie, Costa Rica, Equador, Malesia, Malta, Marocco, Nuova Zelanda, Spagna, Portogallo, Tunisia. Sito utile: **www.mollotutto.com;** ci sono diverse pubblicazioni sul tema.

Unico conforto? Si potrebbe stare peggio con una dittatura, forse.

Egoista è il governo, in quanto gruppo di politici, in ogni sua espressione del fare e del non fare. Lo è quando vara provvedimenti populisti;

quando colloca persone in posizioni strategiche di enti, banche, istituti, ecc., più per appartenenza politica, che persone meritevoli; quando ricorre alla fiducia bypassando il parlamento; quando intreccia improbabili alleanze estemporanee pur di ottenere maggioranze che gli consentano di varare i provvedimenti; quando partorisce provvedimenti frutto di condizionamenti, ricatti, patteggiamenti e quindi, se va bene, privi di efficacia; quando non vengono adottate le indispensabili leggi inerenti sburocratizzazione, snellimento, detassazione, agevolazioni fiscali, tutela dell'incolumità personale, certezza delle pene, abbattimento delle spese superflue, protezione dei confini e regolamentazione dei flussi migratori, ammodernamento di scuole, ospedali, carceri, ecc. Ma è ugualmente egoista (buono) nei rari casi nei quali riesce a produrre norme all'avanguardia e che rappresentino un riferimento in campo internazionale.

POSITIVO E NEGATIVO

Con questi aggettivi generalmente si attribuisce una valenza a una caratteristica personale, ma anche a un fatto, un'esperienza, un'azione, un atteggiamento, ecc. La maggior parte di noi fa rientrare nel termine positivo parole come intelligenza, cultura, sensibilità, sanità, onestà, laboriosità, temperamento bonario/pacifismo, generosità, altruismo, amore, speranza, fede; tra le cose negative il corrispondente opposto, ovvero stupidità, ignoranza, insensibilità, malattia, disonestà, parassitismo, temperamento violento, litigiosità, avarizia, egoismo, odio, disperazione, sfiducia.

Se tale attribuzione fosse unanime per un campione significativo della popolazione, se ne dedurrebbe che, potendosi autodeterminare, l'uomo opterebbe ovviamente per il possesso delle caratteristiche positive. E in assoluto è proprio così. Tuttavia, se si analizza più a fondo la cosa, con specifico riferimento ai rapporti relazionali, non può non mettersi in evidenza lo svantaggio ai fini strettamente egoistici, di tale possesso. Il perché? Presto detto. Immaginiamoci degli incontri/scontri, o se si vuole confronti, diretti: ad esempio, tra una persona mediamente intelligente e una mediamente stupida, escludendo per semplicità la contemporanea presenza di altre caratteristiche. Si può solo ipotizzare, estrapolando da esperienze vissute, cosa può accadere. La risposta sarà unanime: <u>incomprensione.</u> Lo stupido taccerà di stupidità l'intelligente, che alla fine sarà la parte "soccombente". Salvo che non sia allo stesso tempo un violento, non reagirà fisicamente e probabilmente sarà capace di capire il suo interlocutore, essendo cosciente della difficoltà a farsi capire da lui. Alla fine, preso atto dell'impossibilità a comunicare, assumerà la parte del buon padre e porrà fine all'incontro.

Tra una persona colta e una analfabeta non potrà che ottenersi lo stesso risultato: incomprensione. Conseguenza sarà che la persona colta si arrenderà, dopo che avrà intuito che il confronto è impari.

Tra la persona sensibile e l'insensibile la musica non cambia: la prima non accetterà ulteriori soprusi o offese e si dissolverà in un battibaleno.

Proviamo ad analizzare gli altri casi che vengono in mente: egoista/altruista, onesto/disonesto, educato/cafone, buono/cattivo, calmo/violento, diplomatico/estremista, paziente/nervoso, ecc.

La risposta sarà: il positivo soccombe sempre nello scambio dare-avere.

Cos'altro resta da fare all'intelligente di fronte alla cocciutaggine dello stupido se non scendere al suo livello (dei due solo lui può farlo, l'altro è impossibilitato a salire) per instaurare quel minimo dialogo tale da superare l'attimo critico del confronto? Lo stesso sarà costretto a fare il colto nei confronti dell'ignorante, l'altruista con l'egoista, l'esperto con l'inesperto. Non c'è scampo: è mortificante, ingiusto, assurdo, ridicolo rendersi conto di non poter far valere le proprie superiori qualità perché incomprese. Ricordi mai che tuo figlio o una persona a te vicina, molto più giovane, abbia ascoltato tout court un tuo consiglio, da più esperiente? Hai mai incontrato qualcuno meno intelligente o meno colto che ti abbia dato ragione ammettendo di avere sbagliato? E dell'egoista? La risposta è certamente NO. Perché prevale la presunzione. Conclusione: <u>nel confronto/scontro con stupidi, ignoranti, inesperti, egoisti ecc. non si otterrà mai soddisfazione: si avrà sempre torto e non si potrà insegnare niente</u>. Ogni cedimento, ogni resa, che avvenga per opportunismo od opportunità, è comunque, come qualsiasi atto umano, egoistico.

Val la pena rammentare a volte proverbi antichi, che spesso sono perle di saggezza. Nel nostro caso cade a pennello quello che recita così: a lavare la testa all'asino si perde il tempo, l'acqua e il sapone. Tradotto: se si tenta di far capire qualcosa a qualcuno che non vuole o non è capace di capire, ci si rimette pure. Un altro classico è: Stultorum mater semper gravida est.

Ma vi è un'altra non meno triste considerazione da fare. Molte caratteristiche, un tempo considerate qualità, sembra siano state "rivisitate". Si *p*ensi all'umiltà, alla modestia, all'educazione, alla gentilezza e via dicendo. Ma questa "rivisitazione" è imputabile solo parzialmente al multiculturalismo vieppiù crescente, il decadimento è proprio un segno palese di questo tempo. Si pensi ai talkshow, ai dibattiti, alle interviste multiple in tv: mi ci soffermo anche se li trovo stressanti più che interessanti, visto che è impossibile sentire e comprendere il parere degli intervistati giacché ognuno tenta di prevaricare gli altri e la vince sempre, per modo di dire, chi possiede la voce più potente, ma nel disperato tentativo di verificare l'esistenza di una persona umile, di chi rispetta le opinioni altrui, anche se folli o frutto di ignoranza, chi educatamente attende di parlare se gli danno la parola! Se lo trovo non posso che esultare. Stiamo parlando addirittura di capovolgimento a 180 gradi! Non è che quelle, che prima erano considerate doti, oggi sono viste come normalità, NO, sono addirittura interpretate come debolezze; oggi dimostrarsi umili, modesti, timidi, rispettosi o gentili equivale ad essere perdenti. E il decadimento non poteva non coinvolgere ogni strato della società, ivi compresa la politica, di cui si parla nel capitolo apposito. Benvenuto nuovo mondo!

<u>Invito comunque a riflettere un attimo su noi medesimi</u>! Quando si vive a lungo in un posto si diventa ciechi. Ci dimentichiamo o trascuriamo le persone care, gli animali che ci amano, le cose che ci circondano in generale. Ma in particolare, nell'intimo, siamo così abituati al nostro essere che spesso facciamo fatica a riconoscere le stupidità, le meschinità, le bestialità, che, a volte, capita a tutti di commettere. Il segreto da tenere presente è uno solo: <u>essere in grado di estrapolarci dal contesto e osservarci dall'esterno così da essere in grado di giudicare noi stessi, allo stesso modo di come siamo bravissimi a fare quando giudichiamo l'operato altrui.</u>

Incidentalmente, invito a ricordare un ulteriore aspetto: a quante volte ci è successo di relazionarci con persone di acclarata intelligenza, ma assolutamente prive di capacità comunicativa tanto da risultare incomprensibili ai più? Immagino che a qualcuno sia venuto in mente un vecchio professore delle scuole superiori o addirittura cattedratico universitario magari autore di testi, ma incapace di insegnare.

Un'altra categoria di persone, fortunatamente esigua, che non può, nel senso che non vuole scientemente, tenere rapporti se non informali con gli altri è quella costituita da chi si crede superiore, penso alle teste coronate, a certi nobili, a taluni ricconi, alla specie peggiore di parvenu, a certi snob, a tutti quelli insomma che hanno una aristocratica avversione a relazionarsi con il resto del mondo, che guardano con sufficienza quasi tutti gli altri, considerati figli di un dio minore. Non già perché esenti, ma solo perché se ne parla in altra sede, ho escluso da quest'elenco quei politici che si ritengono depositari di ideologie superiori.

Ma, anche estremizzando il concetto di positivo/negativo, il risultato che se ne trae è negativo. Si pensi alla persona pia, che presto sarà beatificata e all'estremista assassino. Il primo trascinerà le folle, infonderà la gioia nei cuori e la speranza di una vita migliore in tanta gente. Regalerà tanto bene e pace all'anima. L'estremista, al contrario, produrrà non solo morte e distruzione (attentato torri gemelle di New York – quasi 3.000 morti; estremisti IS docent), ma anche emuli! E la morte non ha prezzo. Restano più indelebili i ricordi delle nefandezze, gli eccidi, gli obbrobri dei gulag sovietici, dei forni crematoi di Hitler, dei talebani, degli estremisti islamici, di Bin Laden, dei signori della guerra, che quelli relativi al viaggio storico del Papa in Africa o all'operato di madre Teresa di Calcutta, o del Dalai Lama o di Nelson Mandela? Se ne prenda amaramente atto: un fatto negativo fa più male del bene prodotto da un fatto positivo; **una goccia di veleno può contaminare un bidone di acqua pura, una goccia di acqua pura non può disinquinare una goccia di veleno!**

Volendo semplificare al massimo si potrebbe suddividere il mondo in questi componenti: una prima parte considerevolissima di furbi, una seconda parte altrettanto cospicua formata da individui sottosviluppati, indifesi, derelitti, affamati, innocui, e l'ultima costituita dalla gente che vive decorosamente, onestamente, nel rispetto delle regole e della società, definiti fessi dai primi.

Della categoria dei furbi fanno parte speculatori, scrocconi, parassiti, ladri, corruttori, corrotti e concussi, approfittatori, ricattatori, papponi, sanguisughe, portaborse, chiunque tragga profitti non meritati, assassini e tutti i predisposti alla miriade di reati esistenti.

Non è un semplice banale detto "L'occasione fa l'uomo ladro". Questa categoria è più numerosa di quanto si creda, tanto da permetterci di dire che tutte le somme/annue coinvolte nei giri illegali potrebbero tranquillamente sanare il bilancio statale, di consentire la riduzione del debito pubblico e conseguentemente quella delle tasse oltre che rilanciare l'economia!

Addolciamo la pillola, provando a cambiare il punto di vista: sorridano gli intelligenti, i colti, gli onesti, ecc., in quanto speciali esseri appartenenti a un pianeta diverso.

Per quanto attiene invece all'atteggiamento vale il suggerimento generale della scienza circa la preferenza al positivo, in quanto non fa che apportare benefici alla mente e quindi all'organismo. Chi non ricorda la storiella (**S**) del produttore di calzature che, volendosi espandere in Africa, incarica un venditore di tentare di proporre ivi il prodotto? Questi, tornato poco tempo dopo riferisce che la sua era una missione impossibile avendo constatato che gli indigeni camminano tutti scalzi! A questo punto il calzaturiero, ancorché deluso, decide di fare un ultimo tentativo mandando un secondo venditore. Questi, al suo rientro, comunica con entusiasmo al suo datore di lavoro che l'operazione è stata un vero successo, perché fortunatamente nessuno portava le scarpe!

Concludo con uno dei miei aforismi sull'ottimismo:

Ascoltare attentamente

Mangiare lentamente

Parlare scientemente

Respirare profondamente

Ridere gioiosamente

POTERE-VOLERE-DOVERE

Perché sia pensata o eseguita, ogni azione umana ruota attorno a questi tre verbi, che non sono per niente paritetici dal punto di vista decisionale. Ad esempio, può accadere che un evento di rilevanza mondiale, un incontro al vertice, ecc., sia incentrato sulla presenza di uno o più personaggi specifici. In condizioni standard non dovrebbero esistere cause di forza maggiore che impediscano l'avvenimento, ma un lutto, un serio malore di alcuni personaggi o un evento distruttivo naturale improvvisi ne determinerebbero inevitabilmente l'annullamento o il rinvio.

Con questo breve esempio si intende chiarire la preminenza del verbo *potere* sugli altri due, mentre è naturale concedere il secondo posto al *dovere*, con buona pace per il *volere* a cui invece tutti avremmo assegnato volentieri la priorità. Infatti, non saremmo tutti più felici se fosse sufficiente la volontà di possedere o di fare qualcosa, nonostante non si potesse e non si dovesse?

Se indichiamo con POS e PON il potere positivo e negativo e così pure per VOS e VON il volere positivo e negativo e con DOS e DON il dovere positivo e negativo, le possibili combinazioni sono otto, ovvero:

1)POS	VOS	DOS	5)PON	VON	DON
2)POS	VOS	DON	6)PON	VON	DOS
3)POS	VON	DOS	7)PON	VOS	DON
4)POS	VON	DON	8)PON	VOS	DOS

Analizzando le varie combinazioni potremmo dire che:

- quelle più soddisfacenti appaiono la 1 perché si può, si desidera e si soddisfa anche il senso del dovere; la 2 perché si fa solo per piacere; in parte la 6;

- quelle più stressanti: in assoluto la 3 in quanto non si vuole pur potendo e dovendo; la 7 perché si vuole e non si ha obbligo, ma non si può; la 8 in quanto, pur volendo e dovendo, non è possibile;

- quelle indifferenti le 4 e 5;

La situazione 3, in quanto più fastidiosa, si presta ovviamente a strumentalizzazioni e forzature; è il verbo (non) potere a subirle, trasformandosi così da soggettivo in oggettivo. Questa situazione è caratterizzata dal desiderio di trovarsi nella condizione di non potere: la scusa più classica è naturalmente quella riguardante la salute propria o di familiari: - non posso perché sto malissimo (e presenta la ricetta del medico curante) oppure - perché il bambino ha le colichette, oppure - perché mia madre con l'Alzheimer è sola a casa, oppure - per un incidente stradale, ecc.

Come è noto c'è anche la situazione opposta, ovvero la costatazione del non potere a fronte del desiderio di volere e quindi, a monte, dal desiderio di potere potere: desiderare il tablet, l'auto, la casa, ecc., ma non averne i mezzi.

Non si può dire quale delle due condizioni sia più affliggente in assoluto; sembra paradossale, ma non lo è se ci ricordiamo che ogni essere è un'entità, una personalità a sé. Non bisogna stupirsi più di tanto se <u>il tipo A preferisce trovarsi nella condizione di non potere fare qualcosa</u> proprio perché non vuole (è il caso rappresentato da chi odia i condizionamenti in generale e ama la semplicità della vita tanto da impostare la propria esistenza sulla riduzione dei problemi e a volte, coerentemente con tale visione, anche sulla rinuncia di cose desiderate, ma sempre non scevre di problemi, ed <u>il tipo B che preferisce essere nella condizione di potere fare/avere qualcosa</u> proprio perché vuole. Ma, in questo caso, è rara anche la disponibilità ad accollarsi condizionamenti.

PREGHIERA

È inevitabile che il termine evochi ritualità religiose, ma, come già anticipato in altra parte, l'argomento religione non viene considerato non perché estraneo all'egoismo, tutt'altro, ma perché ci porterebbe troppo lontano. Lo sfioro solo per esprimere il personale e volutamente sbrigativo punto di vista. Da buon pragmatico e in linea con quella che ho definito come la prima legge, cioè l'egoismo, giustifico le religioni unicamente come costruzioni della mente umana elaborate per darsi risposte o certezze sui tanti perché della vita, insomma come stratagemma per infondersi sicurezza. Ma il mondo trascendentale, peraltro governato da una serie di religioni e una varietà invidiabile di sette, non è l'unico in cui rifugiarsi; l'uomo, una volta liberatosi dall'infanzia delle favole e delle leggerezze, è stato capace di inventarsi una miriade di stratagemmi, dall'astrologia alla parapsicologia, alla cartomanzia, all'ufologia, ecc. Essendo nato in una zona di questa terra non asservita a religioni che si prestino a interpretazioni massimaliste, e in linea con il mio credo (ciò che interessa l'uomo nell'arco di tutta la sua esistenza è il proprio benessere e l'armoniosa coesistenza con gli altri esseri umani), sono *costretto* a credere: non arreco problemi a nessuno e in fondo uno spazio riservato all'interiorità non fa mai male.

Pertanto si affronterà l'argomento con specifico riferimento ai rapporti umani.

Richiamiamo per comodità i possibili tipi di rapporto che possono intercorrere tra due persone: 1) commerciale-professionale; 2) di lavoro; 3) di amicizia; 4) di conoscenza; 5) di amore; 6) di parentela. Nonostante l'estrema varietà di approccio che caratterizza tutti i tipi di rapporto è tutt'altro che raro udire frasi del genere: ti/la prego di farmi questo favore (sconto, urgenza di consegna, prestito denaro, rinvio scadenza data, assunzione, concessione permesso, richiesta di compagnia, di amore, di solidarietà, di aiuto vario, di regalo, ecc.). Non c'è limite alla fantasia. Così, in relazione all'egoismo e alla sensibilità del singolo, la preghiera può esternarsi da mai a quotidianamente. C'è chi, come chi scrive, orgoglioso e sensibile, difficilmente si affiderà alla preghiera per ottenere un favore o un aiuto da chicchessia. Per una siffatta persona la preghiera corrisponde già a un calo di dignità, se poi la risposta attesa fosse negativa a questo si sommerebbe il secondo evento negativo: la prostrazione. Meglio è sperare intimamente in qualcuno altrettanto sensibile che, percependo l'urgenza e l'importanza della cosa, presti il proprio aiuto anche senza riceverne richiesta. Detta diversamente, se il destinatario della preghiera è un amico, anche un conoscente o una persona sensibile ed ego1, la preghiera sarà superflua perché la persona si attiverà (o dovrebbe farlo) comunque. Se invece il destinatario è insensibile o ego2/3 la preghiera risulterà infruttuosa. C'è chi, al contrario, forte del contributo fondamentale del proprio ego pratico e della scarsa sensibilità, non si pone mai problema alcuno a chiedere, pregando, di tutto e di più.

PRESUNZIONE

Si definisce con tale termine l'arrogante pretesa, ovvero la certezza, di conoscere qualcosa, la risposta a un determinato perché, la spiegazione di un fenomeno, ecc. Si distingue dalla più semplice convinzione, che rappresenta il primo step, per il non secondario particolare che nel *presuntuoso* si innesca l'ulteriore pretesa di volere o dovere convincere gli altri.

Le più straordinarie e fantasiose convinzioni proliferano nel mondo politico, in campo religioso e in genere in tutti quei settori nei quali può essere arduo dimostrare l'inesattezza o la debolezza della convinzione palesata.

Se qualcuno asserisce di essere la persona più forte o più alta o più grassa o più intelligente, ecc. sulla faccia della terra, di avere trovato il segreto della vita o l'algoritmo sul comportamento umano non ha che da dimostrarlo per convincere.

Al contrario, se pretende di persuadere i suoi ascoltatori che condizione necessaria e sufficiente per fare crescere l'economia e quindi il benessere della popolazione sia una redistribuzione delle ricchezze o, spingendosi molto oltre, quale sia il sesso degli angeli o che Dio avrebbe detto cosa si può fare e cosa no(come se lui l'avesse conosciuto personalmente e, dopo averne interpretato correttamente il pensiero, gli fosse stato affidato l'incarico di divulgarlo al popolo), o che l'Islam non è il mondo violento rappresentato da qualcuno, beh questo lo vedo… diciamo arduo!

Nonostante ciò, ci sarà sempre una moltitudine che crederà. Questa moltitudine rappresenta il pane per l'esistenza dei presuntuosi e del suo proliferare.

Il problema diventa oltremodo grave quando la presunzione è accompagnata dall'ipocrisia. È noto, infatti, che, oltre ai presuntuosi in buona fede, una fetta rilevante è rappresentata da ipocriti, da imbonitori, da lestofanti, da truffatori, maestri nel giocare con la dabbenaggine del popolo bue. Chi, per sua natura, è scettico, è invitato a tentare di stringere una stretta amicizia con un religioso o un politico o un venditore e, per incanto, scoprirà un nuovo mondo e si sputerà in faccia per la sua stupidità!

PROBLEMI

È certo che si tratta di un termine tra i più usati e anche a livello internazionale è più o meno simile (inglese, francese, tedesco, russo, ecc.). È certo che non esista chi non ne abbia mai avuti o non abbia manifestato di averne; il problema non è correlato all'età, allo strato sociale, alla condizione di salute. È stupido, riduttivo e ignorante l'assunto che i problemi non attengano ai ricchi; se ne parla a sufficienza in altra parte di questo scritto e, comunque, una gamba rotta o l'indifferenza della donna amata può rappresentare un problema sia per il ricco che per il povero.

Così come i dolori fisici o psichici, ognuno ha una diversa percezione del problema, in relazione al proprio grado di sensibilità e di egoismo, all'età. Il problema assoluto non esiste e ognuno, che conosce il "peso" del suo problema, non può conoscere il "peso" del problema altrui, quindi <u>avrebbe</u> l'obbligo di non imporre il proprio agli altri e di non sottovalutare e di comprendere quello altrui. E questo è effettivamente un problema! Perché accade esattamente il contrario, per il primo principio! E così ci piacerebbe essere sempre circondati da gente che non ci propini i suoi problemi, capisca i nostri e possibilmente, se chiediamo aiuto, ci risponda: "Non c'è problema". Può succedere, ma è raro. Io l'ho vissuto, ho visto risolti problemi, per me insormontabili, da qualcuno che aveva il potere o la possibilità di farlo; poi chiaramente mi disobbligavo, ma la risoluzione del problema non aveva prezzo e la sensazione che rimaneva era stupenda. Così, quando mi è capitato di rendermi utile agli altri, cosa che facevo naturalmente senza calcolo, l'espressione degli altrui ringraziamenti era una bella gratificazione per me. Mi è pure accaduto di non avere ringraziamenti, regali, né riconoscenze dopo aver fatto favori importanti. Ma anche questo ci sta tutto grazie all'egoismo. E poi non si dimentichi il vecchio detto *Fai male e pensaci, fai bene e dimenticalo*.

(P) Mi metto totalmente a nudo e confesso che, anni fa da studente al politecnico, mi feci fare una "raccomandazione" per una materia. La materia mi piaceva, e forse feci questo passo per prendere un voto migliore o forse per saggiare le potenzialità del politico, amico mio e del docente interessato. Il risultato: fui rimandato. Non me la presi più di tanto, anzi feci tesoro dell'esperienza (che non ripetei più). La materia la superai brillantemente alla sessione successiva (senza raccomandazione!).

Come detto nella "sofferenza", chi ha sofferto di più si è temprato e non vive più come problemi molti di quelli che riteneva tali prima della sua sofferenza. (**P**) Tempo addietro subii degli interventi chirurgici e rischiai di morire. Quando feci rientro a casa, con diciotto chili in meno, ero debilitato e sfiduciato, perché mi aspettavano altri interventi, ma la mia visione della vita era cambiata. Mi ritrovai a osservare, incantato, le bellissime rose in giardino, le formichine nelle loro lunghe scie, i pesciolini sguazzare nel minuscolo laghetto artificiale: era come se vedessi per la prima volta casa mia, apprezzai come mai ciò che avevo visto tutti i giorni, da anni. Da allora per me molti dei vecchi problemi furono declassati a livello di banalità! Chiunque sia stato "baciato dalla fortuna" di vivere, e aver superato qualche grosso problema, non necessariamente di salute, sa di cosa si sta parlando.

Ecco, si dovrebbe fare tesoro di questa esperienza.

Come prima accennato l'entità del problema è funzione della sensibilità, dell'egoismo e dell'età. Il sensibile soffrirà di più per un suo problema, ma capirà anche quello altrui; l'egoista, al pari del ragazzino capirà esclusivamente il suo problema. Un esempio calzante che mi piace proporre è quello del padre onesto, ma disperato perché non in grado di pagare un debito in scadenza; la figlia diciottenne infelice perché abbandonata dal suo moroso; il figlio di otto anni avvilito perché non gli è stato regalato il giocattolo del giorno. Non si fa fatica a indicare quale sia il problema più serio, tuttavia solo un padre speciale è capace di comprendere e aiutare i figli a risolvere i loro, i figli certamente no. Ma, senza interessare l'età, mi piace riportare il più significativo di quelli vissuti personalmente. (**P**) Tempo fa il mio alloggio fu interessato da un incendio che provocò la distruzione di ogni cosa, a esclusione dei muri esterni. Persi arredi, vestiti, valori vari, documenti e ricordi del passato: un danno che andò ben oltre l'entità materiale, di per sé notevole. Nei giorni seguenti un conoscente, manifestando la sua originalissima partecipazione alla mia angoscia, mi confortò così: "Perché cosa dovrei dire io che anni fa mi è andato a fuoco il deposito del fieno?".

Termino con uno dei miei aforismi: <u>A chi è così affezionato ai propri problemi da non volerli rimuovere, suggerisco di aggiungerne uno: quello di migliorarsi e di toglierne uno: quello dell'apparire.</u>

RISPETTO

È auspicabile maggiore rispetto per il prossimo nel senso più ampio del termine. Il prossimo, in quanto essere umano, ha diritto di avanzare diritti e di pretendere rispetto dagli altri, così come ha il dovere di assolvere doveri e di rispettare gli altri. Se non siamo omofobi, razzisti, classisti il discorso vale a tutti i livelli. Ad esempio avere vicino, conversare, lavorare, giocare con un nero, con un gay, una prostituta, un drogato, un alcolizzato, un rom, e quant'altri ci potrà forse creare problemi estemporanei di adattamento o disagio a causa delle eccessive differenze culturali, di educazione, di modi di pensare, di porsi, perfino di odori forti e poco gradevoli di pelle, di sudore, di sporco, in particolare se il rapporto si consuma in spazi ristretti, ma si tratta pur sempre di problemi sostenibili.

Non ci si stanca mai di invitare chicchessia a tentare di trarre sempre e comunque beneficio da ogni esperienza vissuta, anche la più dolorosa. È sufficiente riflettere sul fatto che l'esperienza, di per sé, possiede intrinsecamente del positivo, in quanto va ad arricchire il protagonista e contribuisce alla costruzione della sua maturità.

Per quanto mi riguarda posso dire che le situazioni strane, per lo più casuali, ma a volte volute, in cui mi sono imbattuto nel corso degli anni, non mi hanno cambiato la vita, non mi hanno reso ricco né potente o famoso, ma non mi hanno nemmeno causato problemi fisici, né esistenziali. Mi hanno, però, sempre arricchito un po'. Ho scoperto realtà sconosciute, usanze strane, concezioni di vita insolite, talvolta mi hanno aperto gli occhi a subodorare e di conseguenza evitare circostanze spiacevoli.

Se siamo soli, ad esempio, non dovrebbe rappresentare un problema invitare al nostro tavolo per una pizza l'extracomunitario simpatico ed educato che vuole venderci la rosa o il cd musicale, oppure dare un passaggio con l'auto a chi ci appare manifesto ne abbia bisogno, sia essa una persona ben vestita o meno, in generale non dovremmo astenerci dall'aiutare chiunque nel caso del bisogno. Certamente, proprio per le diversità abissali con determinate categorie, ognuno di noi annovererà tra gli amici e frequenterà solo le persone che più gli interessano, che lo fanno star bene, che sente vicine o simili a se stesso. È lapalissiano che i ricchi e i poveri, i colti e gli ignoranti, gli intelligenti e gli stupidi, i savi e i matti si sentiranno più a loro agio con i propri simili. Ma una cosa è l'amicizia, la frequentazione, una cosa la solidarietà, che, in linea di principio, non va negata a nessuno.

Un problema sorge allorquando i protagonisti, per livello culturale, stato sociale, religione, latitudine, hanno visioni differenti sul termine. Generalizzando azzarderei a ritenere che, alle nostre latitudini, il rispetto è sentito da una persona in modo direttamente proporzionale al suo livello socioculturale, al suo grado di religiosità ed a suo livello di egoismo. Quanto più si scende di livello tanto più il concetto assume una connotazione particolare, identificandosi con l'essere dell'individuo. Uno scienziato rispetterà i suoi colleghi, seppur in modo differenziato, ma, in quanto essere acculturato, farà lo stesso con la gente comune (anche se su questo non ci giurerei; ad esempio, un famoso aforisma di Einstein, da me parafrasato nel capitolo *aforismi,* recita: ci sono due cose infinite, l'universo e la stupidità umana..., non fa che mettere in rilievo, senza che ce ne fosse alcun bisogno, la sua grandezza rispetto agli altri). Il ladro patentato dileggerà la gente stupida e ingenua, ma rispetterà un suo pari o di superiore carisma o *abilità professionale.* Analoga visione è quella del furbastro nei confronti dei creduloni. Rientra in certe religioni e in chi si identifica nell' EGO1 il rispetto per il prossimo.

Il motivo del rispetto è semplice. Il rispetto è un valore assoluto, fondamentale, è linfa vitale per il vivere civile. Rispetto vuol dire riconoscimento del prossimo, del suo essere, dei suoi diritti e dei suoi meriti. <u>Ognuno è o agisce perché gli sta bene così. Quindi, se pretendiamo di essere rispettati, dobbiamo rispettare</u>. In virtù di questo supremo principio, <u>NESSUNO deve nuocere a NESSUNO</u>.

Il mio unico estremismo? Non tollerare estremismi, radicalismi, violenze, malversazioni, ingiustizie.

<u>Sembra un banale concetto, in realtà il rispetto rappresenta il cardine del secondo assioma citato nel capitolo DNA: l'armoniosa coesistenza con gli altri esseri umani. Sarebbe sufficiente farne un credo universale</u>

e tutto cambierebbe! Purtroppo così non è e ciò, che scambiamo banalmente per naturale refrattarietà di tanta gente all'apprendimento e comprensione dei complessi algoritmi del vivere civile e del rispetto del prossimo, è in realtà la risultanza delle doti portate dal DNA, dello stato sociale, della religione, dell'età.

Sulla terra si parlano oltre 6.000 lingue, si osservano più di 30.000 tra religioni e dottrine varie, si seguono decine di teorie politiche; è chiaro che se lingua, religione e politica fossero uniche ne conseguirebbe una comprensione globale. Fin qui l'utopia. Ma, se al di là delle preferenze di ogni essere umano si ponesse al centro di tutti l'osservanza di regole minime universali, indispensabili al quieto vivere, si perseguirebbe il sopra citato secondo assioma. Non si vuole imporre una lingua, una religione, una politica, né, tanto meno, regole uniche per tutti, ma più semplicemente: **più libertà di pensieri e azioni per tutti: PURCHE' nessuno nuoccia al suo prossimo fisicamente, moralmente ed economicamente**. Regola che si antepone agli idiomi, agli usi, ai costumi, alle religioni, alle politiche. Utopia? Per niente, credo piuttosto in un sogno realizzabile, se non con l'inevitabile presa d'atto da parte dell'ONU dell'ingovernabilità, delle ingiustizie, delle violenze, della fame in mezzo mondo, certamente attraverso il **condizionamento celebrale** di cui al capitolo "cervello".

Ora che vi ho fatto ridere a crepapelle pensatemi più spesso!

Ai fini egoistici? Chi nutre rispetto è egoista, ritenendo evidentemente di soddisfare appieno, con la sua filosofia di vita, il secondo assioma: l'armoniosa coesistenza con gli altri esseri viventi. Naturalmente egoisti sono tutti quelli che, per i più diversi motivi e ai più svariati livelli, siano essi contingenti o meno, si disinteressano del prossimo, quando non lo sfruttano o lo danneggiano.

AFORISMA: Un'ideologia è tanto più credibile quanto più è rispettosa del prossimo, priva di violenze nei suoi confronti e di interesse per i suoi beni.

SCALE

Qui non interessano le scale a pioli, le gradinate o le scale mobili. Vogliamo soffermarci un attimo sulle scale personali: quella dei valori, quella dei desideri, quella delle cose amate o odiate, quella delle priorità e così via. Mentre la scala del dolore, con tutte le sue sfumature in relazione alla diversa sensibilità dei singoli, può essere stilata dagli specialisti, le scale personali sono assolutamente uniche e si differenziano da un individuo all'altro in modo più o meno marcato. In base a ciò che è stato detto su DNA, doti individuali, ambiente e condizioni sociali, ognuno di noi è perfettamente caratterizzato, è un essere unico e tale rimarrà, con alcune varianti, nel corso della vita. È consequenziale che ciascuno conservi nell'intimo personalissime scale che lo distinguono dai suoi simili. È sufficiente sbizzarrirci con la fantasia per approntare decine di scale personali, che, confrontate con le scale di nostri amici, ci confermeranno la nostra unicità. Il raffronto ci consentirà anche di valutare le compatibilità tra noi e gli altri.

Una caratteristica delle scale è quella del loro rapporto con il tempo. Richiamando quanto già scritto alla voce *felicità* spesso tendiamo a collegare i valori con ciò che ci interessa, che speriamo di raggiungere: ad esempio, l'età giovanile è fortemente caratterizzata dalla propensione alla socializzazione, alle amicizie, agli amori, al disimpegno mentale, elementi che rappresentano mediamente la scala tipo delle cose amate; e così per ogni fascia di età. Alla variabilità in funzione del tempo è ovviamente soggetta la scala delle priorità quotidiane, ma ad essa non sfugge nemmeno la scala dei valori interiori.

C'è qualcuno che ritiene le scale non soggette all'egoismo?

SE

SE mai: hai preso la *scossa* elettrica, ti sei escoriato o rotto un arto, hai subito operazioni chirurgiche, estrazioni dentarie, caduta di capelli, dialisi ecc.

SE mai: hai patito depressione, ansie o altri disturbi psichici o effetti di droghe

SE mai: hai subito atti violenti, discriminatori, condizionanti, minatori, di bullismo o stalking

SE mai: hai assistito a sofferenze o a perdite di persone care

SE mai: hai subito umiliazioni o accuse infamanti

SE mai: hai avuto a che fare sine culpa con malfattori, affaristi senza scrupoli & Co.

SE mai: hai preso contezza delle infinite bassezze umane

SE mai: hai dovuto chiedere aiuto

Allora sappi che intelligenza, cultura e sensibilità non sono il tester universale per consentirti di misurare il problema di chi ha già provato e… dovranno inchinarsi all'esperienza.

SE mai: hai regalato un fiore, hai pianto di gioia, ti sei battuto per un ideale, hai salvato qualcuno

Allora sappi che intelligenza, cultura e sensibilità ti aiuteranno a farlo e l'esperienza attenderà.

SESSO

In linea generale il sesso piace a tutti. Piace agli etero, agli omosessuali, ai deviati, piace a tutte le età, nei limiti imposti dal naturale sviluppo biologico, dai livelli ormonali e dal decadimento fisico o psichico. Sempre nel rispetto del proprio egoismo ognuno lo vive a proprio modo; non esistono regole uguali per tutti, ciò che piace a qualcuno può non piacere ad altri; ciò che è possibile per qualcuno appare impossibile per altri ed è da presuntuosi criticare chi la pensa diversamente. <u>Le variabili in gioco sono numerose.</u> Solo per citarne alcune: le condizioni ambientali giovanili, le preferenze individuali, la situazione ormonale, le dimensioni degli organi, le esperienze vissute, gli *incidenti*, ecc.

A proposito di *incidenti* alleggerisco il tema ricordando una storiella.

(S) Un giorno Pierino ritorna da scuola estremamente su di giri; canticchia e lancia i libri in aria a mo' di giocoliere, tanto che la madre gli chiede se la sua allegria sia attribuibile a un bel voto, ma Pierino risponde che è merito della sua recentissima prima esperienza sessuale! La madre sconvolta gli molla un ceffone e gli urla che per lui le cose peggioreranno appena dovrà raccontare l'accaduto al padre. Di lì a poco rientra il padre che, edotto dalla moglie che il figlio deve parlargli, va alla ricerca di Pierino che, nel frattempo, ha pensato di mettersi al sicuro sotto il letto, dal quale non ha intenzione di venire fuori. Dietro minacce del padre, Pierino viene convinto a uscire e, piangendo e riparandosi dai prevedibili schiaffi, racconta al padre di avere avuto la sua prima esperienza sessuale. A quelle parole il padre, imprevedibilmente compiaciuto, mette il braccio sulle spalle del figlio e lo invita a fare una passeggiata per saperne di più sul suo stato d'animo. Al rientro il padre chiede al figlio: "Quando vorrai rifare l'esperienza?" e Pierino: "Papà preferisco fare passare un po' di tempo perché ancora mi brucia il culetto!"

Rimanendo sull'argomento *incidenti*, ma tornando alla realtà, riporto un fatto personalmente vissuto. **(P)** Attorno ai dieci anni circa eravamo un gruppetto di amici, tutti appartenenti a famiglie sane medio borghese, salvo qualche conoscente infiltrato occasionale, e tutti privi di fratelli maggiori e di informazioni sul sesso; il gruppetto, con cadenza giornaliera si incontrava per riprovare, sperimentando varianti, quella che chiamavano "la paura" cioè il piacevole ma inspiegabile brivido che si provava alla fine delle prime seghette o pippe, fine che nel migliore dei casi produceva una sola goccia. La cadenza poteva anche essere bi e tri quotidiana, anche se il mio sesto senso, sostenuto dalle raccomandazioni di qualche genitore che induceva ad avvertire il senso di colpa della esordiente sessualità, mi aveva convinto che la cadenza quotidiana fosse la migliore e così varai la formula "<u>una sega al giorno toglie il medico di torno</u>", che poi in seguito qualcuno abbia cambiato qualche parola, affari suoi! Naturalmente, tra le altre cose, si confrontavano le dimensioni dei singoli e dei tempi di raggiungimento della "paura", con conseguente presa in giro di chi ce l'aveva più piccolo e con lode per chi "veniva" per primo! Un giorno l'amico più *anziano* mi propose, forse ritenendomi il più sveglio del gruppo o piuttosto in rispetto al mio status di anfitrione, se volessi essere soggetto passivo di un rapporto a due, fornendomi assicurazioni circa la gradevolezza della cosa. Io, nonostante l'ingenuità, istintivamente risposi di no, ma lui rilanciò e si offrì di fare prima lui il passivo per poi scambiarci le parti. La mia risposta rimase immutata. Non potrei dire se e cosa sarebbe cambiato nella mia vita; comunque è possibile che un fatto del genere, apparentemente banale, su giovanissimi individui particolarmente sensibili e fragili qualche influenza potrebbe determinare.

Nel campo degli incidenti faccio rientrare altre tre vicende. La prima quando, appena dodicenne, di notte mi svegliò uno strano movimento sulla mia mano condotto da una mano esterna (che realizzai essere quella del figlio di amici di famiglia, nostro ospite in città per gli esami universitari, che tentava di masturbarsi mio tramite!), mi girai, lui fece in tempo a ricomporsi e riprendere a studiare ed entrambi ignorammo la vicenda. Ma io ero talmente incazzato, anche se non capivo la reale portata della cosa, che la mattina seguente mi affrettai a parlarne con i miei, però tentai e ritentai, ma la vergogna non me lo consentì. Se avessi avuto coraggio qualcosa sarebbe cambiata! Ma l'episodio offre aspetti di riflessione: il primo relativo alle conseguenze che poteva assumere se ci fosse stata una mia minima accondiscendenza; il secondo conferma, ove ce ne fosse bisogno, la bestialità di comportamento che un surplus di testosterone può indurre in taluni soggetti , anche con rischi di conseguenze spiacevoli (nella fattispecie il soggetto non agì nel rispetto più totale delle regole, in quel caso verso chi lo ospitava come si conveniva, rischiando di essere allontanato, ma anche denunciato); il terzo mi fornisce la conferma della diversità umana: l'atto in sé, trattandosi di una semplice sega auto eseguita, seppur con interposto elemento anatomico estraneo, aveva scatenato sul protagonista fantasie così erotiche tanto da non impedirgli di rischiare!?

La seconda vicenda quando, tra i tredici e i quindici anni ero solito andare a messa la domenica mattina. Lo facevo da solo, dietro consenso dei genitori che faceva seguito a mie accorate richieste di autonomia. Ricordo che una domenica mi trovavo vicino all'ingresso della chiesa, in piedi, così come altra gente che non aveva trovato posto a sedere; ad un tratto una persona adulta cominciò prima a strisciarmi, diciamo, per mancanza di spazio, dopo però le sue insistenze mi tolsero ogni dubbio e, anche se la mia innocenza non mi consentiva di capire a cosa tendessero, la mia reazione, sempre da sesto senso, fu l'uscita istantanea dalla chiesa con fulmineo rientro a casa.

La terza, forse attorno ai diciott'anni, quando il mio amico Carlo mi pregò di accompagnarlo a trovare un suo amico gay parrucchiere, così, tanto per fare qualcosa di diverso. Ricordo che il tipo era rotondetto e allegro; nell'occasione ci presentò un suo ospite R., che apparve subito persona fine ed elegante, con cui non fu difficile simpatizzare. Dal parrucchiere scoprimmo che era figlio di un ministro nord africano molto ricco; ricordo che quando lui si accese la sigaretta con un dunhill o dupont d'oro massiccio e vide la mia espressione, mi chiese se lo volessi in regalo. Piacevolmente meravigliato e con vergogna, rifiutati nonostante le sue insistenze. Quando andammo via Carlo mi confidò di avere saputo che anche l'altro era gay. Mi caddero le braccia a terra: non l'avevo sospettato per niente anche perché era molto raffinato e non aveva manifestato alcuna cadenza particolare. Qualche tempo dopo l'occasione si ripresentò e R., che nel frattempo aveva preso un appartamento arredato, mi propose di andare da lui per consegnarmi l'accendino. Rifiutai cortesemente, ma lui insistette con garbo perché desiderava che gli suggerissi idee sull'arredamento e mi giurò che non mi avrebbe importunato. Per apparire più "vissuto" mi costrinsi ad andare. Arrivati, mi fece accomodare su un sofà, abbassò le luci, mise musica soft, mi portò un whisky, mi offrì una sigaretta e poi, nello spiegarmi i suoi dubbi sugli interni, delicatamente cominciò ad accarezzarmi. Forse riuscivo ancora a scappare! Infatti, pur cercando di darmi un contegno coerente con il contesto, la manifesta mia mancanza di eccitazione avrebbe dovuto disincentivarlo a proseguire. Al mio invito a smettere rispose che la cosa gli piaceva comunque. La scena si rivelò tragicomica: provai leggero disgusto fortunatamente stemperato dalla comicità dei suoi accaniti ma inutili tentativi di eccitarmi e non capii mai che piacere gli provocò quella fellatio. Comunque l'accendino lo lasciai a lui, orgogliosamente.

Marginalmente accenno, solo per confermarne l'esistenza, qualcosa sul "famolo strano". Come ribadito in altre parti di questo scritto l'uomo è capace di fare quello che una bestia non fa. (**P**) Alcuni filmini che vedevamo tra ragazzini, riproducevano, ad esempio, un accoppiamento entusiastico di un ragazzo con una gallina, temporaneamente tenuta ferma da un collaboratore, oppure di uno stallone e di cani con una ragazza vogliosa. Ma, rimanendo nella realtà, quando ero piccolo mi raccontavano che nel paese dei miei nonni un signore, per soddisfare le voglie dei ragazzini, "affittava" a 50 lire l'asina, mentre ai piccoli clienti che chiedevano di più proponeva la pecora, che essendo più stretta garantiva superiori appagamenti.

Un mio amico invece andava solo con donne brutte! Il gruppo naturalmente lo sfotteva: "Sei bravo a farti le bruttone" e lui di rimando: "Intanto preciso a voi ignoranti che le brutte, in quanto arrapatissime, danno molte più soddisfazioni e poi è certo che sono bravo; scommettiamo che voi non siete capaci di fare quello che faccio io?".

Mentre scrivo mi viene in mente questa storiella (**S**): Un giorno un maestro porta i ragazzini della sua classe a fare una gita in campagna. Ad un tratto il maestro, alla vista di una scena insolita (l'accoppiamento tra un pastore e una capretta), fa subito rientrare i bambini e va a denunciare l'accaduto. La scena seguente vede il giudice interrogare il pastore "Qualcosa a sua discolpa?" Il pastore "Che vuole che dica signor giudice, io sono solo, senza genitori, senza figli, la mia capretta è sola, senza genitori e senza figli, stiamo assieme mattina e sera… ogni tanto capita di stare vicini per il freddo e ci facciamo compagnia..." e giù una lacrima. Il giudice "In linea teorica potrei capire il fatto, ma come spiega che il rapporto non si compiva "alla pecorina" ma eravate vis-a-vis?" Il pastore "Ma signor giudice da dietro come facevo a baciarla?".

Volendo limitare l'argomento al solo ambito dell'eterosessualità, già di per sé sufficientemente ampio, uno dei primi interrogativi che mi ponevo da non più giovanissimo e già con esperienza matrimoniale, era: perché ci sono tanti uomini che considerano uguali tutte le donne? Perché risuona monocorde la battuta: "Tanto la figa è tutta uguale"! (A onor del vero devo confessare che, in diversi periodi, la mia attività sessuale era così intensa che ogni rapporto sembrava la copia dell'altro, i gesti erano ripetitivi ed io credevo di interpretare sempre la stessa parte, e conseguentemente anche le mie partner mi apparivano tutte uguali). La domanda, spontanea, discendeva dall'osservazione che non pochi amici e conoscenti, con qualunque donna (dal lato fisico, dal lato caratteriale, dal lato sessuale) si fossero accompagnati, uscivano dal rapporto consumato quasi sempre appagati. La successiva domanda che mi ponevo era: non è che per caso sono io l'eccezione, quello che si pone troppi problemi? Le domande hanno ricevuto risposta, ma solo dopo avere approfondito l'argomento sesso, confrontato la propria e le altrui esperienze, ragionato a 361° (per sicurezza!), estrapolando i miei desideri con attenzione per l'obiettività, al fine di avvicinarmi alla possibile verità, mixato e interpretato il tutto a modo mio.

La considerazione sull'evidenza che tanti uomini si soffermino alla superficie e trascurino il resto, non può che portarmi alla trista conclusione che il problema è mio e di una minoranza. Infatti, dal campione osservato, è emerso che chi vuole il sesso tralascia la ricerca del proprio ideale di femmina, in alcuni casi verosimilmente per non incorrere in rifiuti, in altri forse per evitare eventuali richieste di contropartita, mentre viene privilegiata la ricerca del tipo medio e disponibile; e trascura la ricerca di qualità come simpatia, dolcezza, affetto, sensualità, rispetto a quella della esteriorità pura e semplice. In buona sostanza si propenderebbe per la soluzione bella/belloccia -senza peculiari qualità intrinseche alla soluzione discreta -eccezionali qualità.

Con specifico riferimento all'organo sessuale, alla conformazione, alla reattività, alla presenza o meno di muscolatura, alla esistenza e tipologia di orgasmo, al livello di partecipazione, infine, non ho udito riferimenti.

L'impressione finale che ne ho ricavato è che tanti preferiscono l'estetica alla sostanza; che è più eccitante per loro vedere la bellezza (o immaginarla se fanno sesso al buio), anche se fredda, senza calore, entusiasmo, partecipazione, fantasia, simpatia, affetto, dolcezza, sensualità:

la gratificazione è loro comunque assicurata dalla vista e dalla visibilità. Tanti altri, invece, by-passano il concetto di bellezza fine a se stessa non perché superiori, ma perché si eccitano alla sola idea della presenza femminile; sono i cosiddetti seguaci della filosofia "purché respiri". Ma, per confutare la *blasfemia* del "tanto la figa è tutta uguale", è sufficiente riflettere sul fatto che l'organo femminile a livello di diametro va da 1 cm a 6/8 cm, escludendo la dilatazione pre-parto, mentre può presentare anorgasmia totale cronica fino a orgasmi plurimi e no-limit. L'organo maschile va da 1 a 5 cm di diametro e da simil clitoride a 25/30 cm in lunghezza, salvo eccezioni, con orgasmo da flash a no-limit! Va da sé che la battuta è consentita solo a chi non ha esperienza, a chi si accontenta, a chi ha un organo super, a chi ha un orgasmo lampo.

Piccolissima parentesi dedicata alle "professioniste" del sesso a proposito del "purché respiri".

Non dispongo di una rilevante casistica personale in merito, quindi mi limito a esporre le mie considerazioni e mi taccio subito. (**P**) La primissima esperienza risale a quindici anni: lei fu carina, fece di tutto per eccitarmi prima e soddisfarmi poi, fu un *successo estorto*, ma non poteva andare diversamente. La stanza con pareti screpolate, una scarna lampadina con piattina penzolante dal soffitto, un solo lenzuolo gualcito sul letto, poi una bacinella a terra! Volevo fuggire ma era troppo tardi, così decisi di comportarmi da uomo. Le occasioni che seguirono si riferiscono al *ventennio* e vi rientrano ragazze di hotel di mestiere, ragazze occasionali che lo esercitavano a simpatia, donne con vedute più larghe e in teoria esperte. Nessuna e ribadisco nessuna che abbia lasciato un segno tale da farsi ricordare, da meritare un plauso. Questo con esclusivo riguardo alla tecnica, tralasciando il deprezzamento dell'atto dovuto all'assenza di coinvolgimento sentimentale, all'assenza di baci, all'uso del condom. Poiché spesso chiedevano pure se mi fosse piaciuto; annuivo per non discutere invano, invece, che squallore! Allora alla consueta domanda del perché dei milioni di clienti, l'unica e sola risposta rimane la solita: al cliente tipo, appurato che respiri… va bene. Benedetta diversità…mia!

Poiché l'argomento richiama il concetto caro al maschio medio, che la donna è puttana, prima di chiuderlo mi fornisce lo spunto per una considerazione indigesta al medesimo. In prima battuta è necessario precisare il termine; è noto infatti che questo, pur riferendosi alla professionista, di fatto viene sistematicamente abusato, estrapolato ed esteso a tutto il genere femminile, a esclusione della madre e della sorella. Così per molti è puttana non solo chi *giace* con chiunque anche senza contropartita o chi cornifica sistematicamente il proprio uomo, ma anche chi non porta il burqa, chi guarda altri uomini, chi non la dà proprio a lui, ecc. Escludendo che la propensione/predisposizione al *puttanesimo* sia insita nei caratteri ereditari, non considerando beninteso la carica ormonale che effettivamente può condizionare la vita, occorre chiedersi: nasce prima l'uovo o la gallina? Personalmente non ho dubbi ad affermare che, tranne i casi limite sopra accennati, se la donna diventa puttana, nella sua più ampia accezione, è esclusivamente per merito o colpa dell'uomo e della sua bestialità.

Riprendendo l'argomento, con riferimento specifico ai genitali, non ho risolto il dubbio se si tratti di fortuna (meno pretese = meno esigenze = più fortuna), o di tattica opportunistica, oppure si tratti di semplice ignoranza su cosa offra la vita e quindi il campione esaminato non sia stato significativo.

Se di fortuna si tratta io, al contrario, sarei candidato a partecipare al concorso della sfiga. Questo per una serie di motivi: 1) non ero né mi sentivo irresistibile; 2) ero timido; 3) un avvenimento in gioventù aveva bloccato la mia già flebile esuberanza ed intraprendenza; 4) non ero fautore del "purché respiri", anzi ero discretamente esigente (non una sola volta fui capace di tenere relazioni sessuali con amiche senza però mai baciarle, motivando questa assurdità, su ovvia richiesta delle interessate, con una infezione che asserivo di aver subito in passato e producendo, a supporto, un dettagliato articolo di giornale (che non so dove riuscii a scovare) che riportava le malattie trasmissibili attraverso la saliva. Questo comunque accadeva solo per i rapporti esclusivamente sessuali, non certo quando esistevano pur lievi coinvolgimenti sentimentali); 5) ero un tipo UO3UD2, per cui, quando non fortemente coinvolto o la donna per me non era super, avevo bisogno dei miei tempi. Questi handicap di base generarono altri due fatti: 1) quello che era un carnet potenziale di 1.500 *prede* godibili nel corso della vita, nella realtà, si ridusse all'incirca al 10% e 2) l'alternanza di periodi magrissimi (dove necessariamente imperava il sesso fai da te) a periodi in cui non so quanto avrei pagato per avere altri tre o quattro membri suppletivi per far fronte alla eccessiva domanda (problema che a sua volta ne generò un altro, inevitabile: necessità di intervento per adenoma prostatico).

Vista la mia propensione alla catalogazione, restando sempre nel campo sessuale ed escludendo casi limite, individuerei le seguenti tipologie di maschio. Il primo tipo: assolutamente privo di problemi psichici e fisici, aperto a 360° e pronto full time a qualsiasi rapporto, una volta soddisfatti minimi requisiti di base della femmina. Insomma i medesimi tipi prima catalogati come "purché respiri". Invidiabili! Invidiabili (nel senso buono del termine, cioè con meno problemi) come gli stupidi, gli ignoranti, gli insensibili, gli egoisti tipo2. Il secondo: sempre privo di problemi, ma più selettivo e, per l'appagamento ottimale, ricerca nella compagna specifici attributi fisici e/o particolari qualità interiori. Ad esempio, c'è chi vede crescere il suo livello ormonale in proporzione alla misura del seno, alla statura, alle *curve*, all'intraprendenza o accondiscendenza di lei, ecc. Il terzo tipo: "problematico". Capace anche di notevoli performances, ma a precise condizioni, che vanno da quelle personali, a quelle della partner a quelle ambientali. Solo per richiamarne alcune: c'è chi riesce <u>unicamente</u> con l'aiutino farmacologico, di alcol o droghe, chi con la sadica, la masochista, la superesperta, l'ingenua e passiva, la super orgasmica, chi in una determinata posizione, chi esclusivamente a letto e chi al contrario nei luoghi più improbabili, chi alla luce, chi al buio pesto, ecc.

Le ricerche mi hanno pure condotto a trarre il decalogo che segue:

1) l'ho cercato disperatamente ma non l'ho trovato; ho chiesto in giro, medesima risposta: né visto né incontrato neanche per caso. Parlo del punto G

2) la masturbazione, per scelta, non ha limiti di età e soddisfa molto più persone di quanto si immagini. Il motivo è più o meno plausibile: la difficoltà a trovare chi soddisfi il soggetto nei tempi e nei modi che desidera

3) è solo un luogo comune il vecchio assunto che solo e sempre le donne necessitino di coinvolgimento emotivo per il pieno soddisfacimento sessuale. Tanti uomini, sensibili, non hanno vergogna a svelare la medesima esigenza

4) è solo un luogo comune il vecchio assunto che solo e sempre le

donne necessitino di "riscaldamento" preventivo. Tanti uomini, anche giovani, hanno confessato che spesso, se non adeguatamente sollecitati, non rispondono

5) è solo un luogo comune il vecchio assunto che la donna rappresenti il sesso debole. È esattamente l'opposto!

6) è solo un luogo comune il vecchio assunto che le dimensioni maschili facciano la differenza

7) è solo un luogo comune il vecchio assunto che le donne sono la rovina degli uomini. È esattamente l'opposto.

8) la grandissima maggioranza delle donne disconosce le proprie potenzialità intrinseche

9) è solo un luogo comune il vecchio assunto che non esistono donne anorgasmiche

10) è solo un luogo comune il pensare che si possa amare solo una persona

Commentiamo i punti 5),6), 7), 8), 9) e 10).

Punto 5): Evidentemente il termine è stato coniato in un passato annebbiato da ottuso maschilismo. Solo con riferimento all'argomento in oggetto, i motivi sono diversi, evidenti e inconfutabili. 1) La donna, per accoppiarsi, non necessita di eccitazione, può farlo quando vuole, l'uomo no; 2) La donna può accoppiarsi quante volte vuole, l'uomo no; 3) La donna può permettersi orgasmi ripetuti, l'uomo no; 4) La donna può fingere l'orgasmo, l'uomo no; 5) Attraverso Kegel, di cui al prossimo punto 8, la donna può *regolare* il suo organo, cosa non facilmente realizzabile per l'uomo. <u>Ma poi perché mai una cosa sbagliata, venuta male, negativa è detta cazzata e al contrario una positiva, buona è indicata come figata?</u>

Mentre per la donna non vi sono limiti di età, né per un rapporto, né per un orgasmo, per l'uomo esiste purtroppo un confine personale oltre il quale deve privarsi di quello che rappresenta uno dei più riconosciuti e apprezzati piaceri della vita. È vero che vi sono casi limite. Ricordo (**P**) ad esempio mio nonno: a circa ottant'anni i figli lo fecero risposare, anche per non vivere solo in casa. Qualche mese dopo mia madre gli chiese come andasse la vita matrimoniale con la moglie coetanea e lui così rispose: "Mi sembra che ha la carne molle!" Altro esempio mio zio che, a novant'anni, si vantava di essere fidanzato. Un novantenne normale invece? Dovrebbe fare prima un tagliando di revisione al cuore e al sistema circolatorio, poi portare con sé una flebo di Viagra o Cialis, quindi procedere al pompaggio penale, farsi eseguire un raffinato massaggio testicolare e, indossato il bavaglino, forse sarebbe pronto per un rapporto.

Punto 6): È verissimo che ci sono donne che escludono contatti sessuali con uomini che non dispongano di determinati "attributi", in assenza dei quali non riescono a soddisfarsi. Tranquilli, si tratta di una minoranza, non esiste la regola uomo superdotato uguale uomo fortunato. Per esperienze, dirette e riportate, non poche donne cornificano con regolarità, a volte si liberano dei propri partner superdotati per insoddisfazione. L'esperienza diretta, per quanto può servire, è questa: tre delle predette donne che ho conosciuto hanno spontaneamente accennato al partner abituale (marito, fidanzato) superdotato. Era inevitabile che tutte le volte mi ponessi la medesima domanda circa il perché di tale precisazione. Sono forse io sottodotato? La circostanza che la confessione fosse sempre stata formulata nei momenti corrispondenti al massimo loro coinvolgimento emotivo nei miei confronti, mi ha indotto a escludere i motivi offensivi o vendicativi e corroborato l'ipotesi che il motivo fosse da rinvenire nel desiderio di voler mettere in risalto il proprio interesse, il soddisfacimento globale, la qualità del rapporto (**il membro migliore? duro che duri**), rispetto alla più banale e discutibile importanza della dimensione. A proposito di dimensioni, si allega la tabella seguente da cui si possono trarre spunti interessanti. La stessa fonte fa osservare che a nulla serve un pene di lunghezza superiore a 20 cm preso atto che la profondità media della vagina è decisamente inferiore. A mio giudizio sarebbe più *fruibile* uno di lunghezza 15,2cm e circonferenza 12,7 cm che uno di lunghezza 21,6 cm e circonferenza 8,2 cm!

La tabella del pene in erezione (Fonte: Kinsey Institute, USA)

Lunghezza (cm.)	Uomini %	Circonfrenza (cm.)	Uomini %
9,5	0.2	3,8	0.3
10,1	0.3	4,4	0.4
10,8	0.2	5,1	0.4
11,4	1.7	5,7	1.2
12,0	0.8	6,3	0.3
12,7	2.0	7,0	0.3
13,3	4.4	7,6	0.4
13,9	10.7	8,2	0.4
14,6	8.0	8,9	0.9
15,2	**23.9**	9,5	1.1
15,9	8.8	10,1	6.3
16,5	14.3	10,8	6.3
17,1	5.7	11,4	17.1
17,8	9.5	12,0	11.7
18,4	1.8	**12,7**	**24.1**
19,0	2.9	13,3	9.9
19,7	1.0	13,9	11.5
20,3	1.0	14,6	3.0
20,9	0.3	15,2	3.9

21,6	0.3	15,9	0.5
22,2	0.1	16,5	0.5
22,9	0.1	17,1	0.1

Un altro recente studio a opera dell'Institute of Psychiatry del King's College di Londra su circa 15.000 uomini ha rilevato la media di 13,12 cm in erezione e di 9,16 cm a riposo (mentre le lunghezze estreme sono risultate pari a 4,8 cm e 21,2 cm) con diametri di 3,71 cm in erezione e 2,9 cm a riposo e quindi con circonferenze di 11,65 cm e di 9,1 cm.

Come confermato, ogni ricerca, in relazione ai criteri eseguiti, fornisce i propri risultati! Volendo applicare la media delle medie si ottiene:14,2 cm come lunghezza e 12,2 cm come circonferenza.

Punto 7): Il luogo comune scaturisce dalla constatazione/consapevolezza che l'uomo è naturalmente più animalesco a causa delle sue pulsioni ormonali, conseguentemente è facile per la donna farlo cedere (attenzione non stiamo parlando di donne attraenti. Ho assistito incredulo a bave copiosissime di uomini abbrutiti alla vista di esseri di sesso (credo) femminile, ma vi dispenso dai particolari per non turbare). La donna non c'entra, la colpa è dell'uomo, o se si vuole essere precisi, della bio-chimica. Se i momenti di scatenamento ormonale sono malauguratamente accompagnati da assenza secolare di sesso e da presenze o semplici visioni femminili più o meno conturbanti, certi uomini potrebbero non rispondere delle loro azioni. Allentiamo l'attenzione proponendo un fatto che mi hanno raccontato sia avvenuto al Sud negli anni '40/'50. Un pastore viveva in montagna sempre e solo con le pecore, niente sesso né svaghi; ogni paio di anni, quando il sacchetto spermatico era al colmo, gli occhi di fuoco, le narici e le orecchie fumanti, capiva che era giunto il momento; così si organizzava e scendeva di corsa con la sua Ape in città per andare al casino. Qui arrivava dopo almeno tre ore, ma la voglia copriva ogni fatica. Una volta arrivato, pagò, ma, appena entrato in camera, si accorse che la ragazza disponibile era sua sorella, entrambi furono sbigottiti, poi però lui senza indugiare ancora esclamò: "Ormai ca ci simu nda facimu" ovvero "Ormai che siamo qui ce la facciamo".

Punto 8): Questa è una grandissima verità. Il primo caso in assoluto, rimasto isolato, mi era accaduto durante il ventennio con ragazza italiana, ma l'avevo attribuito a un mix di conformazione anatomica e allenamento fisico. Ne seppi di più qualche anno dopo, infatti, il fratello di un' amica, che faceva il marinaio su navi che battevano i porti del Sud-est asiatico, ci narrò di spettacoli pubblici nel corso dei quali aveva assistito a performances di donne distese a terra che riuscivano a lanciare palline di ping pong inserite in vagina a distanze... da salto in lungo, con la sola forza dei muscoli vaginali; di donne in piedi e gambe divaricate capaci di trattenere, senza farle cadere dalla vagina, bottiglie da litro ivi inserite dal collo (naturalmente!). Quasi nello stesso periodo, per una strana coincidenza, mi trovai ad avere rapporti con una ragazza dell'est Europa che, per un periodo, aveva lavorato in Giappone, dove confessò di avere appreso tecniche insolite. Non trovo aggettivi appropriati capaci di rendere l'idea, direi semplicemente che il suo organo sembrava parlasse, avere un'anima, una vita propria. Una donna così era una colla certa per ogni uomo, difficile staccarsene! E così mi venne spontaneo ripensare a John Lennon e Yoko Ono, ma anche a tantissime coppie conosciute che avevo sempre ritenuto "improbabili". Da allora ho provato altre volte analoghe esperienze, poche per la verità (circa il 5% del totale); non so dire se sia casuale che, tranne una, tutte fossero dell'est e nessuna fosse mamma. La cosa per me era così sensazionale, anzi "copernicana", che mi spinse ad approfondire l'argomento: scoprii così l'esistenza della ginnastica di Kegel! Kegel, medico ginecologo, diversi anni fa, nello studiare il modo su come curare l'incontinenza femminile, comprese che tutto dipendeva dall'attivazione e dall'esercizio dei muscoli pelvici. Ma scoprì pure che questi esercizi portavano un beneficio collaterale: il miglioramento del piacere sessuale... non solo femminile. In seguito scoprii pure che le alunne delle scuole del nord Europa imparano tale disciplina con lo studio della materia di educazione sessuale. Agli uomini che non hanno avuto l'occasione di vivere tale esperienza e non possono capire di cosa parlo né la sua importanza, auguro maggiore fortuna. Alle donne che, ancorché consapevoli, continuano a sottovalutare la cosa, auguro la stessa fortuna, ma le invito pure a ripensare al perché di inspiegabili passati insuccessi sentimentali/sessuali. Basta solo pensare che acquisire la pratica consentirebbe, se si volesse, di avere un rapporto sessuale fino alla sua naturale conclusione senza necessità di movimento dei corpi! Non sto vendendo un prodotto né proponendo improbabili e faticose discipline olistiche o simili, ma voglio solo porre in evidenza che esiste una speciale e <u>gratuita</u> freccia occultata nella faretra di ogni donna, scoperta la quale, può cambiarle la vita! **Approfondite e mi ringrazierete!**

Kegel in breve. Esercizi da eseguire 10 minuti mattina e sera per tre settimane in posizione sdraiata o sedute con gambe incrociate (quindi anche in ufficio, sul tram, ecc.): tre respiri lunghi e profondi dal naso e contrazione dei muscoli come per trattenere la pipì. <u>1 settimana</u>: per 5 min. contrarre e rilasciare; per5 minuti contrarre contando fino a 5 poi riposo per 10 secondi. <u>2 settimana</u>: per 5 minuti contrarre e rilassare, per 5 minuti inspirare ed espirare contraendo e contando fino a 7, riposo per 15 secondi. <u>3 settimana:</u> per 3 minuti contrarre e rilasciare, per 7 minuti inspirare ed espirare contraendo e contando fino a 10 secondi, riposo per 20 secondi. Gli esercizi si possono fare ovunque.

Punto 9): Da esperienze vissute ed altre narrate ho concluso che l'anorgasmia esiste. Non poche donne hanno ammesso di avere tentato ogni soluzione pur di provare il piacere del sesso sia con che senza coinvolgimento emozionale o sentimentale; sia con uomini più grandi che più giovani; sia con uomini violenti che teneri; sia con uomini duraturi che con superdotati: nulla. Però (io penso nel rispetto al primo principio) qualcuna ha pure confessato di reputarsi soddisfatta anche senza orgasmo, ritenendo comunque appagante sentire il partner penetrarla, baciarla, coccolarla, e godere. Andando al lato opposto, le super orgasmiche o lussuriose, seppure in minoranza, esistono anch'esse; fortunatamente, visto che rappresentano un bene per la società, una garanzia per gratificare e gratificarsi! Il massimo, seppur raro, è quando lei possiede un punto del corpo talmente erogeno che, sollecitato anche meno di un minuto nel corso del rapporto, le anticipa e amplifica l'orgasmo!

Alcune ricerche avrebbero posto in relazione l'orgasmo con la distanza tra la vagina ed il clitoride, la quale, se inferiore a 2,5 cm garantirebbe l'orgasmo perché la penetrazione durante l'atto sessuale stimolerebbe anche quest'ultimo.

Punto 10): Finalmente sarebbe stato argomentato che l'amore può essere rivolto contemporaneamente a più persone. È stato denominato *poliamore*. Dico finalmente perché è un sospetto che ho avuto spesso nei momenti in cui mi son trovato a frequentare allo stesso tempo più *amicizie* e a provare per due persone sentimenti altrettanto intensi ancorché dissimili. Non credo di dovermi sentire ripugnante se penso a quelle volte che avrei desiderato poter amalgamare il bello di entrambe per plasmare una creatura perfettamente a misura del mio ideale. Sono conscio di non essere il primo, né l'unico ad avere fantasticato ed elucubrato sul tema.

Ferma restando la convinzione che di assoluto non c'è niente e che, nell'ambito della coppia, una forma di equilibrio si tende sempre a trovarla, sia che si voglia sia che si debba per superiori interessi (senza considerare i casi eclatanti delle differenti fisicità della coppia, ad esempio, super obeso/a con scheletrico/a, ricordo (**P**) che un amico aveva un membro che non riusciva a superare gli 8 centimetri nella massima fase espansiva e pur nondimeno so che ha trovato l'anima gemella; un altro amico mi stupì non poco quando, un momento prima di andare insieme in discoteca, si infilò un condom. Gli chiesi il perché, mi rispose meravigliato: "Perché tu non lo metti? E come fai se ti capita di venire mentre balli?" Ho saputo che anche lui ha trovato una compagna), la banale applicazione della ginnastica di Kegel, a mio parere, potrebbe essere di enorme aiuto in tanti casi.

Per il primo principio (egoismo), da cui discende il "chi la vuole cotta chi la vuole cruda", o anche che l'uomo è capace di tutto e di più, anche di cose disumane, qualsiasi azione e reazione umana non sottostà al rigore matematico (l'uomo non è un robot), ma piuttosto al calcolo combinatorio, ovvero al calcolo delle probabilità.

Pur non avendo dubbi sul fatto che i numeri appaiono spesso barbosi e disapprovando chi si ostina ad applicare a ogni occasione la matematica ai fini di improbabili catalogazioni e formule universali, non riesco a frenarmi ed ecco che ne propongo un paio... ma solo per gioco.

La tabella esposta sotto fornisce indicazioni sul livello di compatibilità squisitamente fisica in un rapporto sessuale *classico,* in funzione delle *dotazioni organiche* e dei tipi di orgasmo dei protagonisti, al netto di sentimenti e coinvolgimenti psico-fisici. Posto da 1 a 3 il livello indicativo di orgasmo(O) femminile di base (da anorgasmia a media a plurima) e da 1 a 3 la dimensione(D) dell'organo femminile (da largo a medio a stretto):

Le donne(D) le classifico in: super orgasmiche (DO3); normali(DO2);

anorgasmiche(DO1) e in: larghe(DD1); normali(DD2); strette(DD3).

Gli uomini(U), in relazione all'orgasmo(O), li classifico in: duraturi(UO3); normali(UO2); frettolosi(UO1); in relazione alle dimensioni(D) in: superdotati(UD3); normali (UD2); sottodotati(UD1).

A rigore di logica le maggiori chances o probabilità di successo dovrebbero offrirle i seguenti accoppiamenti: DO3DD3-UO3UD3 cioè donna stretta dall'orgasmo facile con uomo superdotato e duraturo, a seguire: DO3DD3-UO3UD2 oppure DO3DD3-UO2UD3 oppure DO2DD3-UO3UD3, mentre sarebbero da escludere quelli del tipo DO1DD1-UO1UD1. Il punteggio va da un minimo di 0 ad un massimo di **40**. Il punteggio ritenuto di garanzia è **25**. Come si nota nella terza riga (per le donne) e nella terza colonna (per gli uomini) sono attribuiti dei punteggi per come la vedo io, che sommati tra loro forniscono il risultato. Ma chiunque si può sbizzarrire ad assegnare valori diversi ottenendo risultati anche diversi.

TABELLA DELLA COMPATIBILITA' SESSUALE

		DO1	*DO1*	*DO1*	*DO2*	*DO2*	*DO2*	*DO3*	*DO3*	*DO3*
		DD1	*DD2*	*DD3*	*DD1*	*DD2*	*DD3*	*DD1*	*DD2*	*DD3*
		0	*5*	*10*	*5*	*10*	*15*	*10*	*15*	*20*
UO1	*UD1*	*0*	*0*	*5*	*10*	*5*	*10*	*15*	*10*	*15*	*20*
UO1	*UD2*	*5*	*5*	*10*	*15*	*10*	*15*	*20*	*15*	*20*	***25***
UO1	*UD3*	*10*	*10*	*15*	*20*	*15*	*20*	***25***	*20*	***25***	***30***
UO2	*UD1*	*5*	*5*	*10*	*15*	*10*	*15*	*20*	*15*	*20*	***25***
UO2	*UD2*	*10*	*10*	*15*	*20*	*15*	*20*	***25***	*20*	***25***	***30***
UO2	*UD3*	*15*	*15*	*20*	***25***	*20*	***25***	***30***	***25***	***30***	***35***
UO3	*UD1*	*10*	*10*	*15*	*20*	*15*	*20*	***25***	*20*	***25***	***30***
UO3	*UD2*	*15*	*15*	*20*	***25***	*20*	***25***	***30***	***25***	***30***	***35***
UO3	*UD3*	*20*	*20*	***25***	***30***	***25***	***30***	***35***	***30***	***35***	***40***

La formula che segue invece si riferisce a un rapporto generico (ivi compreso quello orale) *modulata* in relazione agli elementi in gioco personalmente ritenuti importanti e ai rispettivi valori attribuiti in centesimi (A1, D1, P1, T1 che possono essere naturalmente variati da chiunque ed inseriti nella stessa formula) e fornisce il risultato del più probabile raggiungimento dell'orgasmo. La formula denominata GPS o grado di probabilità di piacere sessuale è: **GPS= (A1xA+P1xP+D1xD+T1xT)/10** dove A= grado di attrazione fisica del partner ed A1 la percentuale di importanza attribuita; P= grado di piacere al partner e P1 la relativa importanza attribuita; D= il grado di disponibilità totale o dipendenza/soggezione del partner e D1 la sua importanza; T= tecnica del partner e T1 la relativa importanza. I valori da assegnare ad A, P, D, T vanno da 1 a 10, mentre quelli da assegnare ad A1, P1, D1, T1 vanno da 0 a 100 e la loro somma deve essere 100. Dalla formula deriva, ad esempio, avendo assegnato ai coefficienti di importanza i seguenti valori: A1=88 (perché interessa quasi esclusivamente l'aspetto), P1=D1=T1=4, che, se si va con una appena conosciuta che piace moltissimo(A=10) a cui non so di piacere(P=3) con disponibilità non totale(D=7) e tecnica media(T=5), si ottiene GPS=(88x10+4x3+4x7+4x5)/10= 94, mentre se sono *accalappiato* da una piuttosto insignificante(A=2) a cui è palese che piaccio tanto(P=10) assolutamente disponibile(D=10) e con tecnica media (T=5), si ottiene GPS=(88x2+4x10+4x10+4x5)/10= 27,6. Da proiezioni tentate un valore minimo di garanzia parrebbe **55**. Per curiosità i valori massimo e minimo risultano **100** e 10. La tabella sotto riportata si riferisce a valori di A, D, P, T minimi (1), medi(5) e massimi(10), mentre si sono assegnati A1=D1=T1=30 e P1=10.

Volendo coniugare entrambe le formule, quindi contemplando compatibilità e probabilità, si ottiene il valore di **80** (somma di 25 e 55) quale minimo di garanzia di successo e il valore di **140** (somma di 40 e 100) quale massimo assoluto. Così se io sono un UO3UD2 e mi unisco con una DO2DD3 parto da una compatibilità di 30; se poi A=7, P=5, D=7, T=5 per cui GPS=62, il totale sarà 92 ovvero più che buone probabilità di stare bene e di far star bene.

Alleggeriamo la noiosità dei numeri con due simpatiche storielle.

(**S**) La prima. Un paesano, Peppe, si reca in città a un appuntamento fissato con uno specialista di emorroidi. Eseguita la visita il medico lo invita a farsi una radiografia preventiva. Il paesano va in giro per il centro finché trova un fotografo, a cui chiede una foto nel sedere. Il fotografo, seppur attonito, acconsente all'insolita richiesta, lo fa spogliare, lo fa chinare e gli fa un bel primo piano, quindi gli consegna l'istantanea. Nel ritornare dal medico, Peppe incontra un compaesano, Totò; naturalmente si salutano compiaciuti, poi Totò gli chiede il motivo della sua presenza in città e Peppe racconta di essere appena uscito dal fotografo. Totò, curioso, chiede di vedere la foto, la guarda, la riguarda, la gira e la rigira, poi dice: "Peppe, in faccia sei venuto bene, ma come hai legato la cravatta?".

La seconda. Tre suore di clausura, di cui una super vergine e candida, devono trascorrere con le famiglie l'unico giorno dell'anno di libera uscita, ma per lo spostamento devono arrangiarsi essendoci quel giorno sciopero dei trasporti. La prima, mentre si incammina verso casa, viene invitata da un camionista a salire in cabina, lei acconsente. Visto che la sorella non è male il camionista tenta l'approccio e, non trovata resistenza, decide di accostare il mezzo e così avviano la consumazione. Appena finito tutto lei si inginocchia e pregando chiede perdono per i due peccati commessi; al che il camionista le rappresenta che in realtà ne hanno fatta solo una e lei in risposta, con un colpetto di gomito gli fa: "Ma sempre te la fai un'altra". La seconda sorella si ferma a piedi al semaforo rosso mentre accanto è ferma un'auto sportiva con una biondona che la guarda, le mostra l'anello e fa: "Vedi questo, sorella? Due ore di sesso!" Poi le mostra la pelliccia e fa: "Vedi questa, sorella? Tre ore di sesso!" Poi tocca l'auto e fa: "Vedi questa, sorella? Quattro ore di sesso!". Quando la sera la sorella rientra in convento, si sveste e va a letto, sente bussare e chiede chi sia; si sente sussurrare: "Sono Francesco aprimi" e lei: "Francesco vaffanculo tu e le tue caramelle!" La terza sorella si avvia a piedi ma, poco dopo, viene fermata da un gentile signore che le offre un passaggio in auto e lei accetta. Una volta sistematasi, la sorella ascolta la trasmissione radiofonica in onda in quel momento ed esclama: "Ma questa è radio Rtl!" All'assenso del tizio lei continua entusiasta: "Ma questa è la mia radio, l'ascolto tutto il giorno tutti i giorni e adoro le dediche, ah cosa darei pur di fare una dedica a mia mamma!" A questo punto il signore le confessa che la radio è di sua proprietà e lei, ancora più esaltata: "Mamma mia che bello, farei pazzie per una dedica a mia madre proprio oggi che è il suo compleanno!" Notate le beltà della sorella, lui chiede: "Sicuro sorella, qualsiasi cosa?" All'assenso entusiasta della suora, lui accosta, si sbottona, lo tira fuori e fa: "Ecco" "Posso?" chiede lei, "Certo" risponde lui, allora lei, frenetica, lo afferra, lo avvicina alla bocca e fa: "Pronto mamma tanti, tanti auguri da tua figlia!".

AFORISMA: Il no di una vip o di una miss non stupisce né ferisce, quello di una troia sì

SOFFERENZA

"Sto bene, ma proprio bene! Sento splendere il sole dentro di me!" Succede di rado ma, proprio per questo, ogni volta che si ha tale consapevolezza ci si sente forti come leoni, capaci di spaccare tutto, di non fermarci davanti a nulla, di poter conquistare il mondo, capaci di fare qualsiasi cosa, anche cose non "intonate" alla propria età. Quando ci sentiamo così non ci serve nient'altro, ci sentiamo al top, ci sentiamo fortunati e non capiamo perché attorno a noi ci sia gente che si incavoli, che sia triste o troppo presa dai propri pensieri o problemi più o meno reali. Ciò che è un problema per gli altri non lo è per noi. Siamo proprio fortunati!

Ma a cosa è dovuto tutto ciò? Perché non accusiamo disturbi, né dolori fisici o psichici! La risposta più esaustiva al perché del nostro star bene va ricercata riflettendo su cosa fa star bene l'individuo.

Per la quasi totalità della gente la risposta è una sola: il denaro. Con il denaro ci si può fare tutto; sempre in accordo con le personali diversità derivanti da caratteri, temperamenti, sensibilità, esperienze vissute, intelligenze. Per cui le varianti sono la salute, la felicità, i figli, l'amore, l'amicizia, la religione, il potere, la bellezza, la forza fisica, la notorietà, ecc. La risposta più corretta forse è ancora più banale e semplice: *Quanto più si soffre tanto più si apprezza la vita.*

Chi ha perso un genitore o un figlio spesso è prigioniero di rimpianti o rimorsi, per ciò che avrebbe dovuto fare, ma non ha fatto o per ciò che ha fatto, ma non avrebbe dovuto fare.

Chi ha perso per sempre tutti i propri beni e deve necessariamente rimboccarsi le maniche per consentire la sopravvivenza propria e del proprio nucleo familiare.

Chi è stato sul punto di morire a causa di grave malattia e poi si ritrova graziato.

Quando tutto ciò sarà solo un ricordo, la vita apparirà in discesa.

E, dall'alto della nostra "superiorità" ci possiamo consentire di sorridere, di comprendere, di confortare chi si lamenta per motivi che ci appariranno ridicoli. Chi è in crisi di astinenza di nicotina, alcol o altro; chi è ricco e bello, ma non ha amore, amici, esaurito il tempo quotidiano dedicato all'aggiornamento della propria situazione finanziaria e successivo compiacimento, non sa cosa altro fare; chi ha l'amore, gli amici, ma non si ritrova un soldo in tasca e via dicendo.

Il *merito* di tutto? Sempre il suo: l'egoismo.

TASSE

Ho rifiutato prima, resistito eroicamente e strenuamente poi: a parlare di fisco a causa delle contrazioni nervose che mi provocava la sola idea, alla fine ho ceduto, ma riservandomi di esternare solo il pensiero, senza infierire sulla tracotanza dello Stato.

Non ho mai avuto la "fortuna" di evadere le tasse, come lo Stato avrebbe meritato. È capitato, cosa ricorrente essendo accaduto un po' a tutti, che, dinnanzi all' alternativa offerta di pagare per un servizio reso 100 + iva oppure 80, abbia preferito pagare 80, e ciò senza pregiudicare la garanzia della fornitura o della prestazione. Riguardo al merito non è il caso di soffermarsi troppo avendo già espresso in altri argomenti come la penso. È sufficiente rammentare solo che:

1) il nostro paese è tra i primissimi posti a livello non solo europeo per tassazione

2) imprenditori, artigiani, liberi professionisti capaci di assicurare migliaia di posti di lavoro, sono letteralmente massacrati dal fisco anziché essere ringraziati, visto che si sostituiscono allo Stato nell'assicurare il lavoro a terzi, vero motore dell'economia

3) la tassazione è applicata in maniera… sociale, ovvero più guadagno più pago, ma andando furbescamente ben oltre gli articoli 3 e 53 della Costituzione (non condivisi)

Come già accennato al capitolo "Politica" Posto 12.000 euro/anno la paga di un operaio; 1.200.000 euro/anno l'appannaggio di un amministratore delegato di società; 20% una ideale tassazione, la sola applicazione dell'art.3 (che riguarda l'eguaglianza di tutti i cittadini) vedrebbe sia operaio che dirigente consegnare allo Stato 2.400 euro; l'applicazione di entrambe gli articoli vedrebbe l'operaio versare 2.400 euro e l'a.d. 240.000 euro! In tal caso sarebbero <u>più che soddisfatti, MA</u> lo Stato si spinge ben oltre e, così, al momento di questo scritto, le tasse pagate sono rispettivamente <u>2.760 euro</u> (23%) e <u>541.420</u> euro

(25.420+43%)! In compenso il ricco non solo non riceve trattamenti o servizi migliori dallo Stato (perché si contravverrebbe con ciò ai dettami della Costituzione?), ma per di più viene perseguitato e indagato dal fisco (se gli mancano le giuste amicizie!).

TEMPO

Non si intende dissertare sul tempo né dal punto di vista atmosferico né da quello della fisica, ma piuttosto sulla percezione che ognuno di noi ha di esso. Infatti, nonostante il tempo sia un elemento assoluto, nel senso di accomunare tutti, fusi orari permettendo, e perpetuo, è palese che abbia un valore relativo per ciascuno. Come per la vita, così come per la pace, la salute, il rispetto e altri concetti che dovrebbero essere *univoci,* vige la regola del "chi la vuole cotta e chi cruda": non esiste unanimità. I giovani spasimano per anticiparlo, gli anziani per ritardarlo, gli amanti per anticipare o prolungare l'incontro, i sofferenti per ritardare o ridurre la causa, lo vorremmo stoppare negli attimi di gioia e godimento, pagheremmo pur di saltare un periodo doloroso, non mi stupirei che, potendolo fare, veri ricchi molto avanti negli anni pagherebbero cifre indicibili per ogni giorno in più di vita. Infatti anche il tempo, come altri concetti, è spesso subordinato all'età. Cerco di spiegare. Un giovane di vent'anni può fare tanti progetti anche a lungo termine, realizzarne alcuni, rimandarne altri, si diverte, viaggia, cambia più residenze, più lavori, più partner, insomma non pensa mai all'avanzare del tempo, né tantomeno alla morte. Un anziano di settanta anni svolge naturalmente meno attività, non ha eguale energia, è raro che si trasferisca o cambi partner, tuttavia, pur pensando che, prima o poi, verrà la sua ora e quindi programmi per il suo post mortem, spesso fa a gara con se stesso per sfruttare al massimo il tempo residuo: il tempo per lui può assumere un valore, un peso superiore a quello del giovane.

In prima battuta penseremmo di escludere dal discorso tutti coloro che vivono la terza età abitudinariamente *impegnati anima e corpo* a chiacchierare con gli amici al bar criticando su politica e sport o chi è solito giocare full time ai soli fini di lucro, e considerare unicamente chi è impegnato a fare il nonno attivamente e responsabilmente, chi è volto ad aiutare in ogni forma figli e nipoti, chi si sente in grado di produrre, di esprimersi e ha energia e voglia di vivere. Non è così: **ogni anno, ogni mese, ogni giorno si impreziosiscono sempre per chiunque!** Certamente chi più è impegnato nel suo operare quotidiano e ha in programma ancora tanto da realizzare (come se la fine non dovesse mai giungere), si sente maggiormente mancare il terreno sotto i piedi e gioco forza percepisce al massimo la preziosità dell'attimo.

Per questi ultimi, se volessi quantificarlo (tanto per rimanere fedele all'attrazione dei numeri), direi che il TV (time value) è tanto più alto quanto minore è il tempo residuo teorico di vita: al 70enne mancano 15 anni per raggiungere gli 85 anni di aspettativa di vita media, al 20enne 65 anni; il rapporto $65/15=4,33$ indica che per l'anziano un'ora spesa dal giovane è percepita come più di quattro ore vissuta da lui! La formuletta **TV= (85-E1)/(85-E2)** dove E1 ed E2 sono le età è esplicativa anche per far capire al giovane l'importanza del tempo per l'anziano. Che poi al giovane tutto quanto detto poco importi e che, al contrario, travisando il concetto, ritenga più logico ribaltare la formula attribuendo un merito quadruplicato al suo diritto alla vita (avendo già l'anziano vissuto abbondantemente la sua!) sarà colpa dell'egoismo?

Ove fosse possibile parlare di merito e non di diritto alla vita, che è naturalmente uguale per tutti, una formula surreale dovrebbe tenere conto di parametri che contemplassero la voglia di vivere, lo stato di salute, l'utilità. Il primo in funzione dell'espresso desiderio della persona di desiderare vivere comunque o meno; il secondo che fotografasse lo status di salute, il suo grado di dipendenza dalle istituzioni e dai familiari; il terzo che evidenziasse il livello di utilità, non esclusivamente economica, verso la famiglia e verso la società e prevedendo penalizzazioni per il suo opposto, ad esempio per chi si macchia di delitti. Volutamente non viene esposta alcuna formula, così evitiamo di suscitare turbamenti a pseudo religiosi e a politicamente corretti e simili.

AFORISMA

Da giovani due sono le cose che non si capiscono: il tempo e le donne. Per fortuna che con l'esperienza si riesce a capire il tempo

Ogni collegamento all'egoismo è superfluo.

UGUAGLIANZA

I predicatori dell'uguaglianza, del buonismo e dell'accoglienza a 360° sono quanto e più egoisti dei realisti.

Tra questi rientra:

- Chi è meno *uguale* degli altri e ha quindi tutto da guadagnare a diventare più *uguale*

- Chi è così meno *uguale* degli altri da potersi permettere di accettare l'imposizione

- Chi non capisce o finge di non sapere che l'uguaglianza negli umani è solo folle utopia, ma in compenso possono trovarla nelle macchine

- Chi soffre a vedere soffrire gli altri e chi non sopporta di essere invidiato

- Chi finge solo di combattere le inuguaglianze e lo sbandiera per motivi esclusivamente utilitaristici, per incantare le proprie folle come molti politici e religiosi di professione sanno fare

Tutti ridicoli e spesso anche pericolosi.

Tutti assieme appassionatamente e tutti concordi su un'unica condizione: che, se per caso il conseguimento dell'*uguaglianza* e del buonismo avesse un costo, questo andrebbe a carico degli altri.

In realtà il vero egualitarista gode già solo a esserlo, ma soprattutto a farlo, in prima persona, a proprio carico e senza pubblicità. È egoista anche lui! Ma buono.

<u>Chi non rispetta questa semplice regola è un falso, un maestro di retorica o un idealista.</u>

Così come negli Stati non autoritari non esistono (o non dovrebbero esistere) imposizioni di ideali, ma norme sul vivere civile, così come nelle religioni, che non si prestano a estremismi, non esistono (o non dovrebbero esistere) obblighi su cosa fare, ma al massimo su cosa non fare, così non può esserci una piccola e temporanea meteora di politico o religioso che impone, a suo uso e consumo e a spese della comunità, il buonismo ad ogni costo; può solo esigere la non reità.

A onor del vero in aiuto dei nostri politici accorre la nostra Costituzione (cui loro attingono con piacere), la quale sancisce l'obbligo della solidarietà, di cui su quella tributaria se ne fa cenno all'articolo POLITICA del presente testo. Sull'argomento ho tratto un sunto che riporto: *Dato il suo carattere pervasivo, il principio di solidarietà non si esaurisce nelle sole previsioni costituzionali relative ai doveri inderogabili ma in una serie aperta di istituti giuridici. Un'autorevole dottrina ha distinto tra una solidarietà «doverosa» (o «fraterna») e una «pubblica» (o «paternalista»). La prima opererebbe su un piano orizzontale e si tradurrebbe in «un moto doveroso e cooperante da parte dei cittadini nell'adempimento delle loro varie solidarietà. La solidarietà pubblica o paternalistica, invece, opererebbe nell'ambito del rapporto tra Stato e cittadini e imporrebbe l'attuazione del principio di eguaglianza sostanziale. Prendendo in considerazione entrambe le prospettive, pertanto, doveri inderogabili, diritti sociali, interventi volti a rimuovere gli ostacoli di ordine economico e sociale che impediscono il pieno sviluppo della persona umana costituiscono tutte forme di espressione del medesimo principio solidarista.*

Da quanto letto si desume che gli ideatori della Costituzione abbiano proprio voluto rendere doverosa la solidarietà per il perseguimento di un nobilissimo fine che è intuibile. Osservo qui, così come considerato in merito alla Dichiarazione universale dei diritti dell'uomo, che dall'approvazione di entrambi i superiori provvedimenti, conseguenza delle ultime guerre, sono trascorsi quasi settanta anni e parrebbe opportuno, se non indispensabile, apporre alle norme citate degli adeguati aggiornamenti. Una seconda osservazione è che l'interpretazione data dai politici è eufemisticamente definibile *allegra e originale:* tutte le volte che *gli stessi* intravedono uscite, non previste nei bilanci statali (ma previste dagli Stati seri, compreso le spese dovute agli eventi naturali, ad esempio) queste vengono automaticamente caricate su chi è già abbondantemente massacrato dalle tasse.

Cioè lo Stato pretende il rispetto della Costituzione quando si tratta di doveri dei cittadini, ma lo dimentica quando si tratta di diritti dei cittadini. La Carta all'art.4 sancisce il diritto al lavoro di ogni cittadino, con ciò intendendo non già l'obbligo dello Stato di assegnare un lavoro pubblico a ciascun suo cittadino, cosa pensabile solo in uno stato comunista, ma certamente il suo superiore intervento al fine di rimuovere gli ostacoli e promuovere le condizioni che consentano a chiunque di poter entrare nel mercato del lavoro. Lo Stato, come è noto invece, nel campo delle agevolazioni alle nuove iniziative continua a brillare per l'assenza, mentre con la sua fame impositiva fa di tutto per intralciare l'eccellente imprenditoria privata nazionale. Però la solidarietà la pretende! Così come la facoltà di mantenere in eterno spese ingentissime per mantenere il proprio apparato burocratico e non! La conseguenza inevitabile è che qualsiasi spesa, vecchia e nuova, va a ricadere sui soliti noti.

Infine, ho già osservato al punto 7 dei PRINCIPI GENERALI che <u>il buonismo, inteso come sentimento di bontà, così come ogni altro sentimento come l'amore, l'amicizia e non solo, non possano essere obbligati, perché i sentimenti (provenienza del termine da sentire) sono assolutamente naturali e quindi è utopistico imporli. L'imposizione politica dell'accoglienza, in quanto sentimento, non ha quindi senso, anzi rappresenta una vergogna. Ma non per lo Stato o, per essere più esatti, per quei politici che governano! E una spiegazione c'è, e ci sarà sempre tutte le volte che c'è di mezzo lui: il dio denaro (degli altri) estorto facendo leva sui sentimenti del buonismo, dell'accoglienza, dell'uguaglianza, così edulcorando il furto. Il governicchio di turno imporrebbe anche altri sentimenti se solo potesse lucrarci a qualsiasi livello!</u>

Dopo avere palesemente dimostrato di non possedere medesimi ideali e nobiltà dei nostri padri costituenti, ribadisco di essere anzi decisamente convinto e orgoglioso del mio pragmatismo, che mi regala la ragione tutte le volte (tante) che la pratica si scontra con la teoria. Gli esempi più eclatanti è facile rinvenirli nelle leggi, scritte a tavolino, o figlie di isterie emozionali temporanee o frutto di esasperanti e indecorosi compromessi tra diversi gruppi politici o tra i medesimi colleghi dell'esecutivo, con la conseguenza di dare spesso adito a sentenze di giudici tanto fantasiose quanto inique.

VITA

La vita è il bene più prezioso che ci sia. L'assunto sembra universalmente riconosciuto, sembra. In realtà riflettendoci un po' ci scontriamo con evidenze storiche sconvolgenti e, purtroppo, con un presente teoricamente più evoluto e civilizzato ma contraddittorio. È fin troppo facile convincerci del contrario mediante la semplice elencazione, seppure succinta, di eccidi e nefandezze compiuti ieri ed oggi; soffermiamoci a osservare più attentamente situazioni più banali e ricorrenti, perciò sfuggenti, alcune delle quali riportate negli articoli "cervello" e "politica".

Della questione migranti si parla in "buonismo" e "politica", qui ci limitiamo a sottolineare l'indiretta responsabilità delle nazioni interessate, non tanto per la bassa politica sui respingimenti, quanto per la manifesta incapacità di bloccare o quantomeno ridurre a monte l'esodo di questa marea umana, causa principale di migliaia di perdite umane. Appare chiaro come non ci sia stata identità di vedute dei vari Stati, così come sia mancata una politica avveduta sulle modalità di elargizione dei fondi per i paesi più poveri o contro le droghe, ma la corresponsabilità rimane, è stato solo minimizzato il senso di colpa avendolo ripartito su tanti.

D'altra parte sono ben altri i rilievi da muovere nei confronti delle classi dirigenti e delle istituzioni europee: la sola moneta unica non è stata certo sufficiente a superare le divisioni storiche dell'Europa né, tantomeno, a contribuire alla costruzione della grande federazione ipotizzata. Tristi constatazioni ormai esternate dai più convinti europeisti!

Ritornando al valore della vita, per la parte strettamente connessa al suo rapporto con il tempo, non si smetterà mai di rammentare che la vita non è costituita da stralci di tempo che si accumulano e, man mano, si gettano alle spalle come roba vecchia e inservibile. Se ciascuno riflettesse e prendesse consapevolezza del fatto che ogni attimo della propria vita è prezioso, perché può essere l'ultimo, oppure determinante per sé o per altri oppure unico nel luogo che si sta vivendo per l'opportunità che sta offrendo, forse si cambierebbe atteggiamento e si tenderebbe ad approcciarsi a persone e cose diversamente!

E poi conviene sottovalutare i rimorsi, ovvero tutte quelle cose che subito dopo o molto più tardi ci pentiamo di avere detto o fatto o i rimpianti, cioè tutte le cose che al contrario rimpiangiamo di non avere detto o fatto? Sia che siano state o meno coinvolte terze persone, rimorsi e rimpianti possono lasciare segni indelebili in positivo o in negativo nella nostra vita! Solo chi è in giovane età può permettersi di non conoscerne il significato. Termino con una personale, banale citazione.

La vita è l'operazione più semplice.

La vita è una somma di giorni

Dei giorni gioiosi, di quelli penosi, di quelli perduti, di quelli:

- in cui si è padroni del mondo o quando ci si chiede tanti perché

- di cui si firmerebbe il quadro o che si rilegherebbe tra la serie degli incubi

- di quelli da augurare al miglior amico o quelli da restituire al peggior nemico

- nei quali si è eccelsi per protagonismo o nei quali si è sopraffatti dalla inutilità

La vita è una somma di ricordi.

Di quelli da scolpire, di quelli da cancellare, di quelli:

- del primo amore, dell'ultimo, del più grande, dell'unico

- della prima amicizia, dell'ultima, della più grande, dell'unica

- del primo dolore, dell'ultimo, del più grande, dell'unico

- della prima esperienza, dell'ultima, della più entusiasmante, della più deprimente

- delle cose regalate e di quelle ricevute

- dei rimpianti e dei rimorsi

- degli orgogli e delle vergogne, dei successi e dei fallimenti, dell'eroismo e della codardia, della fratellanza e dell'invidia, delle comprensioni e delle vendette, della gioia e dell'odio, dell'armonia e del rancore

La vita è sommo regalo per i suoi buoni interpreti e dal destino benevolo, una dannazione per gli altri.

SINOSSI

Prima di congedarci ho ritenuto utile riassumere le considerazioni principali sparse all'interno delle varie voci, considerazioni che essendo frutto di esperienza e buon senso personalmente hanno valore di massime. Spero meritino attenzione da parte di qualche lettore.

Riflessioni

Riflettiamo sempre. Teniamo allenato il nostro cervello non regalandoci troppo spesso risposte scontate neanche dinanzi a situazioni banali.

Sottostimando gli altri automaticamente e inconsciamente sopravvalutiamo noi stessi.

Riflessioni 2

A una determinata azione subita corrisponde sempre una reazione calibrata al contesto, spesso determinata dalla nostra personalità, intelligenza, sensibilità, cultura, ecc. Reazione optata dalla mente in relazione a una gerarchia di scelte squisitamente egoistiche.

Reagire verso chi non è capace di capire le nostre ragioni o non sa riconoscerle non ha senso e a volte produce effetti controproducenti.

È bene riflettere sempre prima di formulare critiche. È meglio lasciare agli ignoranti, agli stupidi, ai minus habentes la critica facile.

Dna

Appena ha inizio la nostra vita ci ritroviamo già con una *dotazione* di serie geneticamente determinata(DNA) che comprende: a) le doti interiori, b) la predisposizione alle malattie, c) l'aspetto esteriore, d) la fisicità.

Ogni rapporto/relazione può viversi per quattro motivi: piacere, dovere, convenienza, necessità.

Egoismo

Siamo tutti egoisti! L'egoismo nasce con l'uomo, è ancestrale così come l'istinto di conservazione o quello per la sopravvivenza. Ogni sentimento: amicizia, amore, odio, rancore, senso protettivo, sentimenti nobili e non: nulla sfugge a questa regola e tutte le volte che ci troveremo apparentemente nella condizione di dover scegliere se amare più noi o gli altri, facciamo attenzione alla risposta.

Esistono tre tipi di egoismo: egoismo 1 o egoismo buono, comunemente detto altruismo, egoismo 2, comunemente detto egoismo, egoismo 3, quello in "dotazione" ai penalmente rei.

Non smettiamo mai di guardarci indietro oltre che avanti.

Nell'arco della vita l'uomo è interessato a due cose: il proprio benessere e l'armoniosa coesistenza con gli altri esseri umani.

Amicizia

L'amicizia è un classico tipo di relazione umana e in quanto tale è soggetta, ai fini del suo equilibrio e della sua durata, alla regola ferrea del *do ut des*. Non sono esenti dal rispetto della regola tutti gli altri rapporti umani: commerciali, lavorativi, di conoscenza, di amore, di parentela.

Un semplice modo di verificare un'amicizia agli esordi è l'applicazione del detto: non sono fesso ma faccio il fesso perché facendo il fesso ti faccio fesso.

Bestemmia

La bestemmia è una bestialità. Se comunque questa rilassa, gratifica o accredita presso qualche gruppo, cerchiamo di essere originali intercalando frasi di propria invenzione e non offensive.

Buonismo

Il buonismo è la falsa bontà. Ogni sentimento umano, soprattutto se apparentemente altruistico, una teoria o un'ideologia politica o religiosa, sono tanto più credibili quanto più rispettosi del prossimo, privi di violenza nei suoi confronti, privi di interesse per i suoi beni.

L'eccesso di indulgenza, sopportazione, accoglienza, tolleranza, ecc. è un'iniezione di presunta superiorità che alla bisogna il *drogato* si auto propina. Per Nietzsche l'altruismo è sovente un modo per "impadronirsi" della personalità dell'altro. Nel nostro amore per il prossimo vi è celato un impulso verso la proprietà. Quando poi l'altruismo assume la forma della compassione il gioco diventa ancor più pesante.

Il buonismo è come una maschera: l'immagine della "bella persona" da cui non escono critiche ed emozioni negative, che fin da piccoli serve per farsi accettare dagli altri. Salvare l'immagine dell'altro in realtà equivarrebbe a salvare se stessi.

Critica

Un problema è vissuto da ciascuno in base al proprio carattere, alle proprie priorità, alle contingenze, elementi che ne determinano il comportamento. Le variabili in gioco sono così numerose (scala algometrica, età, contesto, sensibilità, ego, intelligenza, scala delle priorità personali, ecc.) che solo un potente computer e un evoluto algoritmo ci potrebbero fornire in tempo reale l'Ok a fare una qualsiasi critica a qualcuno.

Delusione

Prima di sentirci delusi di qualcuno/qualcosa valutiamo se all'inizio abbiamo sopravvalutato/sottovalutato questo qualcuno/qualcosa.

Dolore

Il dolore è un fenomeno negativo per il fisico di un essere vivente normale. È positivo nella misura in cui contribuisce alla formazione psichica di un individuo.

Emozioni

Non soffermarsi mai alle sole apparenze o all'aspetto prima di giudicare qualcuno. Attendere prima che la bellezza/bruttezza, il fascino/repulsione, la simpatia/antipatia del primo incontro siano assimilati e digeriti dal cervello.

Non arrendersi di fronte a situazioni che ci danno perdenti.

Nessun sentimento, per grande che sia, dà garanzia o certezza di durare.

Famiglia e scuola

I genitori nascono coi figli. Oltre all'educazione di base indispensabile per vivere nella società, il genitore dovrebbe adattare la propria personalità a quella del figlio, dovrebbe rispondere anche penalmente degli errori del figlio minore. I professori dovrebbero insegnare le loro materie <u>professionalmente</u>, senza orientamenti politici o religiosi e dovrebbero insegnare anche le basi per vivere in società.

Guerra e pace

La tecnica di mostrare l'altra guancia è meravigliosa, ma vale solo nei rapporti umani, non tra uomo e bestia.

La migliore vendetta è: <u>il perdono</u> verso gli incapaci di intendere e volere e verso chi non capisce di far male e si scusa; <u>l'indifferenza</u> verso chi non capisce di far male e non si scusa; la <u>vendetta</u>, intesa anche come auspicabile lezione di vita, verso chi capisce di far male e non si pente.

Intelligenza

Non si condanni chi ha avuto la sfortuna di un'intelligenza inferiore. Piuttosto si deve trovare la forza di relazionarsi con lui alla stessa stregua di come non può non fare il medico con il paziente, il sano con il demente, il sensibile con l'insensibile, il ricco con il povero.

Non confondere intelligenza con sensibilità ed egoismo. Una persona molto intelligente può essere insensibile, egoista, presuntuosa.

In un'ipotetica competizione, il super intelligente l'avrebbe vinta sull'intelligente, il super stupido sullo stupido.

Invidia

Dobbiamo essere fieri di non essere invidiosi. Le rare volte in cui dovesse accadere l'oggetto non sia il denaro, la notorietà, l'esteriorità, ma doti come bontà, pazienza, intelligenza, forza interiore, coraggio. L'invidia sia concessa insomma nella misura in cui sia di stimolo al miglioramento e ci faccia progredire.

Piccolezze umane

Le piccolezze umane non appartengono mai ai Grandi uomini. L'intelligenza, la cultura e le altre qualità positive non appartengono sempre ai Grandi uomini.

Il Grande uomo è grande di suo: non acquista grandezza svilendo il suo avversario o nemico, tantomeno l'amico, né in pubblico né in privato – non teme il giudizio altrui nel riconoscere i propri errori – soprattutto se è un *personaggio* (statisti, Papi, illustri in specifici campi, vip) non si esprime su concetti rilevanti in modo da influire sull'opinione pubblica.

Politica

Prima di valutare la credibilità di una teoria o di un'idea, verificare che questa non predichi la violenza e l'odio, non limiti il diritto delle opinioni diverse, non leda gli interessi degli altri.

La diseguaglianza tributaria posta in essere dai governi non può che essere ricercata nel tentativo di quietare chi ricco non è (o non si sente tale) e quindi finalizzata, da una parte, a stemperare le diseguaglianze sociali e patrimoniali, dall'altra a soddisfare il complesso di inferiorità che purtroppo imprigiona tutti quelli che pongono al primo posto assoluto il denaro.

Un politico deve farsi valere per quello che è e per quello che fa, non deve valere perché non meritano, o cerca di dimostrare che, non meritino gli altri. Se poi il suo operato è volto al miglioramento generale della sua gente e non ai fini squisitamente elettorali, ha serie probabilità di diventare statista.

Positivo e negativo

Nel confronto/scontro con stupidi, ignoranti, inesperti, egoisti, ecc. non si otterrà mai soddisfazione: si avrà sempre torto e non si potrà insegnare niente. Ogni cedimento, ogni resa, che avvenga per opportunismo od opportunità, è comunque, come qualsiasi atto umano, egoistico.
Un fatto negativo fa più male del bene prodotto da un fatto positivo; una goccia di veleno può contaminare una vasca di acqua pura, non vale il contrario.

Problemi

Così come i dolori fisici o psichici, ognuno ha una diversa percezione del problema, in relazione al proprio grado di sensibilità e di egoismo, all'età. Il problema assoluto non esiste e ognuno, che conosce il "peso" del suo problema, non può conoscere "il peso" del problema altrui, quindi avrebbe l'obbligo di non imporre il proprio agli altri e di non sottovalutare e di comprendere quello altrui.

A chi è così affezionato ai propri problemi da non volerli rimuovere, suggerisco di aggiungerne uno: Quello di migliorarsi e di toglierne uno: Quello dell'apparire.

Rispetto

Il rispetto è un valore assoluto, fondamentale, è linfa vitale per il vivere civile. Rispetto vuol dire riconoscimento del prossimo, del suo essere, dei suoi diritti e dei suoi meriti. Ognuno è o agisce perché gli sta bene così. Quindi, se pretendiamo di essere rispettati, dobbiamo rispettare. In virtù di questo supremo principio, NESSUNO deve nuocere a NESSUNO.

Il rispetto è sentito da una persona in modo direttamente proporzionale al suo livello socioculturale, al suo grado di religiosità e al suo livello di egoismo. Quanto più si scende di livello tanto più il concetto assume una connotazione particolare, identificandosi con l'essere dell'individuo.

Sesso

1) L'ho cercato disperatamente ma non l'ho trovato; ho chiesto in giro, medesima risposta: né visto né incontrato neanche per caso. Parlo del punto G.

2) La masturbazione, per scelta, non ha limiti di età e soddisfa molto più persone di quanto si immagini. Il motivo è più o meno plausibile: la difficoltà a trovare chi soddisfi il soggetto nei tempi e nei modi che desidera.

3) È solo un luogo comune il vecchio assunto che solo e sempre le donne necessitino di coinvolgimento emotivo per il pieno soddisfacimento sessuale. Tanti uomini, sensibili, non hanno vergogna a svelare la medesima esigenza.

4) È solo un luogo comune il vecchio assunto che solo e sempre le donne necessitino di "riscaldamento" preventivo. Tanti uomini, anche giovani, hanno confessato che spesso, se non adeguatamente sollecitati, non rispondono.

5) È solo un luogo comune il vecchio assunto che la donna rappresenti il sesso debole. È esattamente l'opposto!

6) È solo un luogo comune il vecchio assunto che le dimensioni maschili facciano la differenza.

7) È solo un luogo comune il vecchio assunto che le donne sono la rovina degli uomini. È esattamente l'opposto.

8) La grandissima maggioranza delle donne disconosce le proprie potenzialità intrinseche.

9) È solo un luogo comune il vecchio assunto che non esistono donne anorgasmiche.

10) È solo un luogo comune credere che non si possano amare più persone contemporaneamente.

Invito a indagare sulla ginnastica di Kegel.

Sofferenza

Quanto più si soffre tanto più si apprezza la vita e si ridimensionano i problemi.

La considerazione che una enciclopedia sia a volte più agevole da stendere, ma sempre più ostica a scorrere, mi induce a porre termine al presente scritto subito.
Se qualcuno mi chiede se sono pienamente convinto di ciò che ho espresso, rispondo: infallantemente.
Se qualcuno mi invita garbatamente a valutare altri aspetti e punti di vista, annuisco con la stessa convinzione del politico corrotto che ha deciso di diventare onesto.
Se qualcuno avanza dubbi sulla centralità dell'egoismo in relazione a quanto esposto, lo rispetto come principio, ma poi lo invito cordialmente a continuare a guardare i cartoni animati.

EPILOGO

Dall'elaborazione del presente scritto alla sua pubblicazione sono trascorsi quasi quattro anni.

Ricordando che anche ogni accadimento di questo arco temporale non può non avere relazione con l'argomento centrale del libro, appare il caso di citare almeno quelli che si ritengono più interessanti.

- Il governo è mutato: non stupisce perché nella media degli ultimi anni; prevedibile, causa il super ego del premier; augurabile, rientrando nel naturale desiderio di chiunque possiede speranza inesauribile al vero rinnovo, un po' meno di chi ha goduto nell'avere le mani in pasta.

- Il nuovo governo propone, tra l'altro, il c.d. reddito di cittadinanza, la flat tax e lo stop a tav e simili: non stupisce per un governo un po' … eterogeneo, né tanto meno stupisce la compassionevole reazione dell'opposizione. I politici piccoli permangono piccoli; è sufficiente ascoltare le loro quotidiane esternazioni circa la necessità di mandare a casa il governo in carica (come fosse stato insediato dal Re e non democraticamente e da pochi mesi); di critica sui provvedimenti varati (come se il loro operato, negli anni, fosse stato da manuale): comunque soddisfatti della visibilità, loro accordata dal giornalista di turno, e della gnagnera propinata agli ottusi. Senza entrare nel merito, trovo i citati provvedimenti non da shock economico come occorrerebbe. Mio parere personale è che il c.d. reddito di cittadinanza produrrà effetti positivi non certo all'economia, ma forse solo ai 5 stelle. La flat tax è parziale, e limitata a poche categorie, e quindi avrà effetti irrisori. Gli stop a tav e simili, ove attuati, regalerebbero felicità solo ad ecologisti e Co, ma produrrebbero effetti simili a quelli causati negli anni dall'assenza italiana nel campo dell'energia nucleare e della produzione in proprio di altre energie, così tanto per renderci sempre dipendenti dall'estero e pagare maggiori costi.

- La migrazione è stata stoppata, temporaneamente! Rimaniamo curiosamente in attesa di vedere se le attuali leggi consentiranno alla magistratura di bloccare l'insano sequestro di migranti operato dall'attuale governo ed il governo stesso! E' certo che sia individuazione delle persone che rimpatri non sono progrediti.

- La sinistra persiste nella sua cecità di fronte al problema migranti; non sembra essersi resa conto del perché della batosta elettorale, attribuendola genericamente all'inganno subito dal suo elettorato (ma non sono sempre stati loro notoriamente maestri di retorica e demagogia?) e non già alle sue idee. Sono opinionisti di sinistra a dichiararlo! C'è un illuminante articolo di Marcello Veneziani "Il comunismo di ritorno" che fornisce una spiegazione realistica del problema "sinistra".

- L'is sarebbe stato sconfitto e la gestione dei terroristi, fatti prigionieri, trasferita ai relativi paesi di provenienza degli stessi! Al di là di come andrà a finire, è mio convintissimo parere (talebani docent: sono ancora lì: dopo il fallimento in termini di uomini e risorse della Russia e dopo il fallimento della missione Onu, costata circa 1000 miliardi di dollari, di cui quasi 8 in capo al nostro paese) che ciò non avverrà mai, senza l'unanime parere sul modus operandi ed alleanza delle grandi potenze mondiali.

- Il più volte da me vituperato "politicamente corretto", la cui prima descrizione sembra sia stata fornita anni addietro dall'antropologa Ida Magli, ha trovato mirabile spiegazione ad opera di Massimiliano Parente nel suo libro "Scemocrazia. Come difenderci dal pensiero comune".

È con amara soddisfazione che ne faccio accenno. Con soddisfazione perché molti punti di vista, esposti nel libro, hanno avuto reale riscontro; amara perché odio dire "l'avevo detto!".

BUONA VITA A TUTTI

I MIEI AFORISMI, ecc.

Forse si noterà come tutti ruotino attorno all'egoismo!

1) Un'ideologia è tanto più credibile quanto più. è rispettosa dell'uomo, priva di obblighi e limitazioni nei suoi confronti e di interesse per i suoi beni

2) Nella vita più fai lo stupido più conosci il prossimo

3) Nel mondo dei numeri esistono i multipli e i sottomultipli. Nel mondo della produzione esistono i pezzi fatti a mano, quelli di serie da catena di montaggio e quelli sottodimensionati purtroppo non riciclabili. Anche nel mondo umano

4) Convincere stupidi ed ignoranti richiede doti di magia per attribuire loro capacità di cui non dispongono

5) Più cultura è più consapevolezza di non sapere tanto. Meno cultura è più presunzione di sapere tanto. Più intelligenza è più consapevolezza di non capire tutto. Meno intelligenza è più presunzione di capire tutto

6) Meglio stupidi e sinceri che finti e falsi

7) (Corteggiamento) In futuro mi piacerebbe essere presente nel tuo passato

8) Se in vita tua non hai mai confessato di avere sbagliato, puoi rimediare: *resettati,* se il problema persiste *formattati,* se la cosa non si risolve entra delicatamente nel water, esci il braccino, saluta tutti e tira l'acqua

9) SOS=scopo o scoppio

10) Nelle discussioni l'ultima parola la pretende sempre il più stupido, perciò finisci tu, dai!

11) Nelle discussioni chi è a corto di argomenti ha due strade: l'intelligente silenzio o l'ignorante offesa

12) Perché sprecare il tuo charme? Taci!

13) Il no di una vip o di una miss non stupisce né ferisce, quello di una
troia sì

14) Fra i tanti treni che ci passano davanti si confondono quelli speciali, assegnati a ciascuno nella vita. Il bravo sa riconoscerli e li
prende al volo, lo stupido no e se la prende con la sfortuna

15) (Corteggiamento) Sei proprio sfortunata: non saprai mai quale de-
lizia sia baciarti

16) La migliore vendetta è: <u>il perdono</u> verso gli incapaci di intendere e
di volere; <u>la comprensione</u> verso chi non capisce di far male e non
si scusa; l'indifferenza <u>vendicativa</u> verso chi capisce di far male e
non si pente

17) La capacità percettiva del nostro e dell'altrui valore è direttamente
proporzionale all'età

18) Ci sono due cose infinite: l'universo e l'egoismo umano, ma del
primo non sono certo (parafrasata da Einstein)

19) Una goccia di veleno può contaminare mille gocce di acqua pura,
una goccia di acqua pura non può neutralizzare una goccia di veleno

20) La vita è fatta dalle cose che si hanno, da quelle che si vorrebbero
e da quelle che non si avranno mai

21) Tra chi ha, chi è e chi crede di essere, forse solo quest'ultimo vince
il concorso della felicità

22) I beni conservati nel forziere saranno sempre meno preziosi dei
ricordi custoditi nell'archivio delle emozioni

23) Le piccolezze umane non appartengono mai ai Grandi uomini.
L'intelligenza, la cultura e le altre qualità positive non appartengono sempre ai Grandi uomini

24) Coraggio è uscire di casa e contagiare gli altri col proprio sorriso.
Fortuna è rimanere illesi dai virus negativi. Eroismo è rientrare con
lo stesso sorriso

25) Chi è così affezionato ai propri problemi da non volerli rimuovere,

ne aggiunga uno: quello di migliorarsi e ne tolga uno: quello dell'apparire

26) È divertente beffare chi ha tentato invano di farlo con noi. È arduo competere con chi è più intelligente e colto. È eroico superare chi è più stupido e ignorante

27) Apprezzare la vita è: Ascoltare attentamente – Mangiare lentamente – Parlare scientemente – Respirare profondamente – Ridere gioiosamente

28) Sulla terra vive un essere dotato di due teste. Quando una delle due è pensante l'essere si chiama uomo, diversamente si chiama aborto

29) La critica più fruttuosa è figlia della buona conoscenza, della buona fede e del buon senso

30) Per fare grandi cose bastano piccole cose: con un pezzo di pane si può sfamare; con un respiro si può salvare; con un bacio si può rendere felici

31) Il mondo è fatto da chi ha piacere a lavorare, gli egoisti, e da chi ha piacere a delegare, gli altruisti

32) Associare la cultura all'intelligenza è presunzione, associare l'ignoranza consapevole alla stupidità è anche stoltezza

33) È più interessante la sfida tra veri stupidi e finti intelligenti che tra veri intelligenti e finti stupidi

34) È meglio la vana sovrastima che l'incauta sottostima del prossimo

35) Nei rapporti umani il reciproco rispetto è il solo sentimento da pretendere. È ingenua e illusoria ogni altra richiesta: i nobili sentimenti sono sempre spontanei

36) Aprire le mani in silenziosa solitudine è come aprire il diario di memorie di quanti corpi sfiorati, carezze regalate, persone abbracciate, azioni compiute, opere create

37) Gli uni e gli altri: pensare male degli altri dà diritto di vita agli uni

38) Preferisco chi prima chiede poco e dopo dà tanto a chi prima dà

poco e dopo chiede tanto

39) I fautori dell'ipocrita e modaiolo "politicamente corretto" vivono nel loro mondo parallelo nella perenne illusione della presunta superiorità nel tutelare le minoranze, nell'eliminare le differenze religiose, culturali, etniche, di genere, dimostrando al contrario reale grande piccolezza nel dimenticare le maggioranze

40) Forse la più grande, certamente l'ultima, soddisfazione nella vita è morire regalando un sorriso

41) Passioni, emozioni, entusiasmi che riusciamo a trasmettere anche agli altri rappresentano il mix vincente per una vita esaltante

42) Solo una cosa accomuna nell'arco della propria esistenza ogni essere vivente, dalle bestie ai geni: l'inconsapevole costante pretesa del rispetto dell'equazione del dare-avere. È la diversa interpretazione di ognuno che genera i sentimenti più nobili e ignobili

43) I sensi. L'udito è inestimabile bene nel farci prima scoprire voci e suoni, poi sublimare per la musica o le parole d'amore, infine evitare punture di insetti. La vista è ricchezza unica nel farci prima conoscere chi ci ha dato la vita, poi incantare dalle meraviglie della natura, infine immaginare un mondo migliore. Il tatto è immenso patrimonio nel farci prima stringere il dito del nonno, poi dosare il tocco al resto del mondo, infine palpare sederi immaginari. Il gusto è stupenda risorsa nel farci prima godere il ciuccio, poi esaltare per i baci d'amore e assaporare il dolce della vita, infine accettare le amarezze della vita. L'olfatto è strumento essenziale nel farci prima inebriare dell'aroma del latte materno, poi apprezzare i profumi della natura, infine sollecitarci a sostituire il pannolone.

44) La migliore strategia per il successo di una iniziativa è semplicemente una preventiva toccatina antisfiga

45) Al silenzio assordante preferisco il frastuono silente

46) Se esiste un disegno superiore deve esistere un equilibrio universale, ma, pur nella consapevolezza della inarrestabile evoluzione umana, non ci conforta che si riuscirà mai a dimostrarlo!

47) Sono il mio migliore amico, l'azionista di maggioranza della mia

mente, del mio corpo, della mia vita, perciò mi corteggio spesso

48) Esistono tanti recital quotidiani in cui i protagonisti se la cantano e se la suonano da soli: non si tratta di musica, né tantomeno di poesia ma di squinternata dodecafonia

49) Chi non è consapevole delle potenzialità del proprio corpo fa male a se stesso, chi disconosce i limiti del proprio cervello fa male agli altri

50) La sensibilità genera spesso ispirazione, intuizione, genialità ma assicura sempre sofferenza

51) L'egoista delega per interesse o per incapacità, il timido delega per timore, il sensibile delega per rifiuto del rifiuto

52) Gli automobilisti sistematicamente frettolosi si dividono in tre categorie: i ritardatari (49%), i convinti piloti di formula 1 (49%) e gli spasimanti per il lavoro (2%)

53) I frequentatori dei luoghi rumorosi e popolati si dividono in due categorie: i drogati da decibel e i cercatori di privacy

54) Intelligenza e cultura non hanno nazionalità, stupidità e ignoranza non hanno frontiere; le prime sono autorizzate alla critica, le seconde non hanno bisogno... si autorizzano da sole

55) Il mondo rinascerà solo quando svaniranno la schiavitù dal denaro e dalle ideologie

56) Il primo passo per conoscere qualcuno è quello di capire l'importanza che dà al denaro degli altri

57) C'è una sola arma che, usata da tutti, consente di vincere tutte le guerre, ma la sua unicità è anche la sua debolezza: la pazienza infatti non è universale

58) Gli uomini possono dividersi in due categorie: quelli aperti detti acuti e quelli chiusi chiamati ottusi. Gli angoli hanno preferito chiamarsi al contrario

59) Da giovani due sono le cose che non si capiscono: il tempo e le donne. Per fortuna che con l'esperienza si riesce a capire il tempo

60) Meglio essere: arrivati che arrivisti, ritardatari che ritardati, ricercatori che ricercati, addestratori che addestrati, assistenti che assistiti, avvincenti che avvinti, controllori che controllati, disarmanti che disarmati, criticabili che criticati, fallibili che falliti, fischiettanti che fischiati, giustizieri che giustiziati, ignoranti che ignorati, illusi che illusori, imbarazzati che imbarazzanti, imitati che imitatori, eccitanti che eccitatori, obbediti che obbedienti, persuadenti che persuasi, sfamatori che sfamati, sognati che sognatori

61) Rimango costantemente nel dubbio su cosa impressioni di più nell'evoluzione dell'uomo: il suo genio o la sua barbarie

62) È meglio avere a che fare con contrappesi vivi che con pesi morti

63) È più difficile che si generi incomprensione tra lingue, culture, ideologie diverse che tra egoismi e sensibilità diversi

64) Per essere grandi non servono la prestanza fisica né la ricchezza né il potere, ma la capacità di saper riconoscere i propri errori, di capire i propri limiti, di apprezzare le proprie cose, di stimare le virtù del prossimo, di non sminuire le sue sofferenze

65) Intelligenza e cultura, povere di buon senso, di sensibilità e pure schiave di ideologie, non sono solo sprecate ma anche pericolose come grandi fortune destinate a fini ignobili

66) Schiavisti: povera gente, inconsapevole di essere essa stessa schiava di deficienze psichiatriche, di droghe, di ideologie

67) Noi e gli altri: l'altruista può fare sacrifici per loro, l'egoista per l'oro

68) Il sapiente concorso tra età, esperienza, intelligenza e cultura dà diritto autorevolmente alla critica e alla dispensa di consigli, diritto autoritariamente arrogatosi dalla moltitudine di stupidi e ignoranti; ma le stesse qualità non consentono di misurare l'intensità di gioie e dolori degli altri, se non siano stati vissuti personalmente

69) Se non hai mai regalato un fiore, non hai mai pianto, non hai mai aiutato qualcuno, non ti sei mai battuto per un ideale perdi pure le speranze che ciò accada: la sensibilità non si acquisisce

70) Preferisci: l'ateo al falso religioso -il potente umile al comune

spocchioso -il nemico rispettoso all'amico scorretto -il rivale leale al parente invidioso - l'antipatico naturale al simpatico artefatto -la sostanza all'apparenza

71) Avrei dovuto regalarti spettacolari tramonti -Avrei voluto eternarti con note di sublime poesia -Avrei potuto donarti la gemma più preziosa -Ma mi sono stordito, così, immobile, sto solo ad adorarti

72) Gli schiavi sono esseri coscienti ma incolpevoli, gli schiavisti sono schiavi incoscienti ma colpevoli

73) Fai oggi il bene che pensavi di fare domani, fai domani il male che pensavi di fare oggi

74) È candida illusione ritenere che il binomio intelligenza-cultura sia la comprensione o la soluzione di tutto, è cocente delusione constatarlo

75) Ogni sera è arduo valutare se sono state più le cose amate di questo mondo o più quelle odiate

76) È da saggi pentirsi di non avere agito bene, è da stolti non avvedersi delle occasioni perse per tacere

77) Generosità, bontà, disponibilità, solidarietà, amore, amicizia, sessualità, coraggio, come tutti i sentimenti, sono naturali, intimi. È utopia pretenderne il possesso, pura follia imporli

78) È più facile per l'ignorante perseguire la cultura per conoscere il mondo che per il colto fingersi ignorante per non vedere le incoscienze umane

79) L'ottimista non si chiede mai se e quando la sua fortuna finirà, il pessimista si chiede sempre se e quando la sua sfiga finirà

80) C'è chi realizza sognando e chi sogna realizzando

81) In un mondo di incolpevoli e inconsapevoli stoici emerge da eroe chi considera malattie i crimini, santo chi prima li subisce poi li perdona

82) È più facile che l'intelligente invidi per un po' di furbizia che il furbo per un po' di intelligenza

83) Il trascorrere del tempo fa inevitabilmente crescere la necessità di dedicarlo alla conoscenza, ma fa tristemente calare la disponibilità per farlo

84) Le doti acquistano valore nella misura in cui vengono riconosciute: una fortuna per i possessori di quelle positive, una sfortuna per gli altri

85) È universale e triste constatazione che a molti animali manchi ciò che abbonda purtroppo in molti umani: la capacità di parlare. Solo il perfezionamento del processo evolutivo delle specie porrebbe fine a tale immensa ingiustizia

86) Il soprannaturale aiuta a comprendere miracoli inspiegabili, ma nulla può con quelli compiuti dai politici col denaro pubblico

87) La poliedricità dell'egoismo assume la sua massima originalità allorquando pretende ipocritamente di imporre la convinzione non già che **è bene** (di ognuno**) non fare del male** al prossimo ma che **è male** (di alcuni) **non fare del bene** (ad altri)

88) Il colloquio tra intelligenti può essere noioso, quello tra stupidi incomprensibile, quello tra intelligente e stupido inconciliabile, quello tra intelligente che si finge stupido e stupido che si finge intelligente spassosissimo

89) Coloro che vivono di consensi si dividono in due categorie: chi ritiene intelligenti i propri adulatori, fan, clienti, votanti, adepti e chi li ritiene totalmente stupidi

90) Una società basata su bambini senza moine né capricci, su adulti senza certezze, su anziani senza passato sopravvive grazie a dittatori, a esperti nell'abbindolare il popolo, a pochi testardi ribelli

91) La differenza tra il linguaggio degli animali e quello degli stolti è che il primo si può imparare in qualche anno, il secondo in qualche vita

92) La genialità e il progresso dell'uomo non stupiscono quanto la sua bestialità e barbarie

93) Le parole meritevoli mai dette sono gocce nel mare di quelle non meritevoli dette

94) Con riguardo al denaro l'umanità può dividersi in quattro categorie: -chi apprezza e rispetta il denaro -chi apprezza solo il proprio -chi apprezza solo quello altrui -chi lo disprezza

95) Con riguardo alle idee l'umanità può dividersi in tre categorie: -chi rispetta le idee degli altri e le condivide (gli stupidi) -chi rispetta le idee degli altri ma può non condividerle (i saggi) -chi non le rispetta (i presuntuosi)

96) I piccoli hanno paura dell'orco e dolore per la bua, i grandi paura e dolore per la burocrazia

97) Nulla è imprevedibile come il tempo: a volte si dimostra l'amico più fidato, a volte il nemico più spietato

98) Nel suo passaggio terreno è inevitabile che ogni essere umano lasci una traccia: sarà forse indelebile come solco su diamante oppure effimera come orma sulla sabbia, l'importante che non sia maleodorante

99) Dall'età della ragione mi assilla una domanda: Sono più pericolosi i sobri che sragionano come fossero ubriachi o i sobri che ragionano solo quando sono ubriachi?

100) La differenza tra il consulente finanziario e il politico è che il primo propone il lento, sicuro investimento del tuo denaro, il secondo ne dispone il rapido, nefasto dissolvimento

101) L'atteggiamento di chi pensa, parla e agisce esclusivamente in relazione al proprio status, considerato erroneamente normalità, porta spesso all'incomprensione, quando non alla chiusura, nei confronti del prossimo *diverso*: intelligenti e stupidi, colti ed ignoranti, belli e brutti, alti e nani, grassi e magri, ricchi e poveri, sani e ammalati, religiosi e atei, educati e buzzurri, onesti e disonesti, legalitari e non, idealisti e materialisti, sensibili e cinici, ecc. L'atteggiamento rimane egoistico finché non assume caratteri di supponenza e superiorità tale da divenire puerile e ridicolo

102) È meglio una scatola di cartone vuota utile che tante scatole craniche piene inutili

103) La differenza tra i cartoni animati e quelli politici è che i primi

allietano i bambini, i secondi gli adulti

104) Meglio insofferenti che sofferenti

105) Urlerei di rabbia se non avessi voce, urlerei di gioia se avessi voce

106) C'è chi ha bisogno di qualcuno per avere qualcosa, c'è chi ha bisogno di qualcosa per sembrare qualcuno

107) Il mio antirazzismo necessita di perfezionamento: preferisco sempre animali amabili di qualsiasi razza a esseri umani spregevoli di qualsiasi razza

108) Se non fossi nato sarei stato un uomo morto. Se non avessi potuto o saputo dare, avere, amare, costruire, rispettare, rinunciare solo a me stesso, sarei stato un morto vivente

109) Hamlet for ever (Il dubbio è perenne)

Meglio non ricevere regali o riceverli inutili, meglio riceverli inutili o riciclati?
Si soffre più a non potere udire la voce di tanti animali o a dovere udire quella di tanti stupidi?
È più giusto salvare l'anziano o il giovane, il giovane o il bambino, l'uomo o la donna?
Sono più pericolosi quei sobri che sragionano come fossero ubriachi o quei sobri che ragionano solo quando sono ubriachi?

Chi apprezzo non ha prezzo.

INDICE